盛建春——著

纺园草根情

盛建春企业文化文选

江苏大学出版社
JIANGSU UNIVERSITY PRESS
镇 江

图书在版编目(CIP)数据

纺园草根情:盛建春企业文化文选 / 盛建春著. —
镇江:江苏大学出版社,2014.9
ISBN 978-7-81130-822-8

Ⅰ.①纺… Ⅱ.①盛… Ⅲ.①企业文化-文集 Ⅳ.
①F270-53

中国版本图书馆 CIP 数据核字(2014)第 216535 号

纺园草根情:盛建春企业文化文选
Fangyuan Caogen Qing:Shengjianchun Qiye Wenhua Wenxuan

著　　者/盛建春
责任编辑/成　华
出版发行/江苏大学出版社
地　　址/江苏省镇江市梦溪园巷 30 号(邮编:212003)
电　　话/0511-84446464(传真)
网　　址/http://press.ujs.edu.cn
排　　版/镇江文苑制版印刷有限责任公司
印　　刷/句容市排印厂
经　　销/江苏省新华书店
开　　本/718 mm×1 000 mm　1/16
印　　张/19
字　　数/326 千字
版　　次/2014 年 9 月第 1 版　2014 年 9 月第 1 次印刷
书　　号/ISBN 978-7-81130-822-8
定　　价/49.00 元

如有印装质量问题请与本社营销部联系(电话:0511-84440882)

浓浓纺织情
（代序一）

打开《纺园草根情：盛建春企业文化文选》，清新之风扑面而来，一位企业思想政治工作者几十年不懈追求的浓浓纺织情跃然在字里行间……

盛建春同志知青返城后一直在纺织企业工作，将毕生的情感都融入了纺织事业，撰写的一篇篇反映企业改革发展和思想文化建设的文章，从一个个不同侧面展示了江苏中恒纺织深厚的文化底蕴，展示了中恒人自强不息、顽强拼搏的奋斗精神，同时，更抒发了作者对岗位、对企业、对纺织事业殷殷热爱的拳拳之情。正如作者在文中所言，能力来自组织培养，动力源于员工信赖，成长得益这方水土；一路走来，始终感恩于中恒纺织这个大舞台。

我想，这或许也正是作者饱含激情精心撰写此书的一种深深情怀吧！

《纺园草根情》收录作者发表的百余篇文章，有随笔、特写、人物通讯、论文、交流发言等，这些文章贴近企业、贴近员工、贴近实际，看似朴实无华、平淡无奇，实则独具匠心、别具慧眼、颇有意境、很有见地。

《纺园草根情》是作者通过勤奋笔耕记录中恒发展历程中人与事的集萃，是我们纺织大花园中一朵瑰丽的小花，也是企业文化建设中难得的读本。

成功的企业得益于成功的文化。当前，围绕建设纺织强国的战略任务，各地纺织企业落实科学发展观，坚持以人为本，加快产业转型升级的同时，注重不断改进和创新思想政治工作和企业文化建设，有效发挥企业思想政治工作和企业文化的导向激励作用，通过企业文化建设的软实力，有力地促进企业的改革和发展。

希望《纺园草根情》在中恒纺织乃至更多纺织企业文化建设中能发挥积极的作用；希望盛建春同志笔耕不辍，多出成果；希望基层企业有更多这样有情有义的"草根作者"，创作出更多鲜活的接地气的好作品，丰富企业文化，弘扬企业文化，在纺织企业改革发展、转型升级的进程中发挥重要的作用。

中国纺织职工思想政治工作研究会
中国纺织企业文化建设协会秘书长　姜国华
2014 年 5 月 12 日

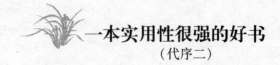

一本实用性很强的好书

（代序二）

企业文化是企业的基础和人文底蕴，是企业的软实力。培养什么样的职工，职工有什么样的信念言行，将直接影响企业的生产经营，关系企业的兴衰成败。只有把优秀的传统文化和先进的文化元素融入到企业建设和发展的各个环节，企业才能生生不息，焕发光彩。

《纺园草根情：盛建春企业文化文选》从一篇篇理念文章、一次次教育实践，把企业文化渗透到企业的各个时期、各个层面、不同范围、不同对象上，让我们看到了企业文化建设实实在在的动作，看到了一个企业思想政治工作者的孜孜以求和身体力行，也看到了企业文化在长期的生产经营过程中，特别是在企业改革、发展、稳定中发挥的巨大作用，令人十分欣慰。

盛建春同志情系纺织，感恩中恒，在即将退休之前，决定将自己多年的文化成果馈赠给企业，不遗余力为企业文化建设贡献力量，可歌可敬。《纺园草根情》中选录的各类文章，立足企业，面向职工，唱响主旋律，传递正能量，对企业文化建设有很强的指导价值，不失为一本思想性、文学性、实用性很强的好书，值得企业领导、各级管理人员以及每个职工阅读借鉴。

卓越的企业背后是文化。在盐城由纺织大市向纺织强市转变的过程中，希望所有纺织企业高度重视企业文化建设，让企业文化制度化、规范化、功能化，让企业文化这个软实力，更好地促进企业硬实力的运用和有效发挥。希望《纺园草根情》走出中恒，在全市乃至全省纺织企业文化建设中发挥积极的作用，为培育高尚员工、打造优秀企业做出积极的贡献。

江苏省纺织职工思想政治工作研究会

江苏省纺织企业文化建设协会副会长　王抚成

盐城市纺织工业协会名誉会长

2014 年 5 月 17 日

　　盛建春,男,汉族,1957年1月生,祖籍盐城盐都,1975年4月参加工作,中共党员,大专文化,高级政工师,现任江苏中恒纺织有限责任公司党委副书记、工会主席。历任盐城市首届青年联合会委员、盐城市第六届政协委员、阜宁县第十三届政协委员、盐城市中级人民法院特邀调解员、阜宁县人民法院人民陪审员。先后被评为江苏省优秀团干部、江苏省优秀工会工作者、全国纺织工业优秀工会干部、全国纺织优秀思想政治工作者。

 **目录**

随笔、特写

人物通讯

合作文选

论文、交流材料

感言选编

短信余香

后记 / 291

随笔、特写

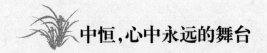

中恒，心中永远的舞台

一

站在这舞台，

我的心无限感慨，

深深挚爱的纺织生涯，

不久将要说拜拜。

不舍之情油然而生，

早有准备仍感意外；

知青回城犹在昨天，

进厂报到宛如刚才；

转眼间时光飞逝，

花甲之年说来就来。

纵观桑田沧海，

盘点暑往寒来，

经历了多少风雨，

经受了多少挫败，

有过多少奋进，

有过多少徘徊；

最多的是欣喜，

尽管也有尴尬无奈；

唯独没有后悔，

始终不渝站在中恒这个舞台。

二

回首这舞台，
一路配角淡中有彩。
打字，领悟了什么是编排，
文书，感受了博览的畅快。
共青路上激情飞扬，
"红旗团委"引领全市青年一代；
"江苏省优秀团干部"，
是时任省长顾秀莲授的奖牌。
工会之旅坚韧不拔，
与二十二个春天携手走来；
服务经济服务职工，
善作助手巧为纽带；
到位不越位，
补台不拆台。
素质教育劳动竞赛，
力推经济又好又快；
民主管理厂务公开，
维权维稳责无旁贷；
关爱职工厚待人才，
百篇报道稍逊文采；
帮扶弱势心诚腿快，
体恤特困情爱满怀。
争取国家破产政策，
跑省跑部不懈怠；
企业改制缜密配合，
齐心协力扫阴霾；
进口配额紧抓不放，
一纸千金不显摆；
申报项目争取资金，

跑龙套跑得豪迈。
"全国纺织工业优秀工会干部",
是肯定更是关怀。

缺点鲜明实在,
心软与生俱来,
过于小心少大将气派,
一味周全显平庸之才。
力薄不胜重负,
景小难予剪裁;
随缘进退冷暖,
懒算高低胜败。
功名利禄过眼云,
荣辱得失抛天外。

三
感恩这舞台,
我心中十分明白,
能力来自组织培养,
动力源于大家信赖,
成长得益这方水土,
光彩归于这个时代。
难忘"六一八"烈火考验,
难忘"压担子"测试未来;
难忘省党校充电加油,
难忘老厂长言传身带;
难忘会员代表热烈的掌声,
难忘下岗职工深情的期待;
难忘省总主席登门慰问,
难忘民企老总知遇抬爱;

难忘到市里参政议政，
难忘去国外洽谈买卖。

有今朝，凝聚着历届领导多少关怀，
蕴含着各位同仁多少厚爱，
倍感幸运自豪，
倍加珍惜感戴。
感激你们无私提携，
感激你们博大胸怀，
感激你们包容理解，
感激你们赤诚相待。
使我这个草根政工干部，
也能在经纬天地大步跨迈；
使我这个多愁善感之人，
也能从容应对优胜劣汰。
即便有轻慢有挤排，
也使我懂得韬光学会忍耐。
反复锤炼势必强筋壮骨，
多元激励引导永不言败。
春风绿柳秋霜红枫，
演绎的都是爱；
细雨润荷飞雪催梅，
折射的是和谐。
感恩挫折激发自强，
感恩逆境磨砺心态，
感恩事件练就不惊，
感恩岁月见证真爱。
日照三冬暖，
感念难释怀，
我铭记带给我的每一份真诚和感动，

我祝福帮助我的每一位师长和兄台；
"感谢一切我要感谢的人"，
常思源头活水来。

四
环顾这舞台，
热泪满盈激情澎湃。
多少情景交融，
多少花落花开；
多少声情并茂，
多少青春气派。
一草一木皆有情，
千丝万缕缘于爱。
盛年不重来，
贵在想得开。

老牛已知光阴迫，
不用扬鞭劲自来。
再接再厉与时俱进，
只争朝夕继往开来。
用中国梦引导全体员工，
用正能量滋养青年一代。
树明礼诚信的榜样，
做守法奉献的表率；
为平安中恒添砖加瓦，
为和谐中恒增光添彩。
知足不辱，
知止不殆。
人到无求品自高，
与世无争静自来。

忘掉所有忧伤，
记住每一份关爱；
提振雄心锐气，
勇与青年人 PK；
将传承与创新接轨，
让经典与时尚同在；
为了中恒更辉煌，
绽露桑榆霞彩。

春风期待桃红李白，
秋水期待流光溢彩，
大地期待绿水青山，
江河期待奔流入海，
我期待——
中国纺织领跑世界！
有一种心情不请自来，
有一种情景无可取代，
有一种缘分一生相随，
有一种情结永久存在，
这便是——
中恒，心中永远的舞台！

 # 贵在认真

最近,反复品读谢祝生总经理推荐的《人品才是最高学历》一文,感受颇深,受益良多,特别是"比能力更重要的 12 种品格",生动具体,让人折服。逐一对照,这些品格并不陌生,都是我们应该具备的,在以往的工作实践中,也都是这样做的,但是,我们做得很不到位。究其原因,我觉得,主要差在"认真"上。因为,忠诚、敬业、自发工作、责任意识、注重效率等,都离不开认真,只要时时处处、对人对事都讲认真,这些品格都会一一到位,日臻完善。

认真,是一切优秀职业品质的前提。一个员工如果不能做到认真工作,那他对工作的投入程度就会大打折扣,他的才能就不会尽情展现。能混则混,得过且过,对公司的忠诚度也就可想而知。相反,一个认真工作的员工,即使他的能力稍差一些,但由于对工作全力以赴,他一样能很好地完成自己的工作。对工作认真负责的人心里最清楚:认真工作,对企业负责,也是对自己负责。工作不认真,有力不发挥,虚度光阴,碌碌无为,岂不是浪费青春,自暴自弃?对工作认真负责的人,把工作当成修身养性的重要途径,当作一个个学习机会,不断地从中获取知识,提高技能,掌握方法,提升自我,为更多的工作和更大的进步积累经验,打牢基础。认真工作的人,爱岗敬业,认真的态度决定他忠于职守,心无旁骛,有一分热,发一分光;认真工作的人,锐意进取,认真的秉性促使他永不满足,永不停步,不断追求,不断完善。认真工作的人,是对家庭负责的人,为了家庭,再苦再累毫无怨言,为了家人,千方百计勤劳致富;认真工作的人,也是对社会负责的人,人人为我,我为人人,感恩社会,回报社会。认真工作的人,自己安心,家人放心,企业称心,社会关心。

认真,是求真务实的工作作风。认真的人做事,兢兢业业,踏踏实实,讲实话,用实招,求实效。他们把认真负责、一丝不苟的工作态度融入自己的血液中,再小的事也不马虎,再难的事也会做好。认真的人,不论是

谋一事,还是谋全局;不论是谋当前,还是谋长远,都会脚踏实地,一步一个脚印。我们常说,留下的脚印越实在,起步就越有力;如果每件事都做得很好,就可能做更大的事。不要轻视、敷衍自己的工作,也许你没有意识到它的重要,但可能会阻碍你前行的步伐。因为玩世不恭、游戏人生的人,让人不敢信任,组织亦不会委以重任。只有将工作做实做好,做出成效,才有可能一步一个台阶,塑造自己做人的形象,成就自己无愧的人生。做事与做人是相向而行的,认真的人,不喜怒无常,忠诚一诺千金,矢志不移;认真的人,不投机取巧,时时积极主动,从头抓紧;认真的人,不弄虚作假,追求善始善终,注重结果;认真的人,不忘恩负义,知道前因后果,懂得感恩。

认真,是提高执行力的关键。每个人都有自己的工作职责和工作范围,认真负责的人,即使一个人在场、没有人监督,即使最后一个离开、干到最后一秒,也不会改变对工作一贯认真负责的态度。这样的员工无论在哪里,无论干什么,都会干得好,都会受尊重,因为他们认真,不草率行事,不自欺欺人,所以执行不打折扣,查与不查一个样。但在实际工作中,我们也清楚地看到,有少部分职工,转到中夜班,认真的态度就转丢了,时常出现前纺瞬时停台多,细纱空锭、空粗纱开车,络筒红黄灯不及时处理等不良现象,导致有些中夜班下来的产品质量就差。这说明部分人的素质还有待提高,考核机制还有待完善。

各级领导和管理人员,要加强教育,有效管理,工作有布置、有检查、有考核,而且要敢于较真。检查不力,考核不严,失之于虚,失之于软,工作是很难落实到位的,不可能达到预期效果。认真上水平,认真出效益,认真提升执行力,认真增强号召力。既然把我们推到了管理的岗位上,就不容许我们不讲认真、不敢认真。放弃了认真,便意味着放弃了管理,放弃了责任;多一分认真,便意味着多一分担当,多一分收获。

还要从源头上认真研究改进劳动组合,用机制的力量促使职工主人观念的生成和发扬光大;用科学合理的劳动组合促使职工主动干,有劲干。最近,一纺分厂细纱长车优化劳动组合,将挡车、生头、清洁三合一,一举改变了过去用人多、效率低还相互扯皮、推诿的现象,现在车台清洁了,大纱断头少了,小纱成形齐了,回花率降了,实际产量高了,工人工资多了。实践证明，只要我们认真研究，科学设计，为职工搭建多付出、多收益的平台，让肯干活、会干活的人有用武之地，职工定会积极主动且认真负责。

成就事业和人生的方法有很多，认真是其中最基本的准则。如果一个人连认真都做不到，那其他诸如忠诚、敬业、责任、主动、合作等职场品质就根本无从谈起。做人需要认真；企业呼唤认真。认真凸现职业素养，认真提升执行效率，认真推进企业发展，认真决定企业高度。让我们高度重视认真，事事讲求认真，让认真成为家风，成为厂风。

（写于 2014 年 4 月 10 日　发全公司员工学习）

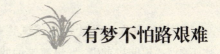

有梦不怕路艰难

20世纪70年代初,小雅高中毕业到农村插队落户。那个年头,看人都会看背景的,下乡种田也不例外。小雅出身市民家庭,没有任何上层关系,人长得也不出众,所以,明眼人都说她又黑又丑,不时受到冷落,有人干脆送她个外号——"丑小鸭"。

尽管也有人发现小雅"腿划得多灵活,浮得多么稳",但埋头苦干又有什么用?时间不长,眼看一起去的同学,有的找关系应征入伍了,有的当上了代课教师,有的成了学大寨工作队成员,有的被借调到公社去了,有的还被推荐上了大学,而小雅依旧每天同社员们一起出工,一人守着远在村口的"知青点",刮风下雨还有些害怕。"瞧那只小鸭的一副丑相!",看小雅孤身只影,少言寡语,一些人越发觉得她丑。然而,小雅坚信,只有和命运抗争,才会有灿烂的明天。

随着知青回城政策的全面启动,小雅有幸进了国营大厂,当了一名纺织工人。环境的改变,增强了她的自信,一度干得风生水起。但因家境贫寒,手头紧,加之远"江湖"、轻"市侩",没能改变丑小鸭的命运。有"灵巧

组织劳模标兵赴浙江旅游留影

人"点拨她,某人舍得银子,进了试验室。并问她"你能够生蛋吗?",她说"不能";"你能拱起背,发出咪咪的叫声和进出火花吗?",她说"不能"。有"圈内人"开导她,背靠大树好乘凉,"抱团取暖"不着凉。小雅没见过世面,不谙达世故,不知道领情。如此不进"圈子",不思"进步",怎避长袖善舞、狐假虎威:"打辞职报告吧!"。但当家的和更多的人对小雅充满信心:"她会慢慢长得漂亮的","她的身休很结实,将来总会找到出路的"。柔弱的小雅,栉风沐雨,知荣守辱,坚定信念,顽强向前。

小雅没在"天鹅蛋"里待过,不可能幸运地成为"那么年轻,那么好看"的"天鹅"。但小雅是属鸡的,她对"搂一爪子,吃一爪子"的道理,比别人领悟得更深更透。她立足自我,自加压力,力求把工作做到最好,做到别人无可挑剔。在生活中,她从不瞻前顾后、随波逐流,坚持走自己的路,做自己的事。她认为,做事要简捷,做人要简单。她说:"丑小鸭喜欢水,但绝不蹚浑水。"

春在雪花中孕育,在东风中成长。在埋头苦干的同时,小雅怀揣梦想,坚持自学,硬是用早早晚晚的时间,拿下了大专文凭。通过 30 多年不懈的奋斗,小雅由一名普通工人成长为一名全国优秀工会干部。工运路上,她服务经济服务职工,善做助手巧为纽带,到位不越位,补台不拆台,素质教育劳动竞赛,力推经济又好又快,民主管理厂务公开,维权维稳责无旁贷,宣传职工讴歌先进,扶贫帮困情爱满怀……

一路过来,她经历风雨,经受挫败,有过奋进,有过徘徊,但最多的是欣喜,是组织关怀、职工信赖。小雅始终认为,命运掌握在自己手中,有付出,必有回报;有奋斗,总有前途;会积累,一定会厚重;能坚持,一定能成功。她常说:顺境时一定要谨慎,逆境中一定要坚毅,特别是遭遇逆境,无论多艰难,都不能轻易"淹没"自己的梦想,即便被厄运撞得浑身伤痛,也要一如既往对未来充满希冀,始终保持沉着、冷静、豁达的心态,鼓足勇气,脚踏实地,坚定地走自己的路。

"当我还是一只丑小鸭的时候,我做梦也没有想到会有这么多的幸福!"小雅觉得,自己这只"丑小鸭"能在经纬天地大步跨迈,倍感幸运自豪,心中充满感激。她说,有梦不怕路艰难。展现在她这个丑小鸭面前的,永远是充满希望的世界。

(刊于 2014 年 2 月 27 日《阜宁日报》)

春联雅趣

"青山纺秀色；绿水织春光""金梭起舞辞旧岁；钢领引歌迎新年""纺捻吉祥岁月；织造幸福时光""要节约半丝半缕半寸布；不贻误一时一刻一分钟"……

春节将至，中恒公司工会楹联兴趣小组又开始活跃起来。这不，上周周末，楹联爱好者们借好友回乡探亲之际，以联会友，怡情悦性。东道主事先言明，八对夫妇，一个不能少，且须带含有夫妻名字的春联赴宴，违者罚酒三杯。

朋友多日不见，兴趣爱好相投，气氛十分热烈。酒过三巡，总公司办公室主任厉佑广、担保公司会计周春艳夫妇自称抛砖引玉："春艳山青水秀；佑广国泰民安"，简洁明快，因果贴切，形疏实谐，耐人寻味，大家热烈鼓掌祝贺。接下来推磨。都有备而来，谁也不谦让。

织布厂厂长陈青松、报关员单海霞夫妇以"青松傲雪布山含紫气；海霞烂漫关路发春辉"赢得大家一致好评，频频举杯恭贺。动力公司经理朱学礼、纺纱女工盛文莲夫妇的"学礼修道清风迎盛世；文莲雅荷旭日耀新村"，以时代的气息、优美的意境，同样博得阵阵掌声，由此掀起第一个高潮。"群英争雄红星溢彩；百鸟斗艳紫燕迎春"，经营部销售公司经理徐红星与夫人李迎春名字不能工对，只好宽对，但构思立意俱佳，自强不息、拼搏争先的精神励人奋进，自然好声一片。

联助酒兴，酒香韵美。原厂办主任史家文起身朗诵上联"佳文共赏有志事竟成"；生技科教练陶东亚随声应对下联"东亚同庆无处不争春"，工稳对仗，声情并茂，让大家赞不绝口，大家都为他们在苏南事业有成、奋发向上而由衷的高兴，特别是联中以"佳文"巧代"家文"，更为贴切，可谓巧思。生技科老科长唐灯亮、纺纱女工下成芳夫妇更用"围炉守岁千家堂灯亮；开门迎春万物变成芳"的妙对，赢得满堂彩，将气氛再一次推向高潮。

原中恒员工、商业大厦部门经理陆荣光、盐阜商场文具柜主管梁秀凤夫妇沉着应战:"荣光映瑞小康在望春色美;秀凤呈祥梦想成真景象新",配对工巧,意境深广,将大家的思绪引入当前追梦筑梦的洪流,个个交口称赞。内退职工顾寿祥、原中恒计生办顾问、县二院妇科主任顾云芳夫妇"寿祥福和太平真富贵;云芳气正春色大文章"的佳联,对社会充满感恩,对未来充满信心,更激发了大家建功立业、共创未来的热情,也为此次雅聚画上了圆满的句号。

联毕,酒干,皆醺。虽为草根之作,难登大雅之堂,但作为企业文化建设的一部分,作为职工业余兴趣活动,在自娱自乐中,唱响主旋律,传递正能量,亦可喜可贺。临别,大家互勉:挥毫辞旧岁写家乡诗情画意,跃马奔征途创人生伟业丰功!

(刊于 2014 年 1 月 27 日《阜宁日报》)

让原阜纺居民尽早吃上安全卫生自来水

2013年,县委、县政府把解决镇村居民吃上与县城同网同价的自来水作为重大民生实事来抓,一级管网到镇,二级管网到村,三级管网到户,全县城乡联网供水工程,推进势头强劲,至年底,绝大多数镇村老百姓饮上了安全卫生的自来水。

然而,原阜宁纺织厂生活区800户居民吃水忧心忡忡,他们常年吃由深井泵直接抽上来的地下水,各种结晶体和杂质夹杂其中。每年参加体检的人,80%有结石现象。且如此劣质的地下水还需定时供应。原阜纺居民吃水不安全、不卫生、不及时,一直是潜在的不稳定因素。

阜宁纺织厂改制后,根据政策规定,新企业不再承担社会职能,职工生活区随之由县政府牵头移交地方社区管理。在县、镇党委政府的关心下,生活区用电很快与地方接轨,纳入社会管理。而水网改造,虽做过多次探讨对接,但终因不应由企业承担,而仍要求企业出资,而成为久拖不

在县政协联组会上发言

决的老大难问题。"企业改制轻装上阵,把生活区包袱甩给社区"的模糊认识,在地方一些人头脑中仍有一定市场,致使原阜纺生活区成为"几不管"地带,供水、照明、环保、治安、下水道等小区问题呈放任自流的状态,成为创建文明城镇被遗忘的角落和不稳定的源头,特别是吃水问题,直接影响居民身体健康,反响强烈。

原阜宁纺织厂对地方和社会发展还是有贡献的,今天,这里的老职工生活上有困难,理应得到妥善解决。在水改等问题上,县委相关领导也一直十分关注……建议地方政府、相关部门高度重视改制企业生活区改造,将原阜纺居民吃水问题同样作为民生和维稳的重要内容,切实提上议事日程;应作为地方和社区的分内事,主动作为,不推不扯;要与所在社区居民水改同步规划,同步实施,同步验收。

(阜宁县政协十三届三次会议提案　写于 2014 年 1 月 6 日)

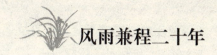

风雨兼程二十年

　　我是1994年初走上大型国企工会主席岗位的。20年来,经历了企业性质从国有到国有控股至民营的巨大变化,经受了扩能、承包、压锭、下岗、破产重组、二次改制等重大变革的锤炼与洗礼,见证了工会在企业各个发展时期发挥的独特作用,增强了与职工风雨同舟、和企业荣辱与共的深厚情感。

　　20年工运路,20年奋斗史。大张旗鼓做好建立社会主义市场经济体制宣传工作;满腔热情做好困难时期职工思想政治工作;千方百计做好下岗职工再就业工作;全力以赴做好破产重组工作;积极稳妥做好"国退民进"工作,为企业健康平稳发展提供保证。组织学习贯彻《工会法》《公司法》《劳动法》《破产法》《劳动合同法》等法律法规,让广大职工知法守法、用法。深入开展爱国主义集体主义社会主义、邓小平理论、"三个代表"重要思想、科学发展观、中国梦的宣传教育,加强思想道德建设,使全体职工与时俱进。常年组织职工学知识、学技术、学科学、学先进,广泛开展群众性技术创新活动,不断把"比学赶帮超"劳动竞赛推向高潮。坚持职代会制度,始终把职工提案、厂务公开、工资协商、民主评议干部作为民主管理的重要抓手,反映职工呼声,维护职工权益。持续实施送温暖工程。扎实开展面对面、心贴心、实打实服务职工活动,更进一步提升"职工之家"凝聚力和影响力。

　　刻肌刻骨1999年。带着县政府和厂4000名职工的厚望,我跑省赴京争取国家破产重组优惠政策,在近一年半的时间里,无论是寒风凛冽的楼下,一站就是四五个小时的漫长等待;还是沙尘暴飞舞,浑身沙灰,双眼红肿的煎熬;或是持续40多度的高温把脑门儿晒得起泡发炎;甚至是为了赶时间,路边的盒饭吃了腹泻发烧的痛苦与折磨,我无怨无悔,全心投入。经多方努力,国家依法为我厂核销银行呆坏账1.12亿元。破产不走人,职工利益得到了最大维护。

终生难忘 2004 年。二次改制，国退民进，极少数人利用职工"国企最后的晚餐"和对安置补偿期望过高的不良心态，在幕后煽动职工停产闹事，给国家、企业和职工自身造成重大损失。职工闹事，工会尴尬。面对个别人胡乱猜疑混淆领导视听的"忠言"和部分职工对工会组织无理要求的"失望"，我顶着从未有过的委屈和压力，积极撰写文章，宣传政策；主动上门入户，解疑释惑；不时赴赴现场，平息事态。在一度极其混乱的情况下，同县委工作组和企业主要领导一起，科学运筹，精心谋划，有效组织召开了职工代表大会，成功通过了《职工安置补偿方案》，为企业改制依法进行提供了强有力的法律保障。

激情澎湃 2009 年。庆国庆，话发展，表真情，励斗志。国庆 60 周年期间，对外，我组织职工参加全总"共铸理想信念，共促科学发展"全国职工感言征集活动，152 名职工投稿表达心声、抒发情怀、展示才华，有 12 人获奖，其中一等奖、二等奖、三等奖、优秀奖各 2 名，入围奖 4 名，极大地激发了职工以优异成绩迎接新中国 60 华诞的热情。对内，在全司员工中开展"我与中恒共发展"征文竞赛。近百篇征文演讲交流，一段段亲身感受，一句句真情表白，犹如一缕缕阳光，让广大职工更深地领悟到了什么是敬业，什么是责任。或纪实或议论，或回顾或展望，或赞美或憧憬，或感恩或珍惜，奏响了"我与中恒共发展"的主旋律，传递了"我与祖国共成长"的正能量，鼓舞人心，催人奋进。基层工会通过摆事实、讲道理、算账对比等方式，举一反三，由此及彼，与职工面对面交流互动，较好地把职工思想统一到与企业风雨同舟、荣辱与共上，统一到纺织报国、纺织强国的远大目标上来。

20 年来，公司工会多次受到省市县工会和上级政府的表彰，被评为省"模范职工之家"；我个人荣获"全国纺织工业优秀工会干部""全国纺织优秀思想政治工作者"等称号，两次被评为江苏省优秀工会工作者。20年来，我一直为自己是一名企业工会主席而自豪，也一直为怎样做好企业工会主席在思考。我觉得：

现代企业工会干部，应当敏锐地把握企业发展的特点和趋势，增加现代企业经营管理的知识，在董事会制定方针、政策及体制改革等重大决策时，提出切实有效的应对措施。如果茫然无知、闭目塞听，或人云亦云、唯唯诺诺,势必降低工会在企业的地位和价值,更难以有效组织和带领职工发挥主力军作用。作为企业高管之一的工会主席,一定要积极参与企业的重大活动并在其中有所作为。

企业工会干部应当按照现代化企业与现代人生活的丰富内涵和相应要求,全面提升个人的素质、能力和品格,努力使企业精神成为全体职工的一种思想、一种行为、一种境界、一种自觉,不断丰富企业文化底蕴。一定要把提升人与关心人融为一体,切实关心职工生活,时刻不忘困难职工,真心诚意、尽心尽力地为他们办实事、做好事、解难事。

企业工会干部要善于通过职代会、厂务公开、平等协商和集体合同等规范性动作,从源头上把职工的权益维护好;对侵害职工合法权益的行为,要讲究方法,注重途径,晓之以理,动之以情,做到有理有节,实现殊途同归。一定要找准维护企业整体利益与维护职工具体利益的最佳结合点,在发展中维护,以维护促发展。在突出维护职能的同时,决不能忽略甚或舍弃工会的其他职能。

作为民营企业工会干部,要顺应改革要求,调整工作重点;适应民企特点,转变工作方法;响应时代召唤,勇于承受担当。难度再大不气馁,压力再大不逃避。一定要以高度的责任感和使命感,主动与经营者在思想上合心、工作上合力、行动上合拍。只要对企业有利、对职工有利、对大局有利,就要主动作为,全力而为。

20年工会实践,使我充分认识到,只有不断增强中国特色社会主义工会发展道路的理论自信和行动自觉,坚持服务大局与服务职工相结合,企业工会才有正确的方向;只有把工会工作放到经济建设的大局中去思考、去谋划、去作为,企业工会才有强大的生命力。

(刊于 2013 年第 23 期《纺织政工资讯》)

职工至上

在苏北大地全面奔小康的征程上，
有个人称"女儿国"的地方，
每年入库税金 4000 万元，
连年续写新的辉煌。
人们看到了后发地区加速发展的缩影，
更感受到了老区职工艰苦奋斗的力量。
千人纱，万人布，
寸纱寸布都用汗织就用心丈量；
三班倒，连轴转，
再苦再累都从无怨言从不退让。
职工是企业生存发展之本，
是企业第一资源，

参加省总表彰会（左一：盛建春）

职工至上。

面对高温和噪音的工作环境，
面对每班八小时 20 公里的巡航，
她们一路挥汗如雨，
一路笑意荡漾。
一着不让增加产量，
一丝不苟严把质量；
一心想着企业发展，
一切为了拓展市场。
辛勤劳动创新劳动，
自我加压自我担当。
优质的产品在她们手中诞生，
销往五湖四海流向四面八方。
职工是财富的直接创造者，
是她们编织世界编织时尚。
职工至上。

她们干一行爱一行钻一行，
精一样会两样学三样，
个个勤学苦练精益求精，
人人比学赶帮积极向上。
没有不切实际的想法，
不跟风不攀比不张扬，
她们把自己的潜能表现得最充分，
把按劳分配的原则演绎得最阳光，
靠技术吃饭凭贡献拿钱，
用朴实和辛劳构筑梦想。
在这些基层一线职工身上，
让我感受到什么是敬业高尚，

让我加深了对劳动者的敬仰。
职工至上。

细纱挡车工吴益萍,
江苏省劳模再获全国五一奖章。
为了企业长远发展,
只身开辟上海市场。
无论是严寒酷暑还是云遮雾障,
困难再大也没有把她脚步阻挡。
除夕风雪夜才揣着货款摸回家,
女儿见状热泪盈眶。
重质量讲信用谋双赢,
年销售总额 5000 万元以上。
她说既然选择了市场,
便只顾风雨前往;
她坚信幸福在手中幸福在路上。
平凡孕育伟大,
实干才能兴邦。
职工至上。

工人伟大,劳动光荣,
应成为追梦筑梦中壮丽的交响。
牢固确立依靠职工办企业的思想,
让职工劳动有尊严,辛苦并舒畅;
发挥职代会作用,突出工资协商,
让发展成果由职工共享;
把学习培训作为永恒的福利,
为职工与时俱进精准导航;
关心职工生活体恤困难群体,
让职工感受党和政府温暖的阳光。

职工的信心就是企业的信心，

职工有希望就是企业有希望，

职工是企业主人亦是国家的主人，

职工至上。

（入围2013"中国梦·劳动美"喜迎中国工会十六大全国职工诗词创作大赛）

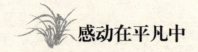

感动在平凡中

在企业工作近 40 个年头了。守之愈久,爱之愈深;一路走来,一路感动。

与工人朝夕相处,时刻体验着劳动的光荣,感受着平凡的伟大。纺织企业是劳动密集型企业,一线职工占 80% 以上,这些默默无闻、脚踏实地的劳动者,每天都积极主动、认真负责地工作,每天都完成或超额完成生产任务,没有不切实际的想法,从不夸夸其谈、随波逐流;她们把自己的才能、工作的潜能表现得最充分、最到位,把按劳取酬、多劳多得的分配原则演绎得最简单、最直接;她们没有惊人的举动,没有耀眼的光环,然而,在这些普通员工身上,让我感受到了什么是敬业奉献。是她们每个人肩上责任的汇合,汇成了企业前进的动力;是她们每个人主观能动性的凝聚,凝成了企业腾飞的活力。我感动在职工中,感动在平凡中。

面对每班 8 小时 20 公里的巡回,面对高温和噪音的工作环境,面对早中夜三班转的作息时间,她们从没喊过苦、叫过累。当亲朋好友问她们真的不累吗? 她们总是笑笑:习惯了,现在公司很漂亮,设备都先进,产品不愁销,劳动受尊重,收入有保障,心情也舒畅,累点无所谓。为了练就扎实的操作技能,她们都习惯似的纱线不离手,无论在路上、在宿舍或在家中都在练习,有些女工手指被棉纱勒出了一道道口子仍在坚持。为什么? 因为她们有一个简单的信念:技术不能落人后。

为了帮助新学员尽快提高操作技术,老师傅们主动担当起业余帮教员的角色,不辞劳苦,不厌其烦,一遍又一遍分解操作步骤,示范演练,从不为多付出、多操心而计较,从不因少积分、少拿钱而后悔。"一帮一""姐妹结对"等帮教活动,不仅有效地提升了职工整体操作水平,更融洽了人与人之间的关系,增进了同事情、姐妹情。看到工友们一张张笑脸,我心里总像洒满了阳光。

为了抢进度、赶工期,工人们急企业所急,加班加点,毫无怨言。有些女工丈夫在外地工作,遇有加班任务,总是拜托左邻右舍关照委屈的孩子;有些工人生病时,看到生产任务足、时间紧,总是把病假条悄悄塞进口袋;一线管理人员,既是指挥员,又是战斗员,跑巡回、做清洁、开停台、查安全,样样上,脚脚到,时常一忙就是 10 多个小时。看到工人们忘我的劳动,我心里总是充满了敬意。

一线职工心里最清楚,工资不是老板发的,是自己挣的,丰厚的回报来自辛勤的劳动;一线职工工作很实际,我付出,我收益,我工作,我快乐。所以,她们自我定位,自我加压,自我担当,自我奋进;她们靠本事吃饭,凭贡献拿钱,多拿钱光荣。她们认为,多付出,多收益,应该成为广大职工积极向上、不断追求和改变生活现状的动力和情感,同样一天,你拿 80 元,我多劳拿 100 元,我为什么不多劳呢? 多劳动意味着多辛苦,但我多付出,我多收益,何乐而不为? 多劳动也意味着多创造财富,利己利企利国。这些朴素的观点、本能的做法,正在影响和带动更多的人,成为推进企业发展的正能量,大家在诚实劳动、创新劳动中,构筑自己的小康梦、成功梦。

梦成真,靠劳动;想随远,凭实干。托起梦想,需要每一个劳动者在平凡岗位上添砖加瓦,积极创造。平凡的人,做出伟大而不凡的事,我会感动;而身边常年在企业生产一线埋头苦干、默默奉献的广大职工,在平凡中孕育伟大,同样让我感动。

(刊于 2013 年 11 月 7 日《盐城晚报》)

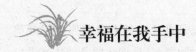

幸福在我手中

　　30 年前的一个春天,我带着青春的激情,带着对未来的憧憬,跳农门,进厂门,成了一名纺织女工。

　　刚开始跟师傅学徒并不顺利,练打结,每分钟 20 个算合格,可我才打八九个;学开车,不是找不到停台原因,就是不能准确处理故障。顶岗挡车的第一个月,我的产量、质量都未达标。脸也红过,泪也流过,也彷徨过、苦恼过,是父亲赶牛的背影和母亲早生的白发让我惭愧,让我发奋。从此,我义无反顾,埋头苦练。我给自己额外定了个指标,每天班前班后在岗多练 1 小时,下班回家练 1000 个打结。滴水能穿石,功到自然成。得心应手的工作,让我找回了自信,找回了快乐。早来晚走,我不但跟本班师傅学到了技术,还学到了其他班师傅的特长,逐渐摸索出了巡回有序、目光兼顾、眼到手到、稳准快捷的操作套路,形成了自己的操作风格。当自己的操作法在全厂推广时,更是让我充满了成就感、自豪感。在以后的公司每两年一度操作技术比赛中,我勇夺织布单项和全面操作五连冠,并在全市纺织技能大赛中,登上了织布全能第一名的领奖台。

　　争强好胜的性格并不能成为自己工作永恒的动力,是工会"两争一树"活动、"巾帼建功"活动、读书活动等,让我的思想和境界得以升华。在工作面前,我忘记了自己有轻度的贫血,不论是刮风下雨,还是严寒酷暑,我始终以饱满的热情,出满勤,干满点。我常想,只有热爱自己的工作,才会全身心的投入,才会心甘情愿的付出,才会在心里种下责任的种子。记得我结婚时,正值公司销售旺季,我在家只休了两天假,就回到了生产岗位。小姐妹们突然看到新娘子上班了,特意在我车位上贴上了红双喜,整个车间都喜气洋洋。董事长、总经理听说我在岗位上度蜜月,也特意前来祝贺,号召员工向我学习。上下班路上,工友们都向我投来羡慕的目光。我成了最幸福的人。怀孕的那段日子,甜蜜中揉进了几分苦涩,父母远在乡下,爱人经常出差。看到我妊娠反应严重,车间老大姐们嘘寒问暖,献计献策,不是你带这样好吃的,就是她带那样开胃的,硬是帮我渡过了难关,让我在欢声笑语中孕育着未来。

想做事的人,总有使不完的劲。织布挡车,别人挡 4 台,我挡 6 台;别人挡 6 台,我挡 8 台。为了增加产量、提高质量,我勤巡回,勤检查,机器不停,脚步不停,就连上厕所、换班吃饭也是走路带小跑。有苦必有甜。我汗水比别人流得多,实绩自然比别人高得多,工资也必然比别人拿得多。每年年底考核评比,我累计超产都在 4000 米左右,我连续 8 年被评为公司"十佳超产能手",还被评为市"五一巾帼标兵"。

能帮得上别人的忙,我觉得很自豪。在干好自己本职工作的同时,我挤时间帮邻近车位开停台、捉疵点、做清洁,当她们遇到技术难题时,我总是耐心地、毫无保留地示范帮教。我觉得大家在一起工作是缘分,互相帮助是应该的。每当听到别人的感谢,感受到尊敬,我总会沉浸在幸福之中。

30 年,我在劳动中享受快乐,在平凡中创造幸福,无论是感受,还是感悟,我始终认为:幸福在我手中。

(刊于 2013 年第 7 期《中国工运》 笔名:陈敏)

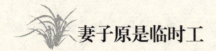

妻子原是临时工

我的妻子是在农村长大的。当年,我们知青组同她家是邻居,平时常有接触。原本品学兼优的她,因其父亲在"文革"中遭到批斗,初中没读完就回家种田了。小小年纪,割麦、推把、灭茬、挑粪样样上,什么苦都能吃,从不落人后。她在家是长女,收工后还要烧饭、洗衣、喂猪,没有闲的时候。

1979年,我回城工作,她和乡亲们送到村口,她说:"这下你们好了。"是啊,当时农村缺衣少食,太穷。进厂第二年,在与同厂领导一次闲谈中,我提到了她的不幸,这位新中国成立前参加革命、"文革"中倍受冲击的老干部,以极大的关爱,特批她进厂做临时工。从此,她以一颗感恩的心,每天早来晚走,勤学苦练。正式工进厂有6个月的培训期,她1个月就顶岗挡车了。8角钱一天,对她来说是高收入,转到中夜班,每天还多2角。一个农村妹子同城里姑娘一起上下班,一起拿工资,她开心、自豪,觉得很体

织布挡车工杨玲(右)和陈永芹在生产车间

面。她从内心深处珍爱这份工作，每天像过节似的忙个不停，笑意总写在脸上。14年临时工，她兢兢业业，任劳任怨，没迟到过一次，没有一天病事假，没有一次不超额完成生产任务。因为她清楚，这工作来之不易，她端的不是铁饭碗。14年，她从未因自己是临时工身份而觉得低人一等，从未因比正式工多干活少拿钱而有半句牢骚，她常说自己赶上了好时代，从糠箩跳到了米箩，觉得自己是有福之人。所以，她每天总是高高兴兴上班，快快乐乐回家。由于积极肯干、实绩领先，厂里多次让她在政治上享受正式工待遇，授予她"先进生产者"称号。最让她骄傲的是，厂里还破天荒地让她担任生产组长，让一个临时工领导30多个正式工，以她名字命名的先进生产组的奖状就有八九张。1994年，根据相关政策，她转为正式工。她像为自己过生日那样庆贺转正的日子。从此，她的精气神更足，班组里最忙的是她，笑声最多的也是她。福来是伍，喜到成双。她成为正式工后，我们以双职工身份搭上了单位福利分房的末班车。记得打开新房门那一刻，她激动地拥着我，流下了幸福的泪水。

因为收入少，她精打细算过日子，从不多花一分钱。你给她买价格贵一点的衣裳，她生气，说厂服挺大气的，穿在身上精神、好看，出客也不差。爱屋及乌，溢于言表。你要给她带化妆品，她坚决反对，说人心情好，脸上有光，不要化妆。我脱产上党校两年，她一人拉扯着上幼儿园的女儿，坚持上班，无怨无悔，用信念和担当托举着我的梦想、家庭的梦想。我走上领导岗位后，她不骄不躁，激情依旧，坚持在生产一线工作，踏实而快乐地干好每一天。

此处不讲究，自有讲究处。常年辛劳，使她头发过早地白了，每次染发，她非要我动手不行，说我仔细，有耐心，不伤头皮子。染剂涂在发根，幸福泛在脸上。每天晚上小区广场上跳舞，我是必须陪她的，她说同我一起跳，放得开，动作到位。那份潇洒，那份陶醉，尽情呈现。她念的书少，所以，她积极参加工会开展的"两争一树"活动、读书活动，可总是让我给她当秘书、打下手。家庭领导做得像模像样，有滋有味。学电脑、学管理，也总是没完没了地给我提这样或那样的难题……

我为我的妻子骄傲。她勤劳善良，乐观向上；她有追求，有梦想。她是贤妻良母，亦是我的良师益友。

（刊于2013年5月24日《盐城晚报》）

快乐在路上

　　从纺纱挡车工到班组骨干、分厂书记、部门主任、公司领导,小芳一站又一站感受成功的喜悦;从厂先进生产者到县优秀党员、市岗位女明星、省三八红旗手、市劳动模范,小芳一次又一次沉浸在快乐之中。尽管小芳快五十了,尽管小芳当干部了,可工人们仍亲切地称呼她小芳。小芳心里清楚,这是大家对她最好的奖赏。

　　小芳认为,产量的增长、质量的提升,主要在于人的劳动积极性和工作责任心。为此,她深入车间、班组,做大量调查研究,广泛征求工人意见,制定科学合理的计件工资制,极大地激活了工人的劳动热情;她跟工人一起上三班,感受运转女工的辛劳,进而出台了运转一线和中、夜班奖励政策,有效地稳定了职工队伍。她积极推行人本管理、情感管理,注重与工人之间的情感联系和思想沟通,坚持以理服人,以情感人,热衷办实

盐城市劳动模范、中恒公司副总经理刘琴

事、做好事,使工人对公司的向心力明显增强。

关爱青年知识分子成长,是小芳最热心的事。她运用事业留人、环境留人、待遇留人和情感留人等用人方法,为各类人才提供宽松的工作、生活和学习环境,使她们坚定而愉快地与企业同发展、共成长。

一有空就往车间跑,同工人们一起边干活边了解情况,是小芳最快乐的事。车间生产任务紧,她换挡车工吃饭,巡回操作有板有眼;车间生产有困难,她及时同有关部门联系,立马解决。工人们见到她感到亲切,心里有话总乐意和她谈谈。每到夏天,车间气温高、缺员多,她总是率先垂范,带领部室人员轮流下车间,同工人们一道战高温、夺高产,不但保证了公司正常生产,更融洽了干群关系,促进了和谐企业的建设。

女工委工作,更是让小芳越忙越年轻。她在女工中广泛开展"争创五一巾帼标兵岗,争当五一巾帼标兵"活动,在节能降耗、创新创优,团队学习、素质提升,文明生产、勇挑重担,文体活动、彰显特色四个方面,把女工工作搞得有声有色。为了给女职工学技术、练本领、提技能、强素质、展形象搭建平台,她乐此不疲组织优秀女选手到各车间巡回操作表演,现场互动,不断掀起比学赶帮超的竞赛热潮。

为了解决企业用工短缺的问题,小芳不辞劳苦,一马当先,先后30多次赴山西、贵州、新疆、南京、盐城等地,参加劳动力交流和人才招聘活动。她同工作人员一道,自备车辆,一路欢歌,到乡镇、社区张贴招工简章,走村入户,宣传公司招工政策。每当一批批新学员到公司报到,小芳总像迎接亲人似的,喜形于色,笑逐颜开。

小芳常说,人生的快乐如同登山,不是到了山顶才收获快乐,而更多的是在攀登过程中的执着与喜悦。小芳一直在快乐地攀登,一步一印,一步一景。她觉得,在很多情况下,快乐就在路上。

(入围2013年5月省总"幸福女性,快乐工作"征文活动)

物业管理应成为小城镇建设
不可或缺的重要内容

随着改革开放和城乡经济的迅猛发展,小城镇建设日新月异,一座座"花苑""新村""丽都""名园"等崭新靓丽的小区拔地而起,改变了集镇老旧形象,提升了居民生活水准,改善了乡镇投资环境,促进了城乡协调发展。欣喜之余,我们也清楚地看到,乡镇一级物业管理严重滞后,甚至是零,后果令人担忧。

一、有的小区四面没有围墙,四通八达,叫卖的、收破烂的、拾荒的,什么人都随便进出。居民晾晒的衣物、风干的食品失窃现象时有发生,不时引发邻里矛盾。

二、道路无人清扫,环境无人整治,垃圾靠风刮,污水靠蒸发,空地有的私搭乱建,养鸡养鸭,有的各围一块,填土种菜,施肥时臭气熏天,污染不堪。车辆乱停乱放,杂物随处可见。

三、最令人后怕的是,这些小区没有消防设施,更谈不上高压消防栓。近年来开发的房屋都要求不低于六层,一旦发生火灾,后果不堪设想。

在乡镇一级,政府规费一收了事,开发商房子一卖了事,由于缺乏物业管理,一些集镇市民和农村进城的农民长期养成的传统生活习惯无人规范,在这里放任自流,恶性循环。楼房高了,人口密了,环境差了,隐患多了,已成为小城镇建设的一处死角,一块硬伤。

建议住房建设主管部门和乡镇政府从源头审批上增添物业管理的配套内容;对已建成而无物业管理的小区,逐一梳理,明确主体,提出要求,强行入轨;对企业改制移交社区的职工小区,也应同样高度重视,实施改造,整体推进。当然,全面提高市民综合素质也是小城镇建设的题中之意。创建文明城镇,需要政府、社会和全体市民共同努力。

(盐城市政协六届四次会议提案 写于 2011 年 1 月 5 日)

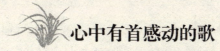

心中有首感动的歌

——《我与中恒共发展获奖征文选编》序

十多年来,我曾无数次为中恒迅速崛起、不断创新而自豪,也曾无数次为中恒栉风沐雨、迎难而上而感动。今天,当我认真阅读一篇篇来自普通员工"我与中恒共发展"的征文文稿,心中又有一首感动的歌在荡漾。

"想当年刚进厂的时候,也怕过苦,也嫌过累,脸也红过,泪也流过,也彷徨过、苦恼过,是享誉全县的'大纱厂'留住了我,是厂里热火朝天、蒸蒸日上的繁忙景象留住了我,是发展的前景、有力的保障坚定了我留下来的信心。"

"每次踏进中恒的大门,我便由衷地意识到,自己的生计成败与中恒的发展兴衰紧密相连,企业的成功,就是自己的成功,企业的失败,就是自己的失败,主人的责任感油然而生;每次按时领取报酬,我便自然而然地想起那句标语:财旺人旺日子旺,全靠中恒兴旺。"

"因为爱中恒,亦爱上中恒边上弯弯的小河。……我感谢并热爱给我发展平台的中恒公司,我感谢并热爱给我温情灵气的弯弯的小河。……小河弯弯,见证着我和中恒共同发展。"

"中恒为我提供了工作、生活和成长的土壤,我应为她的发展、和谐和美丽尽微薄之力;中恒是我家,我只有一心为家、勤俭持家,才能成为这个家中称职的一员。"

"我们人在中恒,心在中恒,亲历她的成长壮大,分担她的风风雨雨,共享她的欢乐荣华。……让我们把情感、智慧、技能、汗水全部倾注奉献于中恒。"

"理想和卓越是我们中恒人终身无悔的追求;执着和奋斗是我们中恒人人格力量的象征。朋友们,让我们扬起激情之帆,踏上希望之路,用睿智的思想,明智的选择,朴实的情感,踏实的工作,与中恒同行!"

……

一段段亲身感受,一句句真情表白,犹如一缕缕阳光,让我更深地领悟到了什么是敬业,什么是责任;或纪实或议论,或回顾或展望,或赞美或憧憬,或感恩或珍惜,奏响了一曲曲"我与中恒共发展"的主旋律,鼓舞人心,催人奋进。

真有些爱不释手。读后,我似乎找到了一个答案,那就是,中恒之所以能越做越大、越做越强,是因为有一支有理想、有追求的高素质的员工队伍;是因为有一个上下同欲、同频共振的坚强团队。同时,找义坚定了一个信念,那就是,只有不断提高员工思想道德素质和技术业务素质,不断培育和升华员工对企业的情感和信心,中恒之树才会常青,才会根深枝繁叶茂。

细细品味一线员工的所为、所得、所感、所悟,让我看到了我们中恒人对"敬业"和"责任"的高度认同。是呀,敬业,就是对自己所从事的职业怀着一份热爱、珍惜和敬重,不惜为之付出和奉献;责任,就是担当,就是付出,就是对人、对事、对工作、对社会有一种深切的爱,就是成员对家庭负责、员工对企业负责……不是吗? 在我们身边,就有许许多多这样富有敬业精神和责任感的员工,十佳班工长、十佳超产能手、十佳操作能手、十佳检修能手、十佳捉疵能手、百名优秀员工等,她们每个人都有一段感人的故事,她们每个人都是一首感动的歌。其实,又何止是她们,全体中恒员工在各自的岗位上,正在激情齐奏"我与中恒共发展"的时代交响曲。

感谢88位征文作者辛勤的付出,感谢获奖选手给我们带来了感动。我想,荡漾在我心中这首感动的歌,也一定会引起你的共鸣。让我们分享。

(2010 年 5 月发全公司职工学习)

如梦令

常忆黄山之旅,峰奇松韵鸟语,神秀不胜举。
转眼五易寒暑。记否,记否? 迎客邀候你我。

（带劳模、标兵赴黄山旅游,5 年后有感而发,
刊于 2010 年第 5 期《江苏政协》）

春兄首填告捷,秋弟苦思和阕。词赋重韵律。
短句尚需努力。务切,务切,再学习莫停歇。

（三弟盛建秋和一首）

贤弟果然妙笔,愚兄自愧不及。平仄不给力。
诗词意境格律。学习,学习,求知永不停歇。

（与三弟再和）

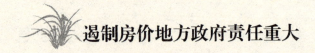

遏制房价地方政府责任重大

金融危机寒气尚存，充其量是从严冬进入暖冬或是走向早春。可新一轮房价恶性疯长，给人们又平添了一份寒意，着实让人有些担忧。

高房价不是简单的供给不足问题，特别是这一轮房价过快上涨，绝非所谓"刚性"需求推动，不是所谓城市化进程中所产生的进城务工人员带来的住房需求推动的。如此高的房价，哪里是这样一个群体所能够支付的？一些莫名其妙的舆论导向，无异于造谣惑众。大家都在算账，就一般中小城市而言，两个有正常收入的大学生家庭，要辛辛苦苦节衣缩食20~30年，才能买得起房子或偿还房贷，这种压力能给这一代人带来快乐和幸福吗？难怪农村籍大学生、工薪家庭大学生沉痛地叹息："买房愁，不买更愁，进城容易，落'户'太难。"80后青年辛酸自嘲："因为房子，我们被迫啃老，因为房子，我们不敢养育下一代。"日前，中国社科院发布经济蓝皮书称，我国房价收入比超出合理承受范围，85%家庭无能力买房。买房难已成为社会之痛。

"地方政府、开发商、银行三位一体利益链的强大驱动，使得房价恶性疯长。"由政府"培育"的一个又一个新"地王"，令老百姓望而生畏。其实大家都清楚，城市很多公共基础设施需要用钱，而土地变现是重要来源，且不是哪一个地方的独创。同时大家也清楚，"不是当家人，不知柴米贵"。但这种过度膨胀土地，加大老百姓负担的做法，超越常规，超大限度，已引起国内专家学者的质疑和担忧。《工人日报》社评说，遏制房价过快上涨，已不是一个行业能否健康发展的问题，而是关乎中国经济能否长期稳定发展的问题，是民生能否得到保障的问题。"住房消费拉动经济增长自是功不可没。但是，房价恶性疯长，诱导出的是许多普通消费者的恐慌性消费。它是对民众未来消费能力的过度透支，是对社会潜在消费资源的巨大破坏，是对经济发展良性运行的潜藏隐患。"我国新闻界权威人士如是说。当然大家更清楚，政府已加大并将继续加大经济适用房、廉租房等开发力度,以缓解贫困居民住房难矛盾,但在所谓贫困线标准以上的众多老百姓购房时均需面对房地产市场泡沫,这应引起政府高度重视。

新华时评认为,近年来为遏制房价过快上涨,国家相继出台了不少政策,但收效都不明显,主要原因是地方政府执行不力。新华社记者指出,保障性住房建设进度缓慢,资金配套困难、用地审批周期长是反映最为集中的两大难题。但从多数地区实际情况看,资金、土地并非是最大的问题,地方政府以怎样的政绩观、发展观来推进保障性住房建设,才是问题的关键所在。为此,新华社记者呼吁:保障房建设不能再"慢吞吞"了。

令人欣喜地是,尽管 2009 年的冬天有些冷,但随着国务院常务会议遏制高房价四项措施的出台,让人们看到了寒冬里的一道"温暖风景"。四项新举措,给广大中低收入居民带来了新希望。希望这一次的四项措施,真的能见到成效。"地方各级政府要切实负起责任,结合当地具体情况,采取针对性措施,促进房地产市场健康发展。"这是国务院常务会议的要求,也是广大老百姓的企盼。

(盐城市政协六届三次会议提案,发言要点刊于 2010 年 1 月 22 日《盐城晚报》)

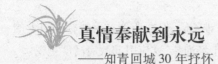

真情奉献到永远

——知青回城 30 年抒怀

昨天到今天，
转眼 30 年；
乡亲们送我到村口，
此景犹眼前；
老队长几多叮咛，
众乡亲依依不舍，
真情记心田。

想当年高中毕业，
听党话上山下乡，
落户到庄园。
"滚一身泥巴，
炼一颗红心。"

考察南通花草苗木市场

激情冲云天。
推粮灭茬挑粪打场，
上河工罱河泥捞水草挖鱼塘，
样样抢在前。
面对鲜红党旗，
眼含激动泪水，
铿锵宣誓言。
荒原寥廓青春献，
啥时耕出新天地，
多少夜难眠。

乘三中全会东风，
听改革开放召唤，
知青回城垣。
打小羡慕穿工装，
梦想成真喜若狂，
胜过贺新年。
搞文字抓群团，
做党务忙后勤，
凡事争个先。
围绕中心做经理助手，
凝聚民心当职工代表，
定位不偏题。
提高职工素质，
组织劳动竞赛，
鼓励多挣钱。
帮扶弱势心意诚，
体恤特困情感多，
职工视为天。
争取重组优惠政策，

增强企业后发能力，
无鞭自奋蹄。
因为不忘知青苦，
所以我们更知足，
再累心也甜。

30 年幸逢改革开放，
30 年共享发展成果，
感恩意连连。
虽说人到中年，
但我激情依旧，
向前再向前。
倾情纺织事业，
推进持续发展，
真情奉献到永远！

（刊于 2009 年 12 月 28 日《今日阜宁》）

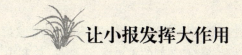

让小报发挥大作用

　　江苏中恒纺织有限责任公司的企业报《中恒员工》，现仍仅是8开版的"小报"，与各兄弟单位4开4版的比，则有些小气、土气了。但我们不因其小而小视她，不因其土而轻视她，而是立足实际，物尽其用，在小天地里书写"短平快"的好文章，让小报发挥大作用。

　　"短"，就是文章短小精干。事以简为上，言以简为当。由于版面小，所以，我们每篇稿件压缩在300字左右，每期安排9～10篇文章，让行业的最新动态、走向；涉及职工切实利益的方针、政策；公司的重点工作、重大活动；公司领导的讲话要点；一些主要指标完成情况；员工先进事迹等，主题突出，简明扼要，一目了然。每期、每篇都尽可能用少的文字表达尽可能丰富的思想内容，没有空话、套话、大话，以精短赢得读者，不以篇幅虚张声势。2004年，企业改制，国退民进，《中恒员工》把改制的指导思想、总体目标、基本原则、操作规程、经济补偿、劳动保障等内容分门别类，以最简洁明快的文字编发给每个员工，员工一报在手，掌握政策，明确方向，促进了整个改制工作顺利实施。

　　"平"，就是平实，写平常人，报平常事，贴近员工，贴近生活，贴近实际。我们充分发挥各生产厂、各部门业余通讯报道员的作用，她们写的是身边人，说的是厂里事，谈的是心里话，大家看得见，摸得着，感触深，启发大，可信度高，可塑性强，员工喜闻乐见。《中恒员工》是《中国纺织报》的会员单位，公司改制后，第二棉纺厂细纱挡车工马爱民《我在变，大家都在变》的体会文章在《中恒员工》刊登后，被《中国纺织报》选用，转载后，在新疆库尔勒棉纺织有限责任公司一线职工中引起热烈反响和强烈共鸣，《中国纺织报》又以"小文章大作用"为题，报道新疆库棉职工学习讨论《我在变，大家都在变》的情况，中恒小报的文章在社会上引起了较好的反响。

　　"快"，就是反应快，保证内容的时效性和针对性。《中恒员工》每月两期,根据需要,每周一期,旨在快速反应,保证时效。企业改制前,我们超前宣传改制的重要性、必要性;改制中,我们适时摘编政策法规;改制后,我们及时倡导民企观念。针对改制后新工人大量涌进、很大一部分员工的整体素质跟不上企业的要求、严重制约产品质量提升的实际情况,我们迅速开展主人意识、责任意识、敬业精神、奉献精神专题教育和讨论活动,并陆续推出《各工种操作规程》《应知应会考核重点》,引导员工学习、练兵,使一线员工的综合素质很快得到提升。

《中恒员工》在中恒两个文明建设中发挥着宣传引导服务监督的作用,领导重视,员工欢迎。我们打算尽快改版扩面,提高品位,强化功能,促进发展。

（刊于 2008 年 7 月第 8 期《盐城纺织产业》）

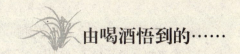

由喝酒悟到的……

我这人，交际不是太广，饭局自然稀少，但偶尔的饭局中，有些喝酒的场面，给我留下的印象却是很深的……酒过三巡，坐上席的开始定调，并率先垂范，漂亮地干了第一杯，在场的人都齐声应和，频频举杯。但环顾众人，有的杯举酒干，有的浅尝辄止，也有的投机取巧，企图蒙混过关。这时，带头响应号召的自告奋勇，逐个检查，软硬兼施，不依不饶，不获全胜决不鸣金。首杯开门红，两杯双过半，高潮迭起，催人奋进。

我肠胃不好，总想徐徐品之，款款而饮，恰到好处适当喝一点，不赞成"牛不喝水强按头"，对"感情浅，舔一舔；感情深，一口闷；感情铁，喝出血""宁伤身体，不伤感情"等民间"酒文化"不敢苟同，对"二两五"的满杯、"三步走"的节奏望而生畏，但"督酒官"检查较真后，又全干了。有人笑曰：上棋磨不推，推下棋磨。真惭愧，酒不如人，定力不足，被动挨打，活受洋罪。

出席全国纺织工会"双争"理论研讨会

　　酒桌上常有"酒品如人品"之强词。我的"酒品"不过硬,时常推绊人,没有发言权。说话少了,但思考多了,从督酒官较真中,我悟出一个道理:凡事都怕认真。联想到我们实际工作中,很多事情都有明确的要求和具体的措施,但时常收不到应有的效果。为什么? 一个重要原因,就是有布置,无检查,或是检查不认真,得过且过。人总是有惰性的,要使惰性变成勤快,成为自觉,就要教育培训,就要检查督促。实践告诉我们,只有严格检查,工作才不会落空;只有敢于较真,执行力才会增强。再者,酒桌上督酒官柔中有刚、不卑不亢、进退自如、恰到好处,其工作方法、督办艺术、表达能力、操作技巧,让人赞叹,给人启迪。在实际工作中,我们若都能以此行事,岂不少了些简单粗暴,多了些春风化雨;管理者与被管理者,不就都能相互理解,相互支持,相映成趣,相得益彰。当然,喝酒和工作不同。喝酒,各人量有大小,不能一概而论,不可强斟硬劝,不能死缠烂打,更不宜借用大领导所谓"不能喝酒就不能工作"的高论倒逼。而工作,你既然在这个位置上,就说明你能胜任这份工作,那么,在其位必须尽其职,既干就必须坚决完成任务,而不能讨价还价,拖拖拉拉;不允许消极应付,敷衍塞责。各级领导对布置了的工作,必须加大检查力度,并严格兑现奖惩。

　　喝的是小酒,燃烧的是激情。我常想,像喝酒一样工作,我们的工作一定会更上一层楼。

(刊于 2008 年第 2 期《中恒员工》)

也谈分管

　　分管，即按班子分工管理一块工作。同其他工作一样，从事分管工作，必须有强烈的事业心和高度的责任感，工作第一，公司至上。这既是一种态度，也是一种品质。

　　做分管工作，不能有"圈子意识"。圈子意识是非常有害的，很多不正常的工作作风和社会现象，如本位主义、保护主义、小团体主义等，都是因为圈子意识在作祟。有这种意识的人，认为分管领导无论是非曲直，都应该为其下属讲话办事，必须"千个猪爪往里弯"，即使出了问题，也应该藏着、护着。无中生有的项目、巧立名目的支出、虚假的凭证、涂改的发票，也必须给他签，否则便是"分而不管""漠不关心"。下属底气之足，磁场之强，足见圈子之功力。圈子还有个特征就是江湖气，同事不叫职务，叫兄弟；上级不叫领导，叫大爷。讲究的不是"团结"，而是"结团"，是"哥们"如何打成一片，相互照应，利益共享，心照不宣。所以，平时很畅通，一下子被堵了，得罪的自然是一圈子人。小圈子对外是马列主义，对内是自由主义，背离原则，为我所用，扭曲人际关系，制造人为隔阂，影响正常工作，阻碍公司发展。此风不可长，此水不可涉。

　　做分管工作，不能奉行"难得糊涂"。"聚一聚"是人们在工作之余的一种常见现象。大家都是性情中人，有社会交际的愿望，有休闲的需要，有选择朋友和娱乐方式的权利，因此，八小时之外聚一聚，无可非议。然而，作为分管领导，头脑必须清醒，三天一小聚，五天一大聚，中午喝醉了，晚上喝醒了，乐此不疲，愈聚愈烈，"聚资"何来？吃饱喝足了，临走再带两条烟，醉醺醺的，几步路竟把烟夹丢了。丢的是香烟，换来的是骂名。不能在奉承、吹捧中晕头转向，不能在吃喝、玩耍中被"摆平"。天下没有免费的午餐，吃了不该吃的嘴软，拿了不该拿的手软。大家都"难得糊涂"，分管何以守职？为了公司的利益，为了企业的发展，总有一些东西不容亵渎，不能"随意"；对不义之财，无论在明、在暗，于公、于私，不可坦然无惧，尽情"把光"。人有七情六欲,但一定要把握好"度",如果私欲膨胀,欲壑难填,就会为欲所累,为人所用。吃饭桌上承诺,办公桌上翻脸,台下是"叶公",台上演"包公",怎么能做好自己、管住下属、取信他人? 如此"难得糊涂",害人害己。

做分管工作,不能有"占山为王"的习气。作为分管领导,应当充分尊重下属,相信下属,用其所长,容其所短,千方百计激发他们的工作热情,发挥他们的主观能动性,而不能自命不凡,盛气凌人,把霸道当魄力;更不能狐假虎威,以势压人,甚或在下属身上"看三国""放苍蝇"。不给我"做小工",就给你"穿小鞋",不一个鼻孔出气,开会就让你坐门口。琢磨事不足,捉摸人有余,把分管范围当私有领地,把自己当山寨大王。这样的分管,是很难维护领导形象的,是很难赢得绝大多数人尊重的。分管要做好工作,除了依靠权力因素,还应运用人格、形象、能力、作风等非权力因素,去感染人、激励人,形成广泛而持久的影响力。只有以德立威、以才树威、以廉生威,才能真正赢得自己的威信。有为方能聚人,有德方能服人,有才方能带人,有情方能感人。

作为分管领导,我将视岗位为阵地,视责任为天职,忠于职守,不屈不挠,做好自己应该做的事。

(班子成员谈分管工作 后传阅 写于 2006 年 5 月 18 日)

 春 联

青山纺秀色
绿水织春光

纺捻吉祥岁月
织造幸福时光

金梭起舞辞旧岁
钢领引歌迎新年

艰苦创业打造十亿中恒
勤劳致富建设小康人家

问寒问暖时时体察职工疾苦
知冷知热处处关心会员生活

当金牌工人为共和国增辉添彩
做时代先锋与新阜宁同频共振

质量关乎饭碗保质量就是保饭碗
实绩决定岗位有实绩才能有岗位

扭住第一要务牢记两个务必践行"三个代表"
诚交五洲商贾打造十亿中恒回报百万人民

（刊于 2006 年 1 月 23 日《今日阜宁》）

正确把握自我

　　善意的提醒和批评,如春风,似良药,让人头脑清醒,不一错再错。有些人错了,一点就通,知错即改,皆大欢喜。有些人则对自己的错讳疾忌医,千方百计躲避甚至拒绝批评,把个人面子看得太重,结果越弄越僵,直至不可收拾。实践证明,不怕丢面子,勇于自我反省或接受批评,反而能保住面子;怕丢面子,执迷不悟,我行我素,结果面子没保住,里子也丢了,令人惋惜。

　　每个人都有个性。但人的个性发挥到怎样的程度才算最佳,大有讲究。企业是一台大机器,员工都是这台机器的零部件,机器的组合和运转,需要每个零部件各就各位,高度协调;企业是一个大舞台,每个员工都是这个舞台上的既定角色,编导自有要求,不可任性发挥。其实,在实际工作中,把你放在那个位置,让你扮演那个角色,是根据工作需要和你的特长决定的,也就是选人用人。你在那个位置,就得按那个位置的层面和要求来发挥。职权是配套的,必须按游戏规则出牌,如果个性超越了职责,一味放大个人效应,一发不可收拾,那么,不管你这个零部件是国产的还是进口的,不管你这个角色是明星大腕还是跑龙套的,也只有换下来。

参观世博会

每个人都有情绪。因人因事,有时热情,有时冷漠;有时乐观,有时悲伤;有时紧张,有时松弛;有时开朗,有时忧郁;这都正常,但不能喜怒无常。一帆风顺的时候,若能冷静谨慎,就会举止得当,景况越来越好;反之,若头脑发胀,得意自狂,就会忘乎所以,马失前蹄。所以,无论做人,还是做事,都要保持理性,把握分寸,张弛有度。"心灵之崇高主要不在于高高在上和遥遥领先,而在于知道如何控制和约束自己。"失去控制的车轮会越道翻车,失去控制的人生会走向失败。

把握自我,要加强修养,努力提高自己的精神境界。既要敢闯敢试,敢为人先,又要严于律己,勇于承担;既不为眼前的成就沾沾自喜,也不为一时的失误而忧伤烦恼。把握自我,要杜绝极端,不可放纵自己的急躁情绪。主动极端,会变成霸道;自信极端,便成了自傲。把握自我,要头脑清醒,正确对待自己的一技之长。通过在企业多年的学习和组织长期的培养,我们有了今天各自的本领,我们应该理所当然的用这些才能报效企业,服务企业,绝不能当成抬高身价的砝码,变为要挟企业的资本。把握自我,要与时俱进,不断转变自己的思想观念。改制了,民营企业自有民营企业的要求,工人能进能出,干部能上能下,工资能高能低;讲究服从,没有讨价还价的余地,完成任务,没有任何借口。把握自我,要走出自我,调适自己的处世心态。把自己化作生活海洋中的一滴水,永不干涸;时刻感受企业大家庭的温暖,永远快乐。

(刊于 2005 年第 7 期《江苏纺织》)

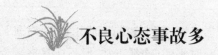

不良心态事故多

搞好安全生产,要有正确的心态。侥幸心理、麻痹心理、冒险心理是安全生产的大敌,盘点企业各类大小事故,究其原因,都与此类不良心态有关,教训多多。所以,在安全生产上,要充分认识不良心态的危害。

一是侥幸心理。有些人凭借错误的经验,认为某种违章作业从未发生过事故,或多年未发生过,不会出事故的;有些人"自信心"太强,相信自己有能力避免事故发生,搞所谓"艺高胆大"。正是这些侥幸心理作祟,发生了一起又一起不该发生的事故。

二是麻痹心理。由于是经常干的工作,所以习以为常,认为不会有什么危险;此活已干过多次,因此满不在乎,没注意反常现象,仍按常规操作;有的是责任心不强,马马虎虎,得过且过,当时没出问题,可埋下了安全隐患。由于麻痹大意,最终酿成灾祸,后悔莫及。

三是冒险心理。有的争强好胜,喜欢逞能,为赶时间,抢进度,不按规程作业;有的企图挽回过失或急功近利,盲目行动,蛮干且不听劝阻,把冒险当敢闯敢试。这些心理尤以一些青工为盛,似懂非懂,不求甚解,"整瓶不动半瓶晃荡",结果一时逞能,一生痛苦。

不良心态是导致发生各类事故的罪魁祸首,必须引起企业领导和每个员工的高度重视。安全是有规律的,操作是有规程的,安全生产各项规章制度都是用血的教训换来的,任何违章指挥、违章作业、违反劳动纪律的行为,都是对自己、对家人、对企业、对他人的严重不负责任。让我们牢固确立"安全第一"的思想,时刻保持清醒的头脑,坚决克服侥幸、麻痹和冒险等不良心态,严格按章办事,严守操作规程,确保安全生产,打造平安企业。

(刊于 2005 年 7 月 18 日《今日阜宁》)

产品质量当从培养敬业精神抓起

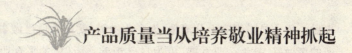

总有些人认为,只要采用先进的设备和严格的管理,产品质量就会提高。然而,我觉得,这些外界因素固然重要,但员工敬业精神是影响产品质量最重要的内在因素,外因再好,内因不发挥作用或内因跟不上,终难达到预期效果。

前不久读有关"海尔"的报道,感受到海尔人敬业的劲儿,确实到了叫人叹服的地步。海尔之所以能快速成长壮大,不仅仅是因为它有一流精良的设备,同时贵于爱岗敬业精神在员工中深深扎根开花结果。近几年来,中恒走科技强司之路,引进了一大批先进设备,在全市处于领先水平,管理制度也不断完善,可有些产品质量为何忽高忽低,质量问题时有发生?其主要原因正是部分员工敬业精神淡薄,缺乏主动性、责任感。

培养敬业精神,首先要增强主人意识,真正把企业的事当作家里的事

在政工例会上发言

来做。每个员工都应十分清楚,为企业做事,就是为自己做事。因为把企业的事做好,是为企业发展,更为自己饭碗。所以,关乎企业生命的产品质量马虎不得,麻木不得,如果仍有谁不把质量当回事,敷衍应差,那只会自我愚弄,自欺欺人,自砸饭碗。

培养敬业精神,要不断提高自己的操作技能,以一流技术生产一流产品。不学习,不钻研,技术孬,业务差,谈不上敬业。所以,勤学苦练、精益求精、优质高效是敬业的最好表现。

培养敬业精神,要有以我为主的思想,立足自我、立足本职、积极主动、想方设法完成任务。事情主动做会想很多办法,不想做会找若干借口。一个成绩不好,仍有种种理由,甚或理直气壮的学生,是学不好的。学习如此,做事亦然。

培养敬业精神,要把自己的命运和企业的命运紧紧联系在一起,情系企业,心随企动,与企业同舟共济,共同发展。

(刊于 2005 年 7 月 15 日《今日阜宁》)

过年过生日

我过年,比别人多一层喜庆的氛围,我是大年初一出生的,过年就是过生日。

今年的生日,恰逢五十,家人要热热闹闹庆贺一番,可我依旧选择了"放弃"。没有亲友欢聚的场面,但我的兴致丝毫不减,因为我陶醉,盛世逢春,普天同庆,漫天的鞭炮,都在为我过生日;因为我知足,领导对我很关爱,同事对我很友好,开心每一天,天天过生日;因为我清楚,只有国家富强、企业兴旺、家庭幸福,自己的生日才有真正的欢乐。

过年过生日,确有一种别样的心情。一年过去了,又长了一岁,但能力有无长进,工作是否尽职,都做了些什么,奉献了多少,在辞旧迎新之际,正好盘盘点,捉捉账,不能虚度年华,空长一岁。当我怀着喜悦的心情打包过去一年的收获后,又已经满怀信心的播下了新一年的种子。"盛年不再来""岁月不待人",新春的气象,新春的生机,不单给我带来了新的

盛建春与妻子杨玲

希望,更激发我不能辜负春天的大好时光。从春天出发,一切提前规划,尽早安排,从头抓紧,争得先机。

过年过生日,确有一种别样的惬意。春光明媚,长假相伴,闹中取静,正是读书的好时刻。一本书,就像一艘航船带领我从狭隘的地方,驶向生活的广阔海洋,从书中,我看到了海洋之阔、天空之大、航程之远、时间之长,让我丢掉了心中的迷茫,抹去了眼里的忧伤,驱除了抑郁的困扰,增强了前行的力量,坚信新的一年新的路,前面一定是风和日丽、柳暗花明的地方。莫泊桑说:"人生活在希望之中,一个希望破灭了或实现了,就会有新的希望产生。"新年孕育希望,希望带来快乐。

过年过生日,在新年的钟声中,我又站在了人生新的起点上。在这个新起点上,我要以崭新的精神面貌,坚定信念,增强信心,攻坚克难,锐意进取,努力开创工作和生活新局面。

过年过生日,与春节相拥,与春天握手,火热的心与春天一同跳动,与春天一同勃发。其实,我们每个人无论什么时候过生日,都拥有自己的春天,都会在自己的春天里播种希望,放飞梦想;都会把自己的生日作为新的起点,以全新的姿态,开启新的征程;都会立志用自己辛勤耕耘的成果装点自己无悔的人生。

(刊于 2005 年 2 月 17 日《今日阜宁》)

本命年

今年是鸡年，大陈属鸡，是他本命年。家乡的草鸡少喂饲料，多是散放，自己觅食。因为属鸡，大陈对"搂一爪子，吃一爪子"的道理，比别人领悟得更深更透。

高中毕业后，大陈不愿留在城里吃闲饭，毅然"离家出走"，到农村插队落户，自食其力。当年的他，像羽翼刚丰、一路欢唱、尽情觅食的"小声鸡"，战天斗地，其乐无穷。当知青点其他同学陆续投亲靠友了，找关系应征入伍了，病退回城了，顶替父母工作了，有的还被推荐上了大学时，他一人守着远在村口的5间房子，刮风下雨还有些害怕，大锹铣铁、粪桶扁担、黄帆布包、煤油灯、几本书陪伴着他忍受了多少寂寞。然而他坚信，只有和命运抗争，才会有灿烂的明天。困难面前他没有退缩。

24岁，大陈又一个本命年，随着知青全面回城政策的启动，他眼含热泪告别乡亲，带着"一脚黄泥巴"踏进了纺织厂的大门。那个年代突出政治，由于他在乡下表现不错，被分在党委部门工作，很荣耀地吃上了"政工饭"。党的工作重心转移后，企业思想政治工作一度有所削

北京跑项目留影

弱,有朋友戏说他是"耍嘴皮子,摇笔杆子,玩政治的",他淡淡一笑,心里始终认定"宣传思想工作也是全面提高人的素质,为经济建设提供保证和支持"的理,他无怨无悔,将"生命线"不断向前延伸。在"科学的春天"来临的时候,在尊重知识、尊重人才的氛围里,他感到了自己知识的贫乏,他深深觉得,做人的工作,必须胜人一筹。于是,他不甘落后,忙里偷闲,苦钻猛啃,硬是通过了全国成人高考,2年攻下了23门大专课程。在一些人"活得累不累""傻冒"的讥笑中,他不知疲倦,埋头苦干,被组织部门引领上了"革命化、年轻化、知识化、专业化"的火车头,带领广大职工共奔美好前程。

如今,他虽人到中年,但共产党员特有的"精气神"十足,他围绕中心支持董事会决策做经理助手,凝聚民心履行监事职能当好职工代表,定位准确,目标明确,工作充实,富有成效,不但赢得了职工的信任,还受到国家、省有关部门的表彰。他常说,人要有精神,只要始终坚持积极进取的心态,时刻保持昂扬向上的锐气,就能克服困难,勇往直前,战胜挫折,走向成功。

（刊于 2005 年第 2 期《盐城宣传》）

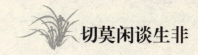

切莫闲谈生非

工作之余,同事相聚,侃侃大山,拉拉家常,叙叙友情,乃正常现象,无可非议。但有些人却不是这样,一闲下来便张家长、李家短,捕风捉影,添油加醋,甚至节外生枝,胡编瞎造,还振振有词:"无风不起浪""狗不咬空声""一个巴掌拍不响""有则改之,无则加勉"等,颠倒黑白,混淆是非。有些人还专以评损大小领导为能事,六亲不认,挨个数落,贼喊捉贼,扰乱视听,好像说领导越多,自己就越能干,说别人越差,自己就越好似的,自欺欺人,欲盖弥彰,让人嗤之以鼻。其实大家都清楚,"集市上喊得最凶的,恰恰是推销伪劣产品的"。

闲谈生非者,多是一些"小人尖子",油头粉面的,喜欢人前臭美,时常扮演民间新闻发言人和评论员的角色;闲谈生非者,多是一些"能干人",非嘴尖嘴凶嘴快嘴油的人不能胜任;闲谈生非者,当面说人话,背后说鬼话,人前套近乎,人后放冷枪,阳奉阴违,两面三刀;闲谈生非者,自我感觉良好,可同事总是敬而远之,生怕沾上边,惹上祸。

闲谈生非,绝非小事。它影响团结,涣散人心,引起不应有的思想混乱,干扰正常的工作、生活秩序;它人为地制造矛盾和隔阂,伤害职工与企业、职工与职工之间的感情;它是对自由的一种曲解,对风气的一种污染,对道德的一种腐蚀,对文明的一种破坏。大家一定要认识到闲谈生非的危害,决不让闲谈生非者有任何市场。

工作之余,还是应读读书,看看报,做书香女人;还是应有一个良好的心态,做开朗女人;还是应含蓄内敛,做善良女人;还是应懂得感恩,做快乐女人。有时间,多关心交流孩子的学习,多参加健康有益的活动,增长知识,充实内涵,增进友谊,秀出温柔,增强自信,提升品位。切莫闲谈生非。

知足常乐

在不同的时期和环境中,人们对幸福的理解和感受往往不尽相同。20 世纪 70 年代,我们在农村插队落户,大多数人家一星期吃不上一顿饭,整天喝粥,大家盼呀,多咱每天都能吃上一顿饭就好了。分田到户后,生产力大解放,农民从心眼里高兴,大家再也不为吃饭而发愁。"身在田当中,遥望大烟囱,哪天能回城,进厂去做工?"哪天能回城进厂当个工人,是我们当时下放知青最大的心愿。十一届三中全会后,拨乱反正,百废待兴,我们做梦似地跨进了纺织厂的大门。进厂了,正式工,"太阳一落,一块二角",浑身有使不完的劲,可一家三口挤在 8 平方米的"小五间",又想,什么时候能有个大一点的房子就心满意足了。随着企业的发展,一排排"小五间"被陆续推倒,取而代之的是拔地而起的住宅楼……

幸福是一种客观状态,更是一种主观感受;幸福是相对的,幸福也是渐进的。中国有句老话:知足常乐。

进厂近 30 年来,亲眼看见阜纺的变化和中恒的壮大,亲身感受在中恒生活有保障、收入在提高,特别是近几年来,在激烈的市场竞争中,昔日与我们纱厂相提并论的几个国营大厂,倒的倒,亏的亏,而我们中恒一枝独秀,企业规模不断扩大,装备水平不断提高,员工收入不断增加,福利待遇不断改善。所有这些,同绝大多数中恒人一样,我很自豪,也很知足。当然,也有"身在福中不知福,船在水中不知流"的,因为企业平稳发展,职工衣食无忧,就觉得很平常,而缺失幸福感,这大概就是"不识庐山真面目,只缘身在此山中"吧。近在咫尺的纸厂、轧花厂,绝大多数员工曾同我们一样勤劳肯干,可她们还是落得"关门走人"的结局,为什么? 因为她们没有中恒人这份幸运。平心而论,没有中恒的稳步发展和不断壮大,我们哪能像现在这样按部就班地工作、平稳安逸地生活? 怎么能够工作、家庭相互兼顾、老人小孩随时照应? 其实,大家有序地工作、祥和地生活,这本身就是一种幸福。这样的幸福,应该珍惜,值得知足。尽管中恒的今天凝聚了我们辛劳的汗水,但我们更多的得益于中恒、受惠于中恒。

知足常乐,需要树立正确的幸福观。只有正确认识幸福,学会感受幸福,才会知足,才会常乐。正如法国艺术家罗丹所说:"不是生活中缺少美,而是缺少发现美的眼睛。"目前,尽管企业面临许多挑战和困难,还有这样或那样的不足,但纵向比一比,横向看一看,还是我们中恒好。人要知足,知足常乐。有了知足之心,工作就有信心,就有动力,就会少一些怨气和烦恼,多一些和谐与快乐;有了知足之心,便会增添爱司之情,激发工作热情,创造新的业绩,收获新的喜悦,形成良性循环,此乐久哉。

知足常乐,需要有务实的态度和宽广的心胸。不好高骛远,不盲目攀比,不一味索取,不怨天尤人,而应立足实际,在踏踏实实的工作中寻找快乐,在勤勤恳恳的劳动中收获幸福。记得 20 世纪 80 年代有一首歌这样唱道:"幸福在哪里,朋友啊告诉你:她不在柳荫下,也不在温室里,她在辛勤的工作中,她在艰苦的劳动里……"这应成为我们每个中恒人正确的价值取向。大家都以乐观向上的心态,都用勤劳智慧的双手,去创造、去奉献,我们才会迎来中恒和自己更加美好的明天,我们的生活才会充满阳光、充满快乐。

(2004 年 7 月 10 日印发全公司职工学习讨论)

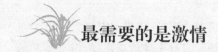

最需要的是激情

市场疲软精神不能疲软，越是困难，越是要有精气神，越是要有激情。面对困难，如果缺乏信心，疲沓涣散，企业就有可能一蹶不振。

激情是吹动船帆的风，没有风，船就不能远行；激情是工作的动力，没有动力，工作就难有起色。这些年来，我们靠激情把企业越盘越强，把市场越做越大。我们每个人自从走上工作岗位后，特别是独当一面后，心里始终充满着激情，都干出了一番成绩。然而，随着时间的推移，一些同志的激情在逐步淡化、在悄悄溜走，其主要表现为，一是骄傲自满，盲目乐观，不需要激情了；二是因循守旧，眼界不宽，不想有激情了；三是畏难松懈，不思进取，彻底抛弃激情了。如此种种，必须引起我们高度警觉，绝不能让这些现象持续下去。

一个人没有激情不行，但像少数人一提起"能耐"就冲动，一想到"好处"就来神，喝酒八两不醉、打牌一夜不睡这样的激情是不足取的。激情，

给党员和建党积极分子上党课

必须用在当用之处,用得恰到好处,否则,就会因小失大,适得其反。当前,我们就是要把更多的激情用在工作上,用在提高工作质量、服务质量,最终提高经济效益上,用在挑战困难、勇闯难关、开拓进取、打开局面上,用在提升核心竞争力、增强抵御市场风险能力上。只有把激情同企业的发展紧紧联系在一起,才能不断拓展自己的用武之地,实现与企业共同发展的目标。

对待工作要有激情,是一种觉悟、一种责任。每个有责任感的人,都会把工作看得很重,把名利看得较淡,满怀激情地投入工作;都会时刻保持昂扬锐气,不消沉,不畏难,排除干扰,奋发有为。责任感落实到日常工作中是责任心,对于我们每个员工来说,就是要明确目标,振奋精神,勇于负责,敢于攀登;就是要立足自我,积极主动,苦练内功,注重实效。只有品种、销售、回笼、效益等指标都实现了,企业发展了,实力壮大了,我们才算尽到了自己的责任。司好我好大家好,还为明天更好;人旺财旺日子旺,全靠企业兴旺。

对待工作要有激情,要从干部做起,要用我们各级管理者高昂的精神状态和雷厉风行的工作作风去影响和带动全体员工,努力营造公司上下团结紧张、齐心协力、热火朝天、人人争先的生动局面。要旗帜鲜明地宣贯"司兴我荣,司衰我耻"的道理;理直气壮地激励先进,鞭策后进;满腔热情地关爱员工,提升员工。坚持以人为本,合理价值取向,用机制激活人心,办实事凝聚人心,以理服人,以情感人。只有把大家的激情都调动起来,发挥每个人的积极性、主动性和创造性,企业才能充满生机、充满活力,才能创造新的辉煌。

最重要的是品质,最需要的是激情!

(刊于 2004 年第 6 期《江苏纺织》)

 说与做

企业思想政治工作，一靠说，二靠做，说做兼备，相得益彰。

所谓说，就是有预见性的、有针对性地将党的方针政策、企业的大政方针、现阶段的形势任务，实事求是、及时有效地向职工进行宣传，把要说的事情说清楚，把要讲的道理讲透彻，把对与错、好与丑、得与失、成与败都说到位，让职工明晰是非、明辨方向，让职工明确到底应该怎么做，以统一思想，提高认识，进而上下一心，风雨同舟，众人划桨开大船。当前，"说"之重点，就是向职工讲明改革的道理，讲透改革的政策，反复讲稳安的重要性，深入讲发展是硬道理。讲话要深入浅出，通俗易懂，以情感人，以理服人，切忌夸夸其谈，言不由衷，甚或盛气凌人，以势压人。要以法为教，以案释法，言必有据，语重心长，让职工在知规晓矩、知荣明辱中按章办事，依法行事。

再谈做。思想政治工作，不但要有说功，还要有做功；不但要各级领导放好样子、做好表率，还要在关心职工工作、学习和生活上做好事、做实事；不但要抓好质量、产量、安全、效益这些大事，还要关注职工柴米油盐这些小事。尽管各人工作重点不同，但大家都应十分清楚，小事之中有大局，职工利益无小事。工薪阶层，收入不高，但开门要花销，子女要上学，亲友要应酬，父母要孝敬，生病最揪心，事事精打细算，样样关乎生计。领导坚持以人为本，维护职工权益，关心职工生活，办实事、解难事，职工的向心力就会增强，职工心里就会温暖、踏实。实践告诉我们，有时帮职工解决一个实际问题，抵上你说多少话、做多少工作。所以，我们要时刻把职工利益挂在心上，多做固本强基、强筋壮骨的事，善做雨中送伞、雪中送炭的事，常做稳人心、暖人心的事，为企业的改革、发展和稳定提供保证。

（刊于 2004 年第 3 期《盐城宣传》）

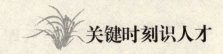

关键时刻识人才

认识和评价一个干部、一个管理骨干,不仅看他怎么说,更看他怎么做;不仅看他平时的言行,更看他关键时刻的表现。目前,中恒的改制已进入关键阶段,能否把征求职工意见的各项工作做到位,把改制方案修订好,保证改制顺利进行,是对每个干部和各级管理人员的特殊考试,是对各人德才的实际检验。

首先是政治觉悟。当前,各级干部、所有管理人员要和县委改制工作组与公司党政工保持高度一致,旗帜鲜明拥护改制,全力以赴推进改制,保证中恒的改制和其他各项工作及时有效地落实。

其次是群众意识。广大职工是企业的主体,必须从绝大多数职工的根本利益出发,最大限度地关心职工的工作和生活;广大职工也是改制的主体,要积极组织职工学习政策,解读"规定",引导职工明辨是非,按章办事,调动职工参与改制、支持改制的积极性。要教育职工爱厂爱岗,同心同德,做到思想上合心,工作上合力,行动上合拍;要多征求职工意见,多体察职工情绪,多反映职工呼声,培植信任体系,形成良性互动。

再次是应对水平。改制过程中必然会出现许多新情况、新问题,这就需要我们尽可能把问题和办法想得多一点,应对预案考虑得周密一点,增强驾驭复杂局势的心理准备和应急能力。不能平时头头是道,有条有理,遇事就不知所云,甚或信口开河;更不能头脑简单,凭空妄断,甚或刮"文革"遗风,人为画线,制造内耗。任何时候、任何情况下,都要志存高远,心胸开阔,头脑清醒,沉着应对。要切实改进工作作风,不一般号召,不敷衍塞责,不简单粗暴,不激化矛盾。要团结一切可以团结的力量,调动一切可以调动的因素,涵养大气象,瞄准大目标,组织有力,工作到位,确保改制平稳推进。这是对各人最大的挑战和考验。

疾风知劲草,烈火炼真金。我们相信,在这次改制中,中恒的各级干部和管理骨干,一定会发挥超常的聪明才智、坚强的领导作用,卓有成效地带领广大员工胜利完成改制任务,不辱使命,不负众望。

(刊于 2004 年第 4 期《中恒员工》)

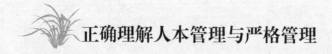

正确理解人本管理与严格管理

人本管理和严格管理都是企业管理的重要内容,是企业为了有效地实现预定目标,而对全体员工、对生产经营进行计划、组织、激励、协调和控制的综合性活动,是企业生存和发展必不可少的重要因素。人本管理,是以尊重人、关心人、理解人、帮助人为出发点和归宿,在工作中强调和体现人性化的管理;而严格管理,则是以严密的组织、严明的纪律、严谨的作风、严肃的态度而展开的带有强制性的管理。

职工是企业生存和发展的根本,没有职工的主人翁精神,没有职工的劳动热情和聪明才智,企业就不可能有生命力和创造力,更谈不上进步和壮大。所以,坚持以人为本,就是要确立全心全意依靠职工办企业的思想,尊重职工,相信职工,充分发挥职工的主力军作用;就是要不断提高职工的思想道德素质和技术业务素质,增强职工参加经济建设和推动社会进步的能力;就是要在发展生产的同时,注重提高职工的物质待遇和文化

组织劳模标兵赴无锡旅游留影

生活水平。

　　严格管理是严格执行代表职工利益、符合职工意志和愿望的规章制度,调动大家的积极性和创造性,激励广大职工共同奋斗,最终实现提高公司效益和维护职工利益的目标。企业如果不能依据规章制度和考核指标严格实施其奖惩,该奖的不奖,该惩的不惩,干多干少一个样,干好干坏一个样,职工的积极性从何而来? 如果大家都松松垮垮、马马虎虎,企业必将一盘散沙,一事无成,受害的终是我们自己。实践证明,从严治厂是企业的必由之路,是发展的有力保障;管理不严的结果必然是人心散、纪律松、质量差、效益低。这些道理要反复讲,深入讲,让职工弄懂弄通,入耳入脑。使其明白严格管理不仅是企业的需要,也应是每个职工的内在要求。

　　人本管理是方针,严格管理是基础。人本管理与严格管理相辅相成,相得益彰,目标一致,不可偏废。所以,我们一定要引导职工正确理解人本管理,正确对待严格管理,正确处理好"严格管理"基础上"人本管理"二者的关系,统一思想,排除干扰,齐心协力,励精图治,不断开创企业发展新的局面。

(刊于 2004 年第 2 期《江苏纺织》)

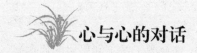

心与心的对话

2003 年 12 月 11 日凌晨,阜宁县益林镇东升村三组,中恒公司织布女工陈红梅家中突发火灾。

公司董事长蒯大文惊悉此情后,当即决定:"工会、分厂领导立即过去慰问察看,全力帮扶。"当我们火速赶到现场时,眼前的情景让人一阵心酸,无情的烈火将房屋、家什全部化为灰烬,女工陈红梅瘫坐在地,一身泥水。见公司来人了,陈红梅像见到亲人似的泪如泉涌:"我没有家了,我没有家了。""别难过,要挺住,有中恒这个大家,就有你这个小家。"公司领导哽咽的话语,让陈红梅一个劲地点头,泪水止不住往下掉。

董事长进一步了解灾情后动情地说:"把她接到厂里来吧,一定要安顿好。"

在陈红梅已不复存在的家中,当我们告诉她公司已为她安排好新家时,陈红梅又是一个劲的问:"是真的吗? 是真的吗?""是真的,我们这就回家。"在场数十位左邻右舍啧啧称羡,大家众口一词:"还是中恒好,福分哪!"

当晚五点,中恒东家属区 4 号楼 303 室,虽陈设简朴,但整洁明亮,陈红梅在煮晚饭,女儿在做作业,一切显得那么平静。面对刚刚搬来的两张高低床、公司招待所送来的桌椅、床上用品和工会新买的炊具等各类生活用品,特地赶来的陈红梅 80 岁的老父亲老泪纵横:"她妈死得早,小红梅一直是我拉扯大的,原来一直不放心,这下放心了,真想给你们磕三个响头。""请老人家放心,我们会继续关注,中恒对每一个员工都会十分关心的。"董事长拉着老人微微颤抖的手,亲切的话语同样充满了激情。

(刊于 2003 年 12 月 16 日《盐阜大众报·阜宁新闻》)

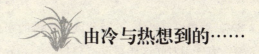

由冷与热想到的……

　　我这人肠胃不好，经不起冷，经不起热。说经不起冷，夏天再热，睡觉时肚子上非要盖条浴巾不行，外界气温陡降，肚子马上就咕噜，肠鸣腹泻；说经不起热，实是怪事，冬天怕冷，夏天怕热，一动一身汗，见我汗流浃背，人家都以为我是忙的，其实不然，好出汗而已，医生谓之"虚"。由于对冷热比较敏感，抑或深受冷热之苦，所以，我总是格外小心，主动适应环境，注重自我调节，不至于冷热过度，伤了身子，影响工作。

　　由气温上的冷与热，联想到生活中的宠与辱，经不起挫折、经不起成功同经不起冷、经不起热一样，都是"毛病"。一个人如果过于注重名利，患得患失，就会失去常态，受宠时就会得意忘形，受辱时就会心灰意冷，凸现心理上的"热胀冷缩"。其实，人生之旅不可能一帆风顺，有顺境也有逆境，有鲜花也有荆棘，过于在意眼前，拘泥于一时一事的得失，就可能裹足不前，失去未来；生命曲线不可能直线上升，有高潮也有低谷，有阳光也有

参加中国工运学院工会干部培训班在全国总工会留影

雾霾,总想春风得意,不顾及风霜雨雪的变化,就可能物极必反,前功尽弃。有一副对联这样写道:"望长空云卷云舒,去留无意;看窗前花开花落,宠辱不惊。"意思是人胸怀要宽一点,眼光要远一点,把个人的得失看得轻一点。不是吗,功名利禄乃过眼烟云,何必看得太重。居里夫人将获得的第一块诺贝尔金质奖章给女儿当玩具,友人不解,居里夫人却说:"我是让孩子从小就知道,荣誉就像玩具,只能玩玩而已,绝不能永远守着它,否则一事无成。"韩信忍胯下之辱终成大业、司马迁忍辱写就《史记》则告诉我们,为了理想而忍辱是意志坚强的表现,正像莎士比亚所说的那样:"真正勇敢的人,应当能够智慧地忍受最难堪的屈辱。"人生之路,宠辱之事时有发生,偶尔的失误会招致严厉的批评指责,城门失火亦会殃及池鱼;暂时的成功会赢来一片溢美之词,抑或引起小人的妒忌或算计,这都正常。"能受天磨真铁汉。"把宠辱当洗礼,当历练,必将多些清醒,少些纷争,学会思考,懂得坦荡;把委屈当考验,当磨炼,必将砥砺意志,增加气度,促人进步,助人成长。"玻璃水杯,过热,冲进冷水要炸;过冷,冲进热水也要炸。"时刻告诫自己,得意不要忘形,失意不要失志,始终保持冷静、豁达的心态,踏踏实实地走好每天的路。

冷热不惧,需要有强健的体魄;宠辱不惊,需要有深厚的定力。善于学习,加强修养,认识自我,摆正位置,专注事业,执着追求,方能走稳;与时俱进,胸怀宽广,淡泊名利,坦诚合作,善待他人,感恩社会,定能走远。

(刊于 2003 年 11 月 24 日《盐阜大众报·阜宁新闻》)

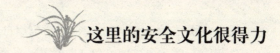

这里的安全文化很得力

"这里的安全文化很得力!"在县政府组织安全生产大检查时,主要领导如此高度评价中恒公司安全文化在安全工作中发挥的突出作用。多年来,该公司把安全与文化紧紧联系在一起,对安全的态度、思维程序及行为方式更加科学理性,更加主动自觉,保护了职工的身心健康和安全,维护了正常的生产、生活秩序,预防和制止了各类事故的发生。

播种重视安全行为,让"第一"深入人心。该公司每年下发的第一号文件是"加强安全生产工作的意见";开展的第一项活动是各级管理人员安全法规和安全管理培训、全体职工安全规章和操作规程复训,与各单位、各部门签订《安全生产目标责任状》;在第一时间对新进人员、转岗人员、病假复工人员进行三级安全教育,第一时间对采用新工艺、新材料、新设备、新产品人员进行新操作方法的安全教育,第一时间审查特殊工种作业人员资格证书,杜绝无证上岗;用第一力度开展安全生产(周)月活动、"安康杯"竞赛活动、夏季百日安全无事故专项活动、119消防技能比武活动。进入生产现场,第一个映入眼帘的是安全标语、安全标志、事故警示牌、安全宣传栏;班前会第一个内容是安全生产;班组第一本资料是安全台账;上岗第一次巡回是安全检查;考绩第一项指标是安全情况;评优、晋级第一道红线是责任事故。

美国心理学巨匠威廉·詹姆斯有言:"播下一个行动,收获一种行为;播下一种行为,收获一种习惯;播下一种习惯,收获一种性格;播下一种性格,收获一种命运。"凡事同理,安全亦如是。播种"重要"行为,培育"第一"习惯,突出"红线"功力,必能"点石成金",真正把安全变成经济发展的坚强保障。

创新安全宣教形式,把教训变为财富。"全体员工同志们,在你们高高兴兴上班的时候,请牢记'安全第一,预防为主'的方针,检查一下自己的劳动保护用品穿戴好了没有,回忆一下本工种的安全操作规程,上岗后精心操作,杜绝'三违'引起的各种事故,确保自己和他人安全,圆满完成各项生产任务,平平安安回家和亲人们团聚。"每天早晨上班,员工们听到播放的安全提示与祝词,感到亲切温馨,入耳入脑。

"'爸爸,爸爸,我要抱。'小男孩不停地叫着,他爸爸心如刀绞,泪如雨下,却一动不动。于是小男孩去拉他爸爸空荡荡的袖管:'爸爸,你的手呢?你的手哪去了?'孩子被吓哭了,一家三口搂在一起,哭成一团……"充满激情的演讲,震撼人心,警醒人们不要忘记因违章操作发生断臂的血的教训。类似这样的场景更能打动人、教育人。

"大型安全教育警示片《人命关天》,用血的教训唤醒人们珍惜生命、杜绝人为灾难,牢记'安全第一'的思想,具有很强的警示作用和现实意义。影片中的火灾场景让人触目惊心,打工妹火场被救时,呼喊被大火吞噬的姐姐的声音,撕人心肺。而当她第二次面对重大安全隐患,在多次向管理人员反映无果的情况下,羞愤地脱下外衣,以满身的疤痕唤醒工友们麻木的安全意识,抵制企业片面追求经济效益、忽视安全生产的行为,更令人难忘。"组织职工观看安全教育片并开展影评活动,把单调的安全说教变为丰富多彩的活动,生动活泼,事半功倍。

在车间更衣室每个职工更衣柜门上,张贴各自全家福照片,职工上岗前看到爱人孩子,必然注重安全,这里的"家人等我安全回家"的标语,比在任何地方都凸显它的宣教效果。在家庭,要求夫妻签订安全互保承诺书,用爱心亲情再筑一道安全防线。现在很多安全标语都充满文化味、人情味,职工喜闻乐见,触景生情,潜移默化。安全警钟要长鸣,但警钟老是一个声调,一些人麻木了就会充耳不闻。警钟的"音量、声部、节奏以及形式"都有变化,会更有吸引力、震撼力。

提升安全管理情商,促进企业良性发展。彰显特色,以点带面。以"安全生产,青年当先"为主题,在青工中创建"青年安全示范岗";以党支部为单位,划分"党员责任区",开展"党员身边无事故"竞赛;以班组安全台账为抓手,每班记录检查整改情况,夯实生产现场安全基础。素质教育,强化责任。把思想道德建设与安全文化建设融为一体,引导职工爱岗敬业,培养职工职业道德,把"安全第一"内化为职工安全生产价值取向和行为准则,进而提高职工搞好安全生产的自觉性和责任感。刚性要求,理性操作。查处事故,严肃认真,在"三不放过"中举一反三;日常检查,边指导、边整改,在心悦诚服中落实奖惩。不搞"猫逮老鼠"、"罚"字当头,注重群防群治、自查自纠,在改进作风中良性循环。维权维稳,相得益彰。将职工劳动安全卫生作为重要内容写入《集体合同》,依法保障职工安全;对广大女工进行特殊保护,凸显人文关怀;加大安全投入,提高安全系数。安不忘危,乐不忘忧,只有安全生产,企业才能和谐稳定。

安全生产工作如同逆水行舟,不进则退。在加快经济发展的背景下,企业应比以往任何时候更加重视安全文化建设,不被利益所惑,不为速度所动,坚定不移把安全放在第一的位置,时刻紧绷安全这根弦,为经济振兴、职工安康保驾护航。

(2003 年 11 月获全国纺织企业文化建设优秀成果奖)

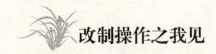

改制操作之我见

当前,我县企事业单位新一轮改制工作陆续进入实际操作阶段。操作成功与否决定改制成败。众多经验教训告诉我们,改制必须阳光操作、规范操作、理性操作、有情操作。

阳光操作,就是把改制的政策及相关规定和上级政府的要求,原原本本地交给职工,让职工了解政策、掌握政策,以达到更好地执行政策。清产核资、资产评估、核销、剥离等情况都要公开,让职工明白。不能闭门操作,甚或暗箱操作。不搞神秘化,自视高深,故弄玄虚,人为制造紧张气氛。要通过增加透明度,调动职工支持、参与改制的积极性。

规范操作,就是坚持依法办事、按章办事,在清产核资、资产评估、方案审批、出售转让、劳动关系转换、登记注册等关键环节,都要有法可依、有章可循、有案可查,手续齐全,文档完整,保证改制工作程序化、规范化、

在公司宣传工作会议上讲话

法制化。清产核资应该有职工代表参加,改制方案必须经职代会通过。

理性操作,就是要循序渐进,逐步增强职工心理承受能力。改制方案出台前,先吹风,把初步思路告诉职工,通过各类人员座谈会,听听大家的想法;方案拟定后,自上而下统一思想,自下而上征求意见,对职工的正当要求和合理化建议,要认真研究采纳,使方案不断完善;对不符合政策规定和地方要求的,要及时准确、耐心细致地宣传解释。把问题暴露、化解在方案表决之前,"把渠理通","把泥做熟"。急于求成、急功近利,往往事与愿违,欲速不达。"攻人之恶莫太严,要思其堪受;教人之善莫太高,当使其可从。"非常时期,敏感问题,批评教育也要讲究方法,切忌简单粗暴,激化矛盾。更不能假公济私,"量体裁衣",针对亲属、部下乱开口子,制造不公,陷入被动。要正面宣传和回应具体规定,达成共识,形成合力,确保改制顺利进行。

有情操作,就是紧紧抓住职工群众最现实、最关心、最直接的问题,最大限度地予以考虑和解决,使改制真正体现职工愿望,符合职工利益。对职工劳动关系转接、工龄衔接等工作一定要慎重处理好,确保绝大多数职工有岗位、有饭碗,不让老实人吃亏,不让老黄牛失业,不让一个困难职工过不去。要创造一个宽松的改制环境,使职工话有地方说,理有地方讲,反映的问题能得到及时公正的解决,真正感受到自己是企业的主人。

（刊于 2003 年 10 月 27 日《盐阜大众报·阜宁新闻》）

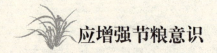

应增强节粮意识

国庆假日，同学聚会，畅叙友情，交流信息，很是开心，可当听到在乡镇工作的两位同学说今年夏粮歉收、秋稻病虫害严重时，心情顿有几份沉重。在经济欠发达地区，大多数农民吃用花销主要靠粮食，而我国今年淮河、渭河流域等地区发生严重洪涝灾害，粮食减产歉收，作为在过农村、当过农民的人，怎么不忧心？然而在城里，大家对粮食没有一点危机感，一些人白花花的大米饭就这么倒掉了，气泡泡的大馒头就这么扔掉了，包子油条掉下地，用脚一踢，吃一半糟践一半，一点不心疼，一点不害臊。一些人家在饭店酬谢人，生怕菜点少了难看，造成很多浪费，尽管也舍不得，但死要面子，穷大方，活受罪。有些单位职工食堂管理缺失，硕鼠横行，成袋成袋的大米就这么霉掉了；职工餐桌剩饭剩菜也比比皆是，公用水池因乱倒饭菜而时常堵塞。浪费粮食的现象还有很多，节约粮食的潜力很大。为此，很有必要开展全民节约粮食的宣传教育。

强化全民节粮意识，特别是广大城镇居民要发扬艰苦朴素、勤俭节约的优良传统，注意在生活中节省每一粒粮食；要教育引导学生和儿童，从小养成节约粮食的习惯，时刻牢记一粥一饭、一丝一缕来之不易；机关、工厂、学校、宾馆、饭店及食品行业等在提供餐饮服务和粮食制品加工过程中，都要加强计划用粮、节约用粮的宣传和调控，对随意浪费粮食、糟蹋粮食的行为进行严厉的批评教育，对造成粮食损失的要追究责任。

"锄禾日当午，汗滴禾下土。谁知盘中餐，粒粒皆辛苦。"我们吃的每一粒粮食，都浸透了农民辛劳的汗水，浪费不得。更为重要的是"手中有粮，心中不慌"。在度过温饱奔小康的今天，我们仍应"常将有日思无日，莫待无时想有时"。

（刊于 2003 年 10 月 15 日《盐阜大众报·阜宁新闻》）

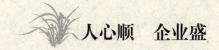

人心顺　企业盛

　　职工的心,企业的根。中恒纺织以事业凝聚人心,用机制激活人心,靠文化鼓舞人心,办实事温暖人心,人心顺,企业盛,人人用心打造新中恒。

　　以事业凝聚人心。1999 年,中恒揭开了新的一页。新的领航人瞄准国际最新技术,围绕高档纱线和精梳产品,不断搞技改、上项目,公司规模迅速扩大,竞争能力显著提升,广大职工深切感受到新班子是有气魄的、是干事业的,大家的劳动积极性空前高涨,企业当年扭亏为盈,企业凝聚力明显增强。

　　用机制激活人心。全面引入民营企业管理机制,干部能上能下,工人能进能出、工资能高能低,岗位竞争靠能力,报酬多少凭实绩,员工的危机感、进取心和责任意识明显增强。特别在用人上,打破铁交椅,不搞论资排辈,对有知识、有才干、有贡献、有创新的人才,不拘一格为他们提供用武之地,大家感到在中恒有奔头,能实现自身价值。

　　靠文化鼓舞人心。今日中恒,是工厂,也是学校,公司每年开展职工素质教育,不断提升员工道德品质和文化修养,企业报、文化长廊、黑板报、经典标语时刻滋润、引导着职工,所有前来考察的领导和客商,常被这里特有的文化氛围所感染,企业的经营理念、方针目标、企业精神在每个员工身上充分体现,展示出良好的中恒品牌。

　　办实事温暖人心。几年来,公司不断加大投入,改善工人劳动环境,坚持文明生产;生活后勤及时方便,全力解除职工后顾之忧;职工收入稳中有升,厂服、衬衫、文化 T 恤、毛巾、香皂等福利一应俱全。职工工作舒心、生活开心,真正感受到自己是企业的主人,应该把才智和汗水奉献给企业。

　　人心齐,泰山移。只要我们时刻把职工的根本利益挂在心上,职工就会一心一意地跟着我们谋发展、奔小康,我们的事业就一定会兴旺发达。

（刊于 2003 年 9 月 15 日《盐阜大众报·阜宁新闻》）

与女儿共勉

　　转眼间,新学期又开学了。上学那天,爱人忙着给女儿打点行装,还特意买了两件新衣服。作为父亲,不能空手。我照例同她交流思想,并郑重其事地送她"惜时如金,求知若渴"八个大字,与之共勉。

　　女儿今年上大二。记得去年高考后,女儿一直闷闷不乐,觉得没考好,期望值不高,结果被一所二本普通高校录取。为此,我专门同她一起分析得失原因,总结经验教训,为她打气鼓劲。入学前,恰逢女儿20岁生日,我以"不经一番寒彻骨,哪得梅花扑鼻香。虚荣浮躁、嫌苦怕累、虎头蛇尾是修不成正果的。亡羊补牢未为晚也,破釜沉舟方能胜也。常反思,知好歹,争朝夕,不再悔。——与女儿共勉"为内容,精心制作了一幅袖珍匾额,在生日晚宴上,当我打开礼品盒,把这份特殊的礼物送给女儿时,她十分感动,表示一定不负父母良苦用心,发愤读书。

女儿盛婷婷(大二学生)

　　知耻而后勇。女儿像决战高考一样，抓紧每一天，认真研习每一门功课，一步一个脚印向上攀登。每当接到女儿考试成绩的报告，我们的心情总是格外的好，工作也显得轻松高效。而当女儿得知我再次受到省表彰时，立即"应战"，说她每门考试非优即良，在师院学生会秘书处的活动也搞得有声有色。欲与老爸试比高。

　　　　　　　　　　（刊于 2003 年 9 月 8 日《盐阜大众报·阜宁新闻》）

关键抓落实

决策做出之后,关键是要强化责任抓落实。

抓落实,要追求一个"快"字。快,意味着每当一项工作来临,在第一时间就做出反应。对定下来的事、看准了的事、形成共识的事马上办,不能反应迟钝,或是瞻前顾后,东张西望。有些人总习惯于拖拖拉拉,总比别人慢半拍,没有争先意识、危机意识,缺乏主动性、紧迫感。有些人遇到难办的事,要么故弄玄虚玩深沉,要么避重就轻装糊涂,能推则推,推不掉就拖,问题由小拖大,矛盾由简单拖复杂。有些人遇到突发事件看不准、吃不透,把"非典"当儿戏,把"老调"当经典,认识不到事态的严重性,也就不可能做出快速反应。任何决策都具有一定的时效性,不同的时间会带来不同的效果,甚或影响下一步工作。因此,仍然要大力倡导雷厉风行、说干就干的作风,在规定的时间内及时落实,快节奏,高效率,迅速打

阜宁县纺织厂四届十次职工代表大会

开工作新局面。

抓落实，要树立一个"敢"字。敢于抓落实，前提是要有勇气。各级干部、所有管理人员要敢于负责，勇于担当。害怕矛盾、躲避困难，问题只会越积越多；工作上不去，任务完不成，领导不满意，职工有意见。当前，质量要提高，成本要降低，产品不但要物美价廉，还要适销对路，这就要求我们敢于攻坚克难，挑战自我，在做精做优做特色上敢闯敢试，敢于突破。敢于负责，要纪律严明，奖惩分明，不打和牌，敢于较真。较真，不是较劲，要在较真中讲明道理。严能上水平，严能出效益，大家利益所在；公平公正，奖优罚劣，大家心悦诚服。只有号令严明、一呼百应，工作才能整体推进，全面落实。

抓落实，要突出一个"实"字。要拿出硬着子，使出真功夫，脚踏实地，真抓实干，取得实实在在的效果。市场经济，上面宏观管理，"轻过程，重结果"，便于抓大事、抓重点，运筹战略，统揽全局。我们在企业工作，一定要立足实际，环环扣紧，招招逼人，在过细、到位上求实效。照搬照套，上下一样粗，只能落空，不会落实。切不可拾牙慧，当法宝，断章取义，以偏概全，画虎类犬，误导误事。抓落实的过程，是主观和客观相统一的过程，是落实上级决策具体的实践活动，事情要一件一件去做，问题要一个一个解决；精心部署要点点入地，真抓实干要步步扎实。"传真机""复印机"无助于落实；秀官腔，秀大略，不适合企业；"传火球，卸责任"，乃掩耳盗铃。抓而不紧等于没抓，抓而不实等于白抓，只有质量、产量、消耗、安全、销售、回笼、效益等指标都实现了，我们的工作才算是真正落到了实处。

（刊于 2003 年第 8 期《江苏纺织》）

织 女

随着生活水平的提高,人们越穿越好,越穿越美,越穿越时尚。每当我欣赏这绚丽多彩的霓裳世界时,总想起织女。

织女的工作是辛苦的。即使在纺织现代化的今天,织女仍要倒三班,提前半小时接班,班中半小时吃饭,八小时下来要跑三四十里路,开车、巡回、捉疵点、做清洁,没有一刻闲时。织女的脸色大多不太红润,亲朋常问:"纺织厂很苦吧?"她们总是笑笑:"习惯了。现在厂里很漂亮,机器都先进,产品不愁销,收入有保障,心情也舒畅,累点无所谓。"

织女的敬业精神是一流的。她们干一行,爱一行,钻一行,精一岗,会二岗,学三岗,个个心灵手巧,尽职尽力。千人纱,万人布,流水作业,谁也不愿拖后腿。大家在质量、产量、操作技术、现场管理等方面都要比高低。因而织女们都很要强,都很优秀,优质的纱、优质的布,源源不断地在她们手中产生,销往五湖四海。

织女的精神世界是充实的。她们崇尚先进,追求完美,努力提高自身素质和形象。技能竞赛,她们的动作是那么娴熟潇洒;读书活动,她们陶醉在知识的海洋里;影剧院里,回荡着她们甜美的歌声;职工之家,留下了她们轻盈的舞步;乒乓球馆,活跃着她们矫健的英姿……

织女用坚定的信念和燃烧的激情奉献纺织,给人们送去温暖、送去美丽;织女用纤细的柔指、心灵的火花,编织梦想,编织希望,编织自己平凡而灿烂的人生。

（刊于 2003 年 4 月 29 日《盐阜大众报·阜宁新闻》）

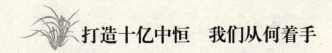

打造十亿中恒　我们从何着手

　　4月8日,县委书记祁彪在中恒公司调研时,提出了"打造十亿中恒"的新目标,给我们以极大的鼓舞。

　　打造十亿中恒,有一定基础。

　　1998年到2002年,企业控制使用的纱锭由5.3万锭增加到近11万锭;无梭织机由80台扩展到154台;产品售价在下降10%的情况下,销售收入由1.6亿元上升到4.05亿元;上缴税金由941万元上升到2200万元;利润由亏损2000多万元上升到盈利1000多万元……中恒4年巨变,让我们对未来充满信心。只要加大引资力度,加快改制步伐,以纺织为主业,向前后道延伸,实现棉花加工、纺织、印染、贸易等多种经营共同发展,"十亿中恒"就一定会打造成功。

　　打造十亿中恒,将从何着手?

　　项目支撑是前提。今年,投资5000万元的四方纺线确保5月份开

扬州考察学习

车,全部达产达效;恒富织造年内投入生产;拟定下半年投资 2500 万元,新上 100 台喷气织机。2004 年,四方纺线投资 3750 万元,新上 1.5 万纱锭;恒富织造投资 2600 万元,新上 100 台喷气织机。2003—2005 年,投资 6000 万元,对外收购 1~2 家规模棉纺厂;2004—2005 年,投资 400 万元,收购或新上具有 5 万担原棉加工能力的轧花厂 1 个。视纺织形势发展情况,新上高档印染生产线 1~2 条。力争在 5 年内把中恒做大做强。

市场开拓是关键。提高市场营销能力是构筑中恒核心竞争力的主要组成部分。在市场开拓上,着眼长远,狠抓当前,积极寻求与国内知名纺织、服装企业合作,不断开发大客户,扩大市场份额。在产品质量上,充分发挥和继续引进世界先进设备,以高新技术托起高档产品;不断研发新品精品,扩大对外贸易;严格按照 ISO9000 国际质量体系运作,原材料进厂、生产过程、产品出厂全部纳入科学管理,全员参与,层层把关,"把一根纱做好做精,把中恒品牌做优做响"。

人才开发是根本。加大人才招引力度,注重科研队伍建设,建立良好的用人环境,形成有利于自主创新的组织体系,深化产学研合作,为技术创新提供智力支持,不断提升以人才为根本的企业综合竞争实力。

不断创新是保证。在体制上,抢抓机遇,积极操作,2003 年完成股份制改造,注册资金由 500 万元增加到 2000 万元,实现股权多元化。2004 年,对外资产重组,吸引具有资金实力的 1~2 家大公司参股,注册资本扩大到 5000 万元以上,借助大的合作伙伴,搭建大的发展平台,做活资本运作的大文章。同时,以中恒为核心,以资产为纽带,以中恒品牌为依托,将中恒、四方、恒富等公司组建成中恒集团股份有限公司,迅速上市融资。在机制上,完善法人治理结构,深化用工、用人和分配制度改革,岗位靠竞争,收入凭贡献,不断激活企业运行机制。

(刊于 2003 年 4 月 14 日《盐阜大众报·阜宁新闻》 作者:盛建春 史家文)

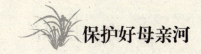

保护好母亲河

射阳河,是阜宁人民的生命河,是我们的母亲河。

清洁、甘甜的射阳河水养育了一代又一代阜宁人民,滋润了阜宁大地,在阜宁的社会发展和经济建设中,发挥着长久的不可替代的巨大作用。

然而,自从吃上了自来水,一些人开始过河拆桥、忘恩负义了,一度垃圾、污水毫无顾忌地往河里倾倒,特别是沿河一些化工、加工、制造企业,有的明目张胆,有的暗度陈仓,有害、有毒的废料和废水肆意排放。河水混浊了,鱼虾没有了,人们再也不敢下河游泳了。作为全城自来水的主要水源,虽要经过水厂净化处理,但人们饮用仍心有余悸。经过多年的整治,如今的情况虽大为好转,但仍有一些经营管理者昧着良心,扛着发展地方经济的大旗,赚污染环境、污染河道的黑心钱;仍有一些沿岸居民自私自利,"洁身自好",污染河流;仍有一些过往船只,特别是常年停泊的商贩船只,不文明的生活方式,无时无刻不在污染我们赖以生存的母亲河。

射阳河,作为阜宁工业的血液、农业的命脉、运输的黄金通道,作为阜宁的宝贵资源和形象,我们有责任、有义务去保护她。而保护母亲河,需要地方政府高度重视,导向鲜明;需要环保等执法部门对超标排污单位、对违章排污的人和事严加监管和处罚;需要工业主管部门强化排污技改安排和评先争优考核力度,不达标者一票否决;需要航运、水利、卫生、城建、公安等部门通力合作,采取扎实有效的综合管理措施;需要全社会加强国策教育、公德教育,养成人人关心环境、爱护环境、优化环境的良好习惯。

保护母亲河,恢复母亲河往日的清纯,是文明创建和全面建设小康社会的重要内容,是阜宁文明程度的重要体现,是对子孙后代负责的神圣使命。保护母亲河,每个阜宁人有责!

（刊于 2003 年 3 月 26 日《盐阜大众报·阜宁新闻》）

将心比心好

　　将心比心，设身处地为别人着想，不失为加强企业干部作风建设的一个好的做法。当下，有些企业干部自高自大，颐指气使，总认为干部就是管工人的，就是我说你听、我打你通，说话居高临下，似乎脸越板威越大。这些同志不相信职工，不依靠职工，忘记了党的群众路线，忘记了自己也是从工人中来的，忘记了工人手中那一张张沉甸甸的选票。有些同志不关心职工疾苦，遇到矛盾就避开，能绕则绕；该解决的问题不解决，能拖则拖。试想，如果换个位子，自己是普通职工，有问题需要解决时，遇到这样不负责任的领导，该怎么看？能没有意见？这些，都需要我们经常换位思考、将心比心。

　　常常将心比心，就会多一份爱心。职工是企业生存发展之本，是企业第一资源，这就要求我们必须牢固确立全心全意依靠职工办企业的思想，把职工当主人、当财富，让每个人都能安心而快乐地工作。工厂最辛苦的是工人，他们除了按时按点上下班外，还有产量、质量、消耗、安全等一大堆指标要考核，实在不易。特别是广大女工，即便在纺织现代化的今天仍要倒三班，提前半小时接班，班中半小时吃饭，一个班下来要跑二三十里路，开车、巡回、捉疵点、做清洁，没有一刻清闲。财富是工人们创造的，我们没有理由对他们不尊敬；当他们遇到困难时，我们没有理由敷衍塞责。没有工人，何谓工厂？没有群众，何来干部？做"官"须先做人；爱人者人恒爱之。在企业，管理者的任务，就是在培植企业做大做强的过程中，培育企业与职工健康的关系，切实关心职工在生产生活中遇到的实际问题，大到收益保障，小到柴米油盐，都时刻挂在心上，想方设法多为职工办实事、办好事，让职工得实惠。关爱职工就是关爱企业，造福职工就是造福社会，管理者与被管理者将心比心、以心换心，干群关系就会改善，企业凝聚力就会增强。

　　常常将心比心，就会多一份责任心。工人们聚集在企业的大旗下，干一行、爱一行、钻一行，精一岗、会二岗、学三岗，坚定不移地跟着我们干事业、奔小康，寄予我们无限希望，我们是否感受到了这份责任，是否把心思全部用在工作上？作为管理者，严格管理是必要的，严能上水平，严能出效益。但是，我们在严格要求别人的同时，一定要审视自己做得怎么样，要求别人做到的，自己是否首先做到；要求别人不做的，自己是否首先不做。工人做具体事情，干好工作是本分，而干部的思路、能力、作风等素质则是决定大局成败的关键。如果说生产上、效益上出了问题，工人尽管有责任，但干部决策是否正确、措施是否可行、工作是否重视、督查是否到位则可能是主要或重要原因。没有不听话的职工，只有不称职的干部。只有把大家的激情都调动起来，充分发挥每个人的积极性、主动性和创造性，企业才能充满生机和活力；只有把企业越做越强、让职工生活越来越好，我们才算尽心尽责。

常常将心比心，就会多一份"廉心"。工人们每月领的浸透自己汗水的工资，总把手心捏得发烫，三十天周而复始地运转才挣得的这些票子，恨不得一分钱掰成两半花。而我们干部，拿着比工人多得多的报酬，不知是否知足、是否问心无愧？一些同志大手大脚、奢侈浪费的时候，是否计算过，这一笔开销是多少工人、多少天的劳动成果；一些同志利用职权假公济私甚或捞取不法收入的时候，是否想过工人们在诚实劳动、按劳取酬，是否想过这是违法之举，是腐败之路。企业干部同样要讲学习、讲政治、讲正气、讲修养、讲道德、讲廉耻，树立和保持共产党人的高尚情操，做到在拜金主义、享乐主义、个人主义和小团体主义的侵蚀影响面前，一尘不染，一身正气；做到时刻发扬克己奉公、甘于奉献的精神，吃苦在前，享受在后，勤俭办一切事情，不畏艰难，艰苦创业，以良好的作风和廉洁的形象赢得职工的信赖。

将心比心好。因为她不仅能比出凝聚力和亲和力，更能比出好的风气。

（刊于 2003 年第 2 期《纺织政工研究》）

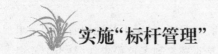

实施"标杆管理"

标杆管理起源于美国,是指企业在不断寻求和研究业内一流竞争对手的最佳实践,以此为基准,与本企业进行比较、分析,使自己企业得到不断改进,迅速提升,从而实现赶超竞争对手、创造优良业绩的过程。

近几年来,江苏中恒纺织大力推行标杆管理,他们以全国纺织排头兵无锡一棉和安徽华茂为标杆,在装备能力、技术水平、基础管理、质量指标、成本控制、销售方式、效益分配、员工素质等方面逐项对照分析,排差距、找不足,适时制定分阶段的追赶目标,循序渐进,步步攀登,收到了明显的效果。目前,中恒的技术含量、管理水平、综合效益等主要技经指标已跃居全市纺织前列,在全省同行中也小有名气。

标杆管理的显著特点是向业内最优秀的企业学习,目标要高。它要求每个企业不能满足于自身的进步,满足于在小范围内还可以,甚或有位次,要立足在全行业、在全国乃至全世界创一流。向业内优秀企业学习,

在公司组织建设会议上讲话

有共同点,有可比性,可操作性强,能收到事半功倍的效果。

实施标杆管理,要认认真真打基础,一档一档上水平,一步一个脚印,实实在在地提升。形式主义、急功近利则是自欺欺人;要咬定目标不放松,反复抓,抓反复,攻得下,守得住,使各项行之有效的措施常态化。

实施标杆管理,要充分发挥工程技术人员的作用,寻找、确立阶段标杆要科学合理,比较分析要恰当,定位要准确,进而集中力量进行攻关;要立足厂情,结合实际,学以致用,消化吸收,不死搬硬套,不贪大求洋,不简单复制。

实施标杆管理,要全面提高员工的职业道德和技术素质,增强工作责任心,增强创新使命感,以每个人具体指标的提升来保证企业总体目标的实现。

实施标杆管理,打基础,上水平,添活力,增效益。通过学习赶追,企业重新定位,改进管理方式,提升经营水平,不断创造出自己的最佳业绩。

(刊于 2003 年 2 月 19 日《盐阜大众报·阜宁新闻》)

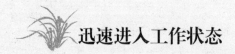

迅速进入工作状态

　　当前，春节已过，工厂已全部开工，机关亦正常上班，各行各业都忙于节后开门红，可仍有少数人沉迷于过年的欢乐之中，整天考虑吃喝玩乐，忙着没完没了的应酬。

　　一年之计在于春。眼下，我们要做的工作太多，压力很大。新项目要开工，新税源要开发，新市场要开拓，新潜力要开挖。要实现全年的奋斗目标，必须从头抓紧，一着不让。它要求每个同志必须迅速进入工作状态，特别是各级领导干部，要快如疾风，严如雷霆，把本单位、本部门各个环节、各种要素和各项工作统筹规划，精心部署，保证其快节奏、高效率地运行。必须坚决克服少数人混日子思想、懒散作风和不合拍情绪，立说立行，雷厉风行，切实打开新年工作新局面。

　　随着时代的发展和生活水平的提高，人们的社会交往日益频繁，略备小酌，叙叙友情，茶余饭后，娱乐休闲，本无可非议，但凡事应有"度"。过多过滥，则会不知不觉扭曲事情的本来面目，产生负面影响。虽说喝的吃的是自己的，但喝坏了胃子，累垮了身子，岂不耽搁了肩上的担子。再者，每天灯红酒绿、飘然欲仙的，聚的是圈子，比的是面子，烧的是票子，找的是乐子，难保不滋生出其他歪的点子。其实大家都清楚，玩的时间多了，学的时间就少了；应酬的精力多了，工作的精力就少了；享乐主义多了，责任意识就少了。玩物必然丧志。所以，大家还是少一些应酬，多一些责任，尽快从春节欢乐的氛围中走出来，迅速进入工作状态，把全部精力投入到节后的工作中去。

（刊于 2003 年 2 月 9 日《盐阜大众报》）

让我们同行

今天，非常高兴参加新进厂高校毕业生座谈会。新风扑面，顿觉年轻许多；生机盎然，让人精神抖擞。欢迎大家加盟中恒纺织，祝贺你们走上工作岗位。向全体知识分子致敬。

从今天起，我们都是中恒人了，都是一家人了，都将一起同呼吸共命运，同耕耘共收获，共同为振兴中恒、发展纺织、建设新阜宁发光发热。

十年寒窗苦，今朝出头了。学业是暂时结束了，而创业才刚刚开始，真正的人生之旅、奋斗之旅才刚刚起步。大家马上就要到生产一线去了，受班子委托，借此机会，说几点想法，与大家共勉。

一要让理想扎根。既然到中恒来了，就要有在中恒为纺织而奉献的精神，就要立志在中恒干一番事业，有所成功，有所建树。要把理想化为工作热情，化为具体行动，一步一个脚印，一年一个台阶，脚踏实地，奋发向上。要经得起磨炼，经得住摔打，不因在基层而淹没自己的理想，不因遇困境而放弃自己的追求，始终对未来充满希冀，对工作认真负责。机会就像坐公交车，有人上车早，有人上车晚，有人直达车，有人要转车，只要你牢记目的地，就一定可以找到自己的线路。机遇永远青睐那些有理想有准备的人。

二要让道德闪光。因为我们多读了几年书，多受了几年教育，知书识礼，知情达理，所以，我们无论在工厂，还是在家庭、在社会、在任何时空，都要表现出良好的道德素养，体现出知识分子和工人阶级勤奋好学、刻苦耐劳、爱岗敬业、淡泊名利、甘于奉献的道德风尚，用自己的一言一行去影响和带动全体员工弘扬社会公德、职业道德和家庭美德，为企业营造风清气正、乐观向上的人文环境。

敬业，是我们知识分子必须具备的品质。人类历史上记载着很多科学家兢兢业业、至死方休的敬业精神，牛顿75岁还在解决数学难题，李时珍经过20多年辛劳，才完成了《本草纲目》；被国家授予科学技术最高奖的著名科学家袁隆平、吴文俊、黄坤、王选,他们都把毕生的精力奉献给了科学事业,他们都是敬业的典范。在我们知识分子中倡导敬业精神显得尤为重要,因为科学技术是第一生产力,知识分子可以更有效地推动生产力的发展,推动社会的进步。因为我们有知识,所以不论干什么,只要有耕耘,必定有收获,有比一般人更多的收获;只要我们认真去做,就一定能做好,就一定能成功。在我们先前进厂的大中专毕业生中,已经有不少人走上了领导或基层管理岗位。

三要让文化走远。尽管我们在院校学到了很多知识,可谓"学富五车,才高八斗",但我们要学的东西仍然很多。今后,还有更多的知识、技能和方法需要去学习;还有更多的问题、事物和现象需要去认识;还有更多的工作、生活和实践需要去探索。不经一番寒彻骨,哪得梅花扑鼻香。基础打不牢,脚底下就不踏实;腿劲不练足了,出不了远门;眼高手低,办不成大事。尤其是我们青年人,要重实学,干实事,求实效,力戒虚荣、漂浮、好高骛远。以为有本子,一来就要位子、上梯子,让人一看就是个急性子。选择了学习就选择了进步,选择了勤奋就选择了成功。只要把自己掌握的知识与生产实践很好地结合,在实际工作中充分发挥自己的聪明才智,就一定会脱颖而出。中恒的明天肯定是你们的。

面对"入世"的挑战和竞争的加剧,科技创新更加紧迫地摆在我们知识分子面前。董事长、总经理蒯大文先生曾饶有兴趣地引用《劝学》中"学不可以已""用心一也"等名句,劝告大家切莫虚度光阴,还是要专心致志地多学一点东西,并能勤于实践,敏于思考。读书不思考等于识字,实践不思考等于干活。像苹果落地这样普通的事,也会触发牛顿万有引力的发现;开水壶盖子被蒸汽顶起来,也会引发瓦特蒸汽机的发明。这都是知识积累的结果,都是观察、思考的结果。我们知识分子,只有在实践中多观察、多思考,才能有所发现、有所发明。中恒的发展,离不开科技创新;而科技创新,离不开我们知识分子。我坚信,有新生力量的加盟和全体知识分子的努力,中恒科技的春天一定会早日到来。

四要让法纪护航。要带头执行党和国家各项方针政策、法律法规,带头学习和遵守企业各项规章制度,令行禁止,安全有序。允许有个性、有张扬,但个人必须服从组织,个体必须服从整体,任何自以为是、我行我素的言行都是不可取的。要增强洞察力，增强免疫力，有毒的不吃，违法的不做，对自己负责，让家庭放心，让任何违法乱纪的事与我们永远无缘。

工作了，走上社会了，为人处世也是我们的必修课。要善于同周围的人打成一片，把自己融入集体中去，要合群。要尊重领导，尊敬师长，虚心向工人师傅学习，向学哥学姐请教，不能以片面的、挑剔的、评论家的眼光去看问题，一叶障目，以偏概全。同事间要相互尊重，切忌文人相轻，得理不让人，或纠缠于鸡虫之争，弄得斯文扫地。要以德交友，结交那些有共同志向，能互相学习、互相勉励、积极向上的朋友，不能以吃吃喝喝、打牌赌钱作为交友的共同语言和感情基础。切记慎交社会上的三教九流。要光明磊落，诚实守信，爱憎分明，讲大礼、拘小节，拿得起、放得下，俗而雅正，美而平实，等等，做一个大家信赖的人，做一个有益于社会的人。

五要让人才吃香。各级领导要从思想上重视人才，从感情上贴近人才，要善于发现人才，并尽量为人才提供充分施展才干的平台，当人才遇到挫折时，及时给予鼓励、关心和支持，对于人才在工作生活中的实际困难，尽可能帮助解决。全司所有员工，要从心底尊重知识，尊重人才，主动帮助人才熟悉环境，了解情况，积极配合人才开展工作，完成任务。要热情关注人才衣食住行、喜怒哀乐，把人才当财富、当亲人、当希望。要建立健全引进人才、使用人才、培养人才、留住人才的一整套的激励机制，形成百舸争流、万马奔腾的生动局面，真正让大家在中恒都能得心应手，各尽其能，都能各得其所，心想事成。

优秀的依然优秀，精彩的必然精彩。在座的都是我们心目中的人才。大家念书是一把好手，工作同样会是一支标杆。"有志者，事竟成，破釜沉舟，百二秦关终属楚；苦心人，天不负，卧薪尝胆，三千越甲可吞吴。"只要奋斗，总有前途。中恒的未来是属于你们的。祝大家都成功！

让我们同行！

（2002 年 8 月 12 日印发全公司学习）

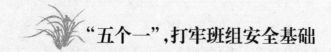

"五个一",打牢班组安全基础

　　班组是企业安全生产的落脚点。乘"安全生产月"的东风,班组要通过"五个一"活动,进一步增强员工安全意识,打牢班组安全基础。

　　一是重温一次安全规章。组织员工认真学习企业安全生产规章制度和本工种安全操作规程,各分厂统一考试,严肃考纪,各人的操作规程,杜绝有误。公司安办深入岗位,现场问答,当面评分,严格考核,促使每个员工将安全规章烂熟于心,对操作规程了如指掌。

　　二是参观一次安全教育室。组织大家再次观看以往发生在身边的各类事故,再接受一次安全警示教育。提醒大家在安全方面千万不要侥幸,不能麻痹,不得蛮干。组织大家议危害、谈教训,举一反三,由此及彼,痛定思痛,居安思危。

　　三是排查一个事故隐患。每人当一次安全员,对本岗位、本工序、本班组的设备完好状况和运转操作情况,逐项检查,认真梳理,至少找出一个安全隐患,记入班组安全台账。通过集中交流,要求大家既要发现问题,更要提出解决问题的办法,特别是疑难问题,大家共同出主意,想办法,直至落实整改。

　　四是提一条合理化建议。大到公司方针目标、规章制度、技改投入,小到车间通道便利、地面平整、车台清洁,从在班操作安全到下班交通安全,从一线生产安全到后勤生活安全,凡与安全有关的,每人至少提一条合理化建议,以此激发大家主人翁意识,主动思考安全,事事关注安全,推进群防群治。

　　五是创造一个安全小环境。从每个人做起,从遵守劳动纪律、穿戴劳保用品、严格执行操作法入手,一丝不苟,一着不让,由始至终,以不伤害自己、不伤害别人、不被别人所伤害的小环境,保证身边无事故、全班无事故,大家都高高兴兴上班,平平安安回家。

(刊于 2002 年 6 月 20 日《盐阜大众报·阜宁新闻》)

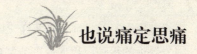

也说痛定思痛

　　大型安全教育警示片《人命关天》,用血的教训唤醒人们珍惜生命、杜绝人为灾难、牢记"安全第一"的思想,具有很强的警示作用和现实意义。影片中的火灾场景让人触目惊心,打工妹在火场被救时呼喊被大火吞噬的姐姐的声音,撕人心肺。而当她第二次面对重大安全隐患,在多次向管理人员反映无果的情况下,羞愤地脱下外衣,以满身的疤痕唤醒工友们麻木的安全意识,抵制企业片面追求经济效益、忽视安全生产的行为,更令人难忘。打工妹痛定思痛、挺身而出的壮举,可歌可泣。

　　痛定思痛,本意是悲痛的心情平静之后,回想以前的痛苦。它教育人们不能好了伤疤忘了痛,不能忘记过去惨痛的教训。痛定思痛的道理是显而易见的,可我总觉得它有点悲伤,令人伤感。毕竟回想痛苦的事,总不是好受的。每当我回忆阜宁县纺织厂"6·18"火灾,厂长和工人们奋不顾身扑向火场、抢夺棉花的场面,心里就特别难受;每当见到违章致残职

在安全事故分析会上讲话

工胡志庆空着一只袖管向我递交困难报告时,心里就一阵酸楚;每当想起因公遇难的年轻厂长卞金奎的父母留我们吃年饭时那令人心碎的情景,喉咙就哽咽,眼睛就湿润……难道我们非要等出了事故,对国家、企业和职工生命造成了危害和损失,再经过认真总结反思,获得宝贵的经验教训,而去痛定思痛吗? 不能! 因为事故太残酷,事故是不能尝试的;别人的教训同样是教训;我们每个人都无"痛"可思,岂不更好?! 然而,在现实生活中,总有那么一些人,视安全规章为儿戏,违章指挥,违章作业,违反劳动纪律;总有那么一些人,心存侥幸,麻痹大意,冒险蛮干。如果这些人非要亲自去品尝痛定思痛的滋味不可,那就太可悲了。

让我们牢固确立"安全第一,预防为主"的思想,严格遵守各项安全操作规程,防患于未然,不伤害自己,不伤害他人,不被他人所伤害,为自己、为他人、为家庭、为社会共同创造一个安全有序、文明祥和的工作、生活环境。让我们在现实生活中,少一些痛苦的回忆,多一些平安的欢乐。

(刊于 2002 年第 3 期《火警》)

诚信是金

日前,南京冠生园宣告破产。事实警示人们,以次充好,不讲诚信,必将破产。

搞企业必须诚信经营。质量是企业的生命,企业要想生存和发展,必须下苦功夫提高产品质量,用真功夫打造自己的品牌,必须牢固确立 $100 - 1 = 0$ 的质量意识。以次充好,假冒伪劣,只能是自己砸自己的牌子;瞒天过海,侥幸过关,是不可能长久的。

诚信是各类职业人员所需的共同品质,也是阜宁发展地方经济、与外界交流合作应该遵循的基本要求。阜宁要实现跨越发展,必须进一步优化发展环境,坚决打击"大兴公司"坑蒙拐骗、破坏投资环境的恶劣行为,彻底整治假冒伪劣、粗制滥造等混乱现象,诚心诚意地招引客商,实实在在地取信客商,让天下客商感到阜宁人可信赖、够朋友,用诚信架设发展经济的"金桥"。

当前,全县上下要从发展先进生产力和发展先进文化的高度,从阜宁长远利益和打造阜宁金字招牌的高度,进一步旗帜鲜明、大张旗鼓地宣传"金桥工程"的意义,加强全民诚实守信教育。要从各级领导、公务人员、经营管理者做起,加强诚信修养,使诚信成为立身之本、办事之基,成为自己的形象和大众的榜样,带头营造"诚信政府""诚信单位""诚信经济"的浓烈氛围。各行各业各单位,都应把诚信作为职业道德的基础和首要标准,要教育广大职工严格履行合同,严格按标准生产,严格遵守社会公德。要认真查处本地区、本单位不讲"诚信"的人和事,不为眼前利益、不法利益而因小失大,恶性循环。要通过坚持不懈的努力,在我县形成人人文明生产、诚信经营、按章纳税、依法办事的良好风尚,营造竞争有序、协调发展、亲商扶商、双赢多赢的优良环境。

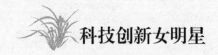

科技创新女明星

近年来，一位秀外慧中、低调务实的女科技工作者活跃在中恒纺织产品开发、科技攻关第一线，3 年共开发国家级新产品 2 只，省级新产品 12 只，获得省市级科技进步奖励 4 项。她满腔热情献科技，巾帼不让须眉，为企业产品上档次、质量上水平、效益登台阶，为地方经济的发展和阜宁科技水平的提升做出了可贵的贡献。她就是江苏省科技创新先进个人、中恒公司生产部女工程师陈兆珍同志。

1995 年，毕业于镇江纺织工业学校的陈兆珍回厂到新产品开发公司工作，她以感恩的心和高度的责任感，充分发挥自己专业理论扎实、技术基础深厚的特长，扎根于生产实践，游刃于技术前沿，快捷又稳准地找出技术难题的症结，有效地提高了技术攻关效果。在研制开发国家级新产品阿拉巴克时，针对成品面料手感差、质地软、不挺括、无仿毛效果的技术难题，她带领工程技术人员，对一条龙生产工序反复排查原因，多次利用

陈兆珍（左二）参加厂巾帼标兵座谈会

正交试验等现代化管理方法进行综合攻关,终于分析出影响品质的主次原因,大胆调整涤粘混纺比和织物组织、织造工艺,终于攻克了这一重大技术难题。

为优化品种结构,开发适销对路的新产品,提高产品档次和经济效益,她以强烈的事业心和紧迫感,不畏艰难,一马当先,与经营、技术人员一道,南下广州、福建、浙江,北上天津、北京、辽宁,调研考察纺织市场,掌握纺织产品最新发展动态;根据新产品的原料特性、质量要求及设备适应性,有针对性地进行新产品的研制与攻关。在省级新产品"三合一"纱的调研开发中,她六次往返于阜宁、上海,风餐露宿,不辞劳苦、不厌其烦地与中纺大洽谈合作事宜,调研市场需求。在组织生产时,针对涤纶阳离子原料静电大、易缠绕的难题,她提出适当加大车间湿度、使用新型分梳元件及中弹性皮辊的措施,一举获得成功。

2001年,作为主要研制开发人,陈兆珍参加了省级新产品澳丝呢、东方格和市级新产品涤纶阻燃面料、四面弹牛仔布的研制开发工作,夜以继日地工作在开发一线,多次攻克技术难关,为确保新产品研发成功做出了重大贡献,全年实现新品产值3100多万元,利税超500万元。

（刊于2002年3月8日《盐阜大众报·阜宁周末》　作者:盛建春　唐灯亮）

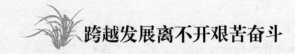

跨越发展离不开艰苦奋斗

当前,全县上下正积极贯彻落实县委十一届三次全体(扩大)会议精神,突出五大重点,实施五大工程,强力推进阜宁经济跨越发展。

阜宁要实现跨越发展,需要有快于全市平均水平的发展速度,需要有超常规的发展措施,然而,所有这些,最终都离不开艰苦奋斗。目前,前进中的阜宁还处于经济欠发达阶段,全县经济总量偏小,均量偏少,质量偏低,财力偏弱,在全省、全市位次偏后,阜宁的现状不容许我们特别是各级领导干部大手大脚、奢侈浪费。

近些年来,全县上下解放思想,真抓实干,敢创大业,敢为人先,在困难的情况下,办了许多大事、实事,初步改变了城乡面貌。然而,随着市场经济的发展,艰苦奋斗的优良传统被一些人所淡忘,或被当作"旧观念"给更新了。接待客商,开工剪彩,你阔,我比你更阔;你炫耀,我比你更炫耀。似乎场面越大,领导气魄就越大,工作实绩就越大。一个开工典礼,少则几万元,多则近十万,劳民伤财。一些人花公家的钱毫不心疼,以敢花钱、会花钱为能事,贪大求洋,贪天之功。我们深知,招商引资,有些场面和形式是必不可少的,该花的钱一个不能省,但绝不能盲目攀比,奢侈挥霍。一些真投资、真创业的客商,也不希望地方在接待和形式上奢侈浪费,因铺张而吓走客商的事,也屡见报端。因此,很有必要开展艰苦奋斗的思想教育。"历览前贤国与家,成由勤俭败由奢"的古训是不能忘记的。

艰苦奋斗,就是要团结和带领全县人民励精图治,奋发图强,下苦功夫发展生产力,努力提高全县的综合实力。艰苦奋斗,不仅是工作中敢于吃苦,埋头苦干,还要勤俭办一切事情,各级领导手中掌管的经费,是国家的资产、人民的血汗,一分一厘都很宝贵,必须实实在在地用在建设上,用在刀刃上,以对党和人民高度负责的态度,真干事,干大事。

(刊于 2002 年 2 月 5 日《盐阜大众报·阜宁新闻》)

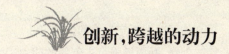

创新,跨越的动力

面对"入世"的挑战和国内外市场激烈竞争的严峻形势,科技创新工程更加紧迫地摆在企业面前。近年来,中恒公司始终把科技工作当作重中之重,着力实施科技创新工程,大力进行设备更新改造,全方位进行产学研联姻、技术项目引进,深层次开发新品,科技贡献份额逐年增长,企业实力和发展后劲显著增强,实现了各项经济指标的快速提升和超常规、跳跃式发展。

如果说,资本是船,名牌是帆,那么,创新就是东风,就是动力。因此,一个企业既要筹集和储备足够的启动资金和发展资金,又要创知名品牌、塑名牌企业形象,更要孜孜以求,不断创新。

创新,必须树立强烈的创新意识和创新精神。固守传统的、陈旧的老框框,循规蹈矩,亦步亦趋或按部就班,被动应付,是没有希望、没有作为的,势必被飞速发展的形势所淘汰。创新,要勇于否定自我,否定过去,在

省 333 高层次领军人才培养对象、时任中恒公司副总经理戴俊

更高的层次上否定过去的成功。

创新，既要增强自主创新的能力，又要善于借鉴别人成功的经验。要大胆学习和引进先进企业制度创新、技术创新和管理创新方面行之有效的做法，消化吸收，为我所用，少走弯路，快速前进。

创新，要崇尚知识，重视人才。要营造一种氛围，满足每个员工最深层、最本质的自我价值的发现和实现的需求，充分发挥他们的潜能。要大胆用人，变相马为赛马，形成万马奔腾的局面。

创新，要提升培训投资价值。要变信息传递为技能提升，变补短培训为扬长培训，变知识学习为知会合一，变企业需要为员工和企业共同需要。要开展群众性技术创新活动，鼓励员工在技术操作、设备工艺等方面开展小改小革，提高效率，提高质量。引导员工在开源节流、节能降耗上动脑筋，想办法，处处精打细算，人人增收节支。

（刊于 2002 年 1 月 8 日《盐阜大众报·阜宁新闻》　作者：盛建春　戴　俊）

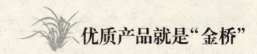

优质产品就是"金桥"

　　质量是企业赢得市场最基本也是最关键的因素。高质量的产品像"金桥",将企业与客户紧密相连。当前,有相当一部分工业企业不景气,尽管原因是多方面的,但产品质量不过硬,没有名牌产品、拳头产品是重要因素。产品质量总是达不到国家标准、行业标准、用户标准,或是经常出现质量波动,必然导致老客户一个个丢失,新市场难以开拓,企业最终陷入困境。

　　近几年来,中恒公司高度重视质量管理,咬定质量指标不放松,走质量增效之路不动摇,发动和带领全体职工苦练"质量功"。在管理制度上,始终坚持主要领导站在质量前沿,做到"一锤定音";在分配制度上,实行质量"一票否决",使质量与职工收入的联系更为密切,有效地调动了职工抓质量的积极性;在质量标准上,把国家质量标准作为企业考核的起点,以"用户标准"为最终标准,不断修订和收紧内控质量指标。由于导向鲜

副总经理戴俊在南京大学研究生班脱产学习

明,考核严格,道道把关,使得产品质量稳步提高。高质量的产品吸引了国内外大批客户,支撑起企业稳固的业务网络,走出了一条质量兴司的成功之路。

阜宁要实现跨越式发展,必须走质量兴企、质量兴县之路,用高质量的产品架设"金桥",使阜宁享誉全省,走向全国,迎接"入世"后国际市场的挑战。各级领导要从"质量立县""没有产品的好质量,就没有地方的好声誉"的高度,把抓质量提上重要议事日程。我们搞企业的,更要坚定不移"视质量为生命""一切以质量为中心",不断采用科学、先进的管理方法,不仅要"一锤定音""一票否决",还要把质量否决权由单纯的产品质量扩大到工作质量和服务质量,把行使质量否决延伸到行使管理否决,使产品质量与经济责任、道德评价、工作岗位紧紧联系在一起,增强全员抓质量的责任感和危机感,激发全员抓质量的主动性和创造性。全员抓质量,不能有短板,不能有死角;不能因少数人不负责任影响整体质量,不能因少数人影响投资环境。要舍得投入,加速设备的更新换代,提高技术装备水平;要引进、重用、培养科技人才,培育高素质、高技能的员工队伍;要不断研制开发高新产品……

不论是一个地区,还是一个企业,要实现持续、快速、跨越式发展,必须打造优质产品这座"金桥"。

(刊于 2001 年 9 月 20 日《阜宁报》　作者:盛建春　戴　俊)

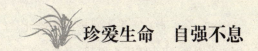

珍爱生命　自强不息

　　在党校读书时,在寒假社会调查中,有一件事对我震动很大,刺痛很深。有一个单位在一年内,先后有两名青年女工因恋爱失败,一个悬梁自尽,一个投河而亡。同一个分厂,同一个年份,竟上演了两起同样的悲剧,能不让人震惊吗?

　　一念之差,就可能出现一个悲剧。那些草率人生的人,是否想过母亲十月怀胎不易,养育之恩未报;是否想过幸福的人生才刚刚开始,阳光总比雾霾多;怎么对自己、对未来就一点自信都没有? 怎么就没想到组织、运用法律? 燕子去了,还会再来,桃花谢了,还会再开,而生命一去,却永不复回;世间的路走错了,可以折回来重新再走,可生命之路走错了,就再也回不来了。

　　生命,需要珍爱,需要每个人格外珍爱。

　　大家还记得歌剧《江姐》吧,在黎明的曙光即将到来之际,身陷牢房的巾帼英雄们"含着眼泪绣红旗",她们多么渴望能继续活下来,亲眼看到革命的胜利,过上幸福美满的日子,建设一个新世界。在老山前线,流传着这样一个悲壮而感人的故事,一位年仅20岁的战士身负重伤,在生命奄奄一息时,对抢救他的护士说:你能吻我一下吗? 当那位女护士以人间大爱吻了这位战士后,小英雄便永远闭上了眼睛。多么可爱的战士,为了祖国的尊严,为了十亿人民的安宁,他们不惜牺牲自己年轻的生命,可是,他们又是那样的热爱生活,留恋人生。

　　先烈们用自己的生命和鲜血,为我们筑就了今天的幸福之路,我们岂能不好好珍惜?

　　读过《钢铁是怎样炼成的》的人,都会被"保尔精神"所感动,在今天和平建设的年代,我们不可能像保尔当年那样,在身患伤寒的情况下,赤脚浸在冷得刺骨的泥浆里抢修铁路;三次从死神手中逃脱,仍继续要求并顽强的工作。但保尔坚定的理想、钢铁般的意志,永远是我们的精神动力和宝贵财富。保尔为失去最宝贵的东西——战斗的能力，不愿做一个无用的旁观者，成为队伍的累赘，也曾有结束自己生命的念头，但他很快明白，这是假英雄，是笨蛋，是最怯懦的出路。进而他反问自己，有没有试试去战胜这种生活状态，尽一切力量冲出这个铁环。作为一个真正的布尔什维克，坚定的信念迫使他把手枪藏起来；即使生活到了实在难以忍受的地步，也要活下去，让生命做出贡献。弘扬"保尔精神"，树立正确的世界观、人生观和价值观，我们就没有过不去的坎，就没有战胜不了的挫折。

在建设社会主义现代化的今天，我们广大职工，尤其是青年职工，一定要正确地、严肃地对待人生，做自己命运的主宰；一定要怀着远大的理想，自信自强。

大发明家爱迪生在发明电灯过程中，经历了1000多次的失败，周围的人都劝他不要搞了，1000多次全是失败，不可能成功的。而爱迪生却认为，这1000多次不是失败，而是成功，我成功地发现这1000多种材料不能做灯丝。失败乃成功之母，爱迪生自信，只要坚持下去，肯定会成功的。结果电灯发明了。

居里夫妇是世界著名的科学家。1903年，他们由于发现了放射性元素镭获得了诺贝尔物理奖，正当他们憧憬未来的时候，居里先生突遇车祸身亡。当时年轻的居里夫人，以极顽强的自制力埋藏悲痛，全身心投入教学和科研。8年后，她又以卓越的贡献获得诺贝尔化学奖。可以说，居里夫人一生的伟大科学成就，是在战胜挫折、自强不息中取得的。

今年"五个一工程"评奖颁奖晚会上，主持人专门介绍了获奖优秀作品《母亲的心有多高》这本书的作者。这位母亲十分动情地向大家介绍了这样一段经历：她从小得了小儿麻痹，自己的童年一直是在地上爬着长大的，她说哪一天能站起来多好啊。经多方治疗，7岁时她才能勉强挂着拐杖行走。初中毕业后，嫁给了一个老实巴交的工人。由于文化低、身体残疾，自己找不到工作，而丈夫工厂又不景气，拿不到钱。望着刚出生的女儿，她想，自己残疾了，没有多大作为了，但一定要想方设法把女儿培养成才，在女儿身上实现自己的梦想。所以，她鼓励并和丈夫一起，克服种种困难，挣钱糊口。生活总算维持下来了。可每当夜深人静的时候，这位母亲总在想：不行，不能就这样下去，自己残疾的身体是改变不了了，但命运是可以改变的；我不能给女儿完美的身体形象和优越的家庭条件，但我可以给她精神力量，我要用自己和命运抗争的精神激励女儿，培养和造就女儿百折不挠、奋发向上的品格。从此，她开始报考自修大学，白天干活，晚上学习，其中的艰辛是常人难以想象的，每次考试也都是丈夫用卖货的三轮车把她拉去。这期间，她也犹豫过、彷徨过，但最终还是战胜了自我，战胜了生活上、学习上一个又一个困难。她说，人不能倒下，即使被压倒了，也要勇敢地站起来，100 次被压倒，101 次站起来。女儿没有因为母亲残疾而有半点自卑，而认为自己的母亲是世界上最坚强的人，她的作文《我的母亲》在全校获一等奖。经过 7 年坚持不懈的顽强拼搏，这位母亲终于拿到了自修大学的文凭，被一家出版社聘为编辑，女儿以优异成绩考取了北京大学。这位母亲说，我就是要通过自己的努力，让女儿自强不息，让更多的孩子自强不息。

　　一位残疾母亲的故事，生动地教育我们，无论在什么情况下，都要坚定信念，自强不息。

　　（节选中恒全员素质教育材料之一《全体员工必须确立正确的世界观人生观价值观》，写于 2001 年 9 月 19 日）

难忘中南海

在北京争取国家破产重组优惠政策，由于责任重大，压力太大，所以，不敢游山玩水，什么名胜古迹都没去，现在想起来，一点不遗憾，因为在北京，我有幸去过一个伟大而神圣的地方，她是一般人去不了的，她胜过所有名胜古迹，她令我终生难忘，她是中南海。

那是前年的七月一日，赶上在首都庆祝党的生日的激动心情，促使我参加天安门广场升旗仪式。仪式一结束，便拨通了中央警卫局阜宁籍老乡小刘的电话，提出想去中南海看看。在西大门，办理了相关手续后，小刘亲自开着"红旗"把我带进了中央首长工作、生活的地方。在汽车里，小刘向我介绍：这是国务院办公厅；这是中央书记处开会的地方；那边是怀仁堂；这就是紫光阁……尽管汽车一驶而过，整个过程也就半个小时，但给我留下的印象很深。

作者近照

作为一名最基层的普通党员，能亲临党中央这块红色圣地，置身国家最高领导人居住的琼楼玉宇之旁，沐阳光，沁心脾，能不感到荣幸吗？那是号令全党全国各族人民进行社会主义现代化建设，实现民族振兴、国家富强、人民幸福的总指挥部啊，到那里去，绝不是为了观光猎奇，而是要接受洗礼，净化心灵，升华境界，坚定信念。

中南海之行，给我增添了无穷的激情和动力。从1999年3月到2000年8月，近一年半时间，我先后去北京13趟，最长一次33天，无论是寒风凛冽的夜晚,一站就是四五个小时的漫长等待;还是沙尘暴飞舞,浑身沙灰,双眼红肿的煎熬;还是40多度的高温把皮肤晒得起泡发炎;还是为了赶时间,路边盒饭吃了拉肚发烧的痛苦与折磨,我都一如既往,全心投入,无怨无悔。

经科学运筹,在县委、县政府主要领导和公司董事长多次亲自参与努力下,阜宁县纺织厂破产重组项目终于获国务院批准。通过规范操作,国家为阜纺核销银行呆坏账及社会债务1.39亿元。2000年11月,江苏中恒纺织有限责任公司依法收购阜宁县纺织厂破产资产。经全体员工同心协力,一个充满生机和活力的中恒纺织迅速崛起。

转眼两年过去了,在迎接建党80周年的日子里,目睹和感受中南海的情景不断浮现在我的眼前,她将永远激励我为中恒的振兴、为党的事业而奋斗终生。

(七一征文,刊于2001年6月7日《阜宁报》)

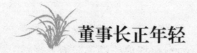

董事长正年轻

日前,江苏中恒纺织有限责任公司连续被市政府授予"五星级企业"和"盐城市优秀企业"称号,年轻有为、风华正茂的董事长、总经理蒯大文在全市工业界引起广泛关注。

蒯董事长今年38岁,当法人代表两年多来,以青年知识分子特有的锐气和才智,带领全司员工在激烈的市场竞争中,大胆解放思想,主动抢抓机遇,硬是把一个濒临破产的阜宁县纺织厂发展成在全市占有重要位置、利税双超千万元的江苏中恒纺织公司。2000年入库税金1470万元,成为全县纳税第一大户。

2000年的市场总体呈上升态势,但由于受纱锭规模恶性膨胀和产品趋同的影响,纺织市场反复无常,竞争激烈。蒯董事长在对市场和同行产品进行深入调研分析后,大胆决策,实施"四大战略",走出了一条开拓市

中恒董事长、总经理、党委书记蒯大文

场的成功之路。通过实施产品市场定位战略,主动压缩市场热销但利润较低的中粗支产品生产规模,集中精力扩大细支精梳、服装面料的生产,优化了品种结构,提高了品种档次,高档次产品比重达50%以上。正是由于蒯大文决策超前,快人一拍,胜人一筹,市场虽有波动,但销售收入仍同比增长32.4%。

根据用户对产品质量的高要求和从提高竞争能力出发,借鉴国内先进企业的经验,蒯大文响亮提出"走质量增效之路"的号召,轰轰烈烈地开展"精益管理"活动。在"三基"管理上,他重抓管理制度的严格执行和操作法、工作标准的修订,夯实基础管理。在质量管理上,他主持实施"精品工程",以全国纺织排头兵安庆纺织厂为追赶目标,确定档次较高的21支外贸、精梳32支、精梳40支防羽布等为精品,收紧内控标准,强化质量攻关,提高半制品和实物质量。在外贸布的检验上,强力推行美国4分制标准,坚定与国际市场接轨。与年初相比,因质量的提高,单位产品售价大幅提升,吨纱最高售价提高3000元。全年实现提质增效540万元。

县第十一次党代会提出"富民强县赶苏中,加快建成阜宁市"的奋斗目标,为蒯大文同志进一步释放活力、施展才华提供了更为广阔的舞台。目前,他正下大力气抓项目推进,下硬功夫抓增收节支,努力提高企业抗御市场风险能力和盈利能力,决心为"富民强县"做更大贡献。

(刊于2001年5月25日《阜宁报》 作者:盛建春 唐灯亮)

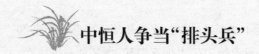

中恒人争当"排头兵"

完美的整体源自优秀的个体。在树立"新世纪阜宁人新形象"活动中，我们中恒人有理由、有信心以优秀的形象，为阜宁人新形象增辉添彩。

发展是硬道理。我觉得，中恒人的第一形象应是发展经济的排头兵。从经营管理者到普通员工，人人以经济建设为中心，以发展阜宁经济为己任，以厂为家，爱岗敬业，勤奋好学，艰苦奋斗，不断创造新的业绩，为阜宁的经济发展和社会进步争做新贡献。

市场经济呼唤道德回归。中恒人的形象应是诚实守信的排头兵。发展经济不能粗制滥造，以次充好；招商引资不能坑蒙拐骗，过河拆桥。中恒将加强全员职业道德建设，进一步引导员工做老实人，办老实事，以德生产，以质取胜，诚信经营，按章纳税，用户至上，合作共赢，打造过硬的中恒品牌，营造优良的投资环境。

盛建春（右）陪县金融部门领导张辉赴南京对接项目

观念滞后是地区落后的重要因素。中恒人的形象还应是更新观念的排头兵。通过不间断的宣传教育，中恒人的改革观念、发展观念、稳定观念、质量观念、市场观念、竞争观念、效益观念、机遇观念、创新观念、法制观念必将进一步增强。只有思想与时俱进，才会不发呆、不迟钝、不掉队；才会在发展机遇来临时，抢先机、争主动、拔头筹。

人是要有精气神的。中恒人的形象还应是充满活力的排头兵。全体员工尤其是党员干部，要努力改进思想作风、学风和工作作风，增强推进经济大发展的紧迫感，立说立行，雷厉风行，狠抓项目开发大突破，强力推进工业化进程；狠抓机制创新大突破，强力推进市场化进程。作为领导，必须做到：高瞻远瞩与脚踏实地相统一，运筹帷幄与靠前指挥相统一，整体推进与打造亮点相统一，苦干实干与宣传造势相统一，勤政廉政与亲民爱民相统一，艰苦朴素与现代气派相统一，保持威严与平易近人相统一，倡导文明与自我修养相统一。自觉养成认真学习的风气，真抓实干的风气，敢闯敢试的风气，勇于争先的风气，清正廉洁的风气，从我做起的风气，勇做依法治司、以德治司的标兵和"新世纪阜宁人新形象"的示范。

（刊于 2001 年 2 月 26 日《阜宁报》）

看望"父母"

每逢佳节倍思亲。春节前夕,我们受公司董事长和全体员工的委托,专程前往已故厂长卞金奎的老家盐都大冈镇凤乐村,看望他的父母。

我们冒着小雨,迎着寒风,在泥泞的小路上艰难地前行,大家怀着沉重和惦念的心情,盼望早点见到"父母"。

到了,到家了,还是三间矮小简陋的农家草屋。"卞爹、卞奶,我们来看望你们二老来了。""哎呀,这么个大冷天,快进屋,快进屋。"瘦弱的卞爹用浓厚的"盐城腔"把我们一一拉进屋。卞爹今年67岁,身体不好,老慢支,一到冬天就咳咳喘喘的;卞奶体质本来就差,老年丧子,越发消瘦苍老。这是一对非常善良的老人,在儿子卞金奎因公遇难后,没向单位提半点要求,在测算费用时,老人多次说,农村开支小,用不了几个钱。

阜宁县纺织厂厂长、党委书记卞金奎于1999年1月28日不幸因公殉职,年仅37岁。在短短的17年工作中,他勤于学习,忘我工作,开拓创新,廉洁奉公,像春蚕吐丝奉献了毕生精力。卞厂长英年早逝,阜纺人不会忘记他年迈的双亲。我们给老人带去几份年礼,还有些常用药,递上全年生活补助金,给二老拜早年,祝他们晚年吉祥,健康长寿。卞爹动情地说:"金奎当厂长两年多只回来过一次,你们一年来两趟,叫人不过意。"卞奶倚在房门口不说话,只是不停地擦眼泪,我握着她老人家微微颤抖的手劝道:"我们就是金奎,以后每年都会来看望你们的。"当我们提出要走时,卞爹同我们急了:"既然到家了,天又中了,怎么能不吃个饭就走呢?"是啊,我们应该陪老人吃一顿团圆饭。这是一顿令人心碎的年饭,爹爹不吃菜,一个劲同我们喝酒,奶奶强忍着,默默地给我们夹菜……

谁没有父母,谁不要报答父母的养育之恩,可卞金奎在去市政府开表彰会的路上,带着做儿女最大的遗憾突然间走了,带着他对纺织事业孜孜追求、对阜宁纺织厂深深眷恋过早地走了!望着眼前这一对善良厚道、凄风苦雨的老人,我们能不常回家看看吗?

(刊于2001年1月17日《阜宁报》 作者:盛建春 陈峻岭)

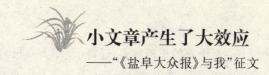

小文章产生了大效应

——"《盐阜大众报》与我"征文

　　1998 年 3 月 30 日,《盐阜大众报》二版头条刊登了我写的《分立重组,租股结合,一企多制,中恒集团不拘一格实施内部配套改革》的文章。文章见报后,集团员工争相传阅,为中恒内改的做法在全市推广欢欣鼓舞。当时,我没想到一篇小文章能引起这么好的反响,而更让我没想到的是,几天后,在全县工业企业大干二季度实现双过半动员大会上,工业副县长特意拿出那天的《盐阜大众报》,介绍我那篇文章的主要内容,要求各企业因厂制宜,一厂一策,推进改革,加速发展;其间,东台、射阳、建湖等市县有 8 家企业还先后派人到中恒学习取经。所有这些,既扩大了中恒的美誉度和知名度,又推进了中恒的改革和发展。1998 年,在纺织形势持续下滑、销售难以为继的困难形势下,中恒以改革为动力,内抓管理,外拓市场,实现销售收入 1.7 亿元,入库税金 1021 万元,为国家建设、社会稳

作者在日本考察留影

定做出了积极的贡献。

一个企业的积极探索,通过《盐阜大众报》的宣传,产生广泛效应,推动一大片工作,其价值远远超出文章本身。改革开放以来,特别是近几年来,《盐阜大众报》把宣传企业改革、加速经济发展作为重头戏、主旋律,成功推出了江动集团、人丰化肥厂、悦达集团、美而姿集团、森达集团、中大集团等一大批先进典型,详细报道了各行各业抓改革、促发展、保稳定的成功经验,为引导和推动全市国企改革和发展发挥了重大作用。

我由衷的感谢《盐阜大众报》,感谢报社默默奉献的编辑和工作人员,使我结识了更多的企业界朋友,了解了更多的国企改革方面好的做法,也坚定了我投身改革、推进改革的信心,激发了我深入研究、宣传报道的热情。仅 1998 年,我就在《工人日报》《中国纺织报》《纺织政工研究》《工厂管理》《江苏工人报》《盐阜大众报》等报刊发表文章 20 多篇,热情讴歌改革的成就,及时报道企业扭亏增盈的成果,被评为阜宁县宣传工作先进个人和《盐阜大众报》优秀通讯员。

《盐阜大众报》是我市宣传党和国家方针政策的喉舌,是传达市委中心工作的权威平台,是指导工作、贴近生活、服务大众的重要窗口,亦是我的良师益友。

（刊于 1999 年 4 月 5 日《盐阜大众报》）

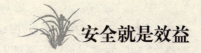 **安全就是效益**

南京油库一场大火,使国家财产损失上百万元;湖南娄底一次恶性车祸,造成众多人员伤亡。据有关方面统计,我国去年火灾直接经济损失1.4亿元,伤亡事故直接经济损失数十亿元。这些大大小小的事故,一再告诫我们,事故是最大的浪费,安全就是效益。同时,各类事故不但给国家和人民生命财产造成重大损失,还对经济的健康发展和社会稳定带来了严重的困扰和不利的影响。所以,安全不仅影响经济效益,还关乎社会效益。

企业是安全生产的主体。当前,企业深化内改、兼并重组、减员增效、下岗分流,处处关系到职工的切身利益,分散着安全生产的注意力;工业经济形势持续低迷,企业既要维持生产、降本增效,又要保持对安全生产的投入,增加了安全生产的难度。在这样的背景下,稍有放松,极易发生各类事故,极易发生大的事故。所以,越是改革,越要重视安全生产;企业日子越是不好过,安全生产这根弦越是不能松。

改革、发展必须有安全保驾护航。要强调企业经营者在安全生产上的责任,从顶层落实"安全第一"的方针。厂长也好,经理也好,都是企业安全生产的第一责任人,绝不能因转换经营机制而弱化安全管理机构,绝不能以减员增效的名义削减安全管理人员,再兼并安全科不能并,再减员安全员不能减。

安全生产责任制,是企业最根本的管理制度,安全操作规程,是每个员工必须恪守的工作程序。这些用血的教训换来的宝贵经验,不可轻慢亵渎或随意执行,不能说起来重要,忙起来不要。要教育引导全体员工,任何时候,任何情况下,都不能以任何借口,侥幸蛮干。此类教训深刻,痛心疾首。

安全生产,培训为要。企业改革,人员重新组合,岗位安全教育培训必须从头抓起,特别是转岗的、新来的,不能处险境而不自知,遇险情而难施救，因小小疏忽或操作不当，酿成事故，付出代价。安全培训是"大义"，也是"大利"，在安全培训上多投入一点，就可能少发生一次生产事故，少一些人员伤亡。

转变经济体制，使企业成为自主经营、自负盈亏的市场竞争主体，并在竞争中优胜劣汰，企业首先考虑的是产品的市场需求、是企业的经济效益，这无疑是对的，但安全生产的重要性、发生事故的危害性不可忽视。不重视安全，再大的资产、再好的企业，都有可能毁于一旦。所以，我们一定要以安全稳定的环境，保证企业改革和扭亏增盈顺利进行。

安全就是效益，警钟要长鸣。

（刊于 1999 年 2 月 11 日《阜宁报》）

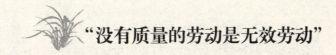

"没有质量的劳动是无效劳动"

  海尔电器公司总裁两次亲手砸毁刚生产的质量不合格的冰箱,砸醒了员工头脑,砸出了名牌产品,砸大了海尔市场。"没有质量的生产是盲目生产,没有质量的劳动是无效劳动",这是海尔人的质量观。

  没有质量的劳动是无效劳动,道理显而易见。产品质量不合格,不能投放市场,产生不了价值,物力糟蹋了,人力白费了;有产品,没品质,有投入,无产出,企业没有经济效益,职工只能喝西北风。

  消除没有质量的劳动,首责在领导。领导把质量当立企之本,当企业生命,就会坚定不移地贯彻"质量第一"的工作方针,当产量、消耗等与质量发生矛盾时,就会旗帜鲜明的强调质量。如果领导质量意识淡薄,起点不高,要求不严,职工就会上行下效,粗制滥造,没有质量的劳动便随之产生。这样的企业不会走远,更谈不上做大做强。

时任一纺分厂副厂长戴俊在公司质量兴厂大会发言

消除没有质量的劳动,关键在管理。我们不一定要像"海尔"那样,把不合格的产品统统予以销毁,但我们应该严格规定并认真执行,不合格的原料不准投入生产,不合格的半制品不准流入下道,设备达不到要求坚决不准开车,职工技术不过硬坚决不准上岗;出现质量问题,原因和责任不查清楚不放过,整改措施不落实不放过,当事人没有受到处罚不放过,全体职工没有受到教育不放过。要把那些素质好、业务精、管理严、敢较真的同志,选拔到各级抓质量的岗位上来,让她们说话有用,考核有权;对在质量管理上不负责任甚或弄虚作假、人为造成质量事故的人和事,必须毫不留情,一查到底,严惩不贷。要调高经济责任制中质量考核的比重,质量不达标,实行一票否决。要树立以产品质量为核心的"大质量"观念,通过提高工作质量、服务质量、环境质量来保证产品质量,从而提高全面质量管理水平。

消除没有质量的劳动,根本在职工。不重视质量的领导不是称职的领导,不重视质量的职工不是合格的职工。要加强职工职业道德教育,引导职工认真做人,认真做产品,以德上岗,用心生产。质量在每个职工心中,在每个职工手中,只有每个职工都爱岗敬业,一丝不苟,环环扣紧,道道把关,产品质量才能落到实处。要加强职工操作技术培训,带领职工勤学苦练,精益求精,以一流技术生产一流产品。要严格技术测定,强化岗位练兵,开展技能竞赛,激发职工学技术、练本领的热情。要增强职工市场经济意识,让大家明白,没有质量,就没有市场,就无法生存;产量再高,消耗再低,质量不合格,一切归零。

消除没有质量的劳动,是企业对社会负责,是经营者对消费者负责,是厂长对工人负责,是职工对企业负责,也是职工对自己负责。

(刊于 1999 年 1 月 29 日《阜宁报》 作者:盛建春 戴 俊)

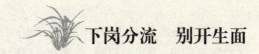

下岗分流　别开生面

江苏中恒集团第三产业发展公司借助改革的东风,乘势而上,大力培植短平快项目,采取灵活机动的经营策略,不断发展壮大,成为集团下岗分流的主渠道和新的经济增长点。

中恒三产公司前身是该厂服务大队,实际上仅是一爿糖烟酒商店,五六个人,七八节柜台。去年以来,为了配合集团改制和压锭工作,公司一班人解放思想,大胆开拓,充分利用上级的优惠政策,结合本地实际和集团需求,先后兴办了包装材料厂、印刷厂、食品厂、缝纫厂、编织厂,建立了百头生猪养殖、蘑菇生产基地,开办了中恒菜市场,成立了文化娱乐中心、修旧利废中心等,生产贸易规模迅速扩张。截至1997年底,公司已拥有20多个独立经营、自负盈亏的实体子公司,共安置下岗职工253人,占集团首批下岗职工总数的91%,年实现销售收入412万元。

作者(右)和时任厂团委书记厉佑广在扬州参加省纺政研会

在人员安置上,也采用新的录用方法。他们面向集团全体下岗人员,坚持公开、公正、公平的原则,自愿报名,择优录用,抵押上岗,同工同酬。对政治素质好、有事业心和管理能力的下岗职工,公司领导则不拘一格地选拔她们到管理岗位上,充分发挥她们的聪明才智;对长期从事单一工作、缺乏上岗技能的下岗职工,先参加集团培训中心举办的相关技能培训班,结业后再到三产公司竞聘上岗。

目前,该集团三产公司不仅是一个具有一定规模的经济实体,更是一块下岗人员再就业和施展才华的用武之地,为企业改革平稳推进开辟了途径,提供了保证,走出了一条下岗分流与发展经济相得益彰的新路子。随着市场经济的发展和企业改革的不断深化,他们决心拓展新的空间,谋求新的发展,为分流安置更多的下岗职工,为深化国企改革、保持社会稳定做出新的更大贡献。

（刊于 1998 年 4 月 5 日《江苏工人报》 作者:盛建春 厉佑广）

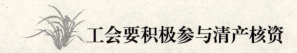工会要积极参与清产核资

当前,以改革产权制度为核心的企业改制工作,正在全国各地蓬勃展开。这次产权制度改革,不同于过去任何时期的企业改革,它要求在全面清理企业资本投入、资产运行情况的基础上,调整投资主体,产生新的法人治理机制,建立新的企业制度,从而达到调整所有制结构的目的。由此可见,清产核资在改制工作中占有举足轻重的地位。那么,作为企业工会,应如何参与清产核资?

通过党的十五大文件的学习和改制的宣传教育,广大职工改制的意识逐步增强,改制的氛围基本形成。但是,随着改制的深入,人们的思想越发活跃,各种有碍改革的想法也相继出现。在清产核资中,有的职工持怀疑态度,怕搞形式、走过场,资产多少全由上面定;有的抱着与己无关的思想,认为这是领导的事,是财务部门的事,随他们怎么清。针对这些模糊认识,企业工会应从理论上、政策上做好宣传教育工作,让职工明白,改制势在必行,运作日益规范,清产核资作为改制的首要环节和重要基础,关系到改制的成败,关系到每个职工的切身利益,所以,人人要了解、关心、参与清产核资。

在操作上,企业工会和职工代表要义不容辞参加清产核资组织,直接参与其中,摸清家底,以便在确定产权重组方案和国有资产出让时,代表广大职工提出意见,进而严格而合理地确定净资产中权属职工的那部分权益,实事求是地按政策规定进行核销和剥离,保证职工认购的是货真价实的有效资产。对清查出的企业历年积累的潜亏问题、呆账、坏账和有问题资产,经确认后,要及时通报全体职工,积极协助处理核销,不把历史遗留问题带到改制后的企业中去。对工会资产、债权债务也要进行全面清查,评估资产,界定产权,并进行登记。

要让全体职工了解"资本""资产"的概念以及企业资本运营情况,懂得资产重组的重要意义,为确定改制方案、实施内部配套改革打好思想基

础。这包括：企业资产负债率的宣教，发动大家一起来分析负债的原因及教训；资产运行情况的宣教，让职工知晓提高资产营运质量的重要性，增强责任心；企业资本运作的宣教，让职工懂得，资本运行必须增值，借人家的债务必须偿还，搞好企业，人人有责，增强办企业必须加强成本核算、要盈利经营的意识；资产重组再运行的宣教，让职工清楚，在政府无钱再投入、银行不愿多贷款的情况下，职工有责任投入资本金，盘活存量资产，企业有了足够的资金，增添了活力，才可能尽快活起来，职工也才能有保障、得实惠，同时，职工也是股东，每个人都与企业真正合为一体，撕皮裂肉，一荣俱荣，一损俱损。

积极参与清产核资，是企业工会在改制中，扎实推进全心全意依靠工人阶级根本方针的贯彻落实，依法维护职工的合法权益，积极参与企业管理的具体举措，一定要抓实抓好。

（刊于 1997 年 12 月 1 日《工人日报》）

感受邯钢

最近,随省总工业工委领导赴邯钢学习,感受颇深。

邯郸钢铁总厂是 1958 年国家投资兴建的省属钢铁联合企业。1992 年被国务院列为特大型钢铁企业。1994 年进入国家经济竞争实力十强企业。现拥有固定资产原值 27 亿元,职工 2.8 万人,1996 年实现利润 7 亿元。邯钢从建厂到 1977 年,曾有过 17 年的亏损历史。在刘汉章厂长的率领下,从 1984 年起,他们坚持"实事求是,量力而行,梯度发展,滚动前进"的原则,走出了一条自我积累、改造、引进、消化、优化的发展之路。从 1991 年起,他们创造并推行了"模拟市场核算,实行成本否决"的现代管理方法,为国有企业扭亏增盈、走向市场、克服困难、增强活力起到了很重要的示范作用,为全国转换企业经营机制、提高经济效益,积累了经验,闯出了新路。

邯钢经验可简单概括为"三抓三提一降低"。即:抓"成本"这个"牛鼻子"不松手、抓"成本否决"这个关键不留情、抓"效益"这个中心不动摇,提高产销率、提高资金运营效率、提高产品质量和大力降低成本。邯钢经验对亏损国企弥足珍贵。邯钢人抓"成本"这个"牛鼻子",牵出了一头"大金牛"。我们学邯钢,也要抓"牛鼻子",而这个"牛鼻子",我认为,首先应是"增强主人观念"。

刘汉章认为,要想从根本上解决降低成本提高效益的问题,出路在于把主人翁地位具体落实到每个职工头上。为此,他们在深化"献身邯钢做主人,我为邯钢创效益"主旋律活动的基础上,组织实施了以"提高邯钢人政治素质;培育职工主人翁精神和爱厂敬业的思想感情;完善以人为本的管理机制;造就人才辈出的'四有'职工队伍;塑造制胜市场的企业形象"为总体目标的"凝聚力工程",使邯钢成为具有强大内聚力的利益共同体。他们用机制的力量,促进职工主人翁精神的生成和发扬光大;用主人翁精神的教育,推动模拟市场、核算机制的深化和完善。

　　1958 年进厂的老工人朱庆云，工作 30 年一直是只管干活，不问成本，需要材料只管领就是了。实行模拟核算以后，规定他那个班维修成本每月不能超过 6000 元，否则，分厂完不成目标成本，谁也别想拿奖金。平时大手大脚惯了的检修工，像家里过日子一样当起了 6000 元的家，丢弃的坏阀门找回来修修好，以便备用；自己能干的活绝不中请外加工，肥水外流；原来用垫片是成盒成盒地领，现在是一个一个地数。有位熟人，家里装土暖气，找朱庆云要根钢管，要是从前，自己随便捡，而现在，被老朱婉言谢绝。3 年中，这个班仅修理费就节省 10 多万元。天车工段每台车吨钢费用 0.033 元，每个天车工兢兢业业地当好 3 分 3 厘钱的家；测温头，每炉钢耗 3 根，价值 10.8 元，测温工一刻也不忘这 10 多元的家一定要当好。

　　一炼钢的部分生铁靠小铁厂供给，以次充好、以假充真的劣质铁料成为一些地方小铁厂牟取暴利的手段，严重影响钢的消耗和成本。工人大老李像自己家里买大米、买面粉一样把好原料进厂关，一次一个货主混装一部分号外铁被他发现，结果被扣除了 20 吨，价值 1.5 万元，无论货主怎样软硬兼施，可老李毫不让步，他说要对一炼钢几千号人负责。

　　这就是邯钢人主人翁的思想境界，他们想主人事，干主人活，尽主人责，人人当家理财，处处精打细算，使职工"当家做主"真正赋予了实在的、科学的内涵。在邯钢，人们从节约一度电、一滴油、一个螺丝钉、一块耐火砖开始，一丝一毫、点点滴滴都不放过。广大职工真正把企业当作自己的家，强烈的主人翁精神在每一个岗位上闪光。在邯钢，增产节约、挖潜降耗不只是各级领导动员的口号，而是成了每个职工积极主动的自觉行动。

　　学邯钢，推行邯钢的管理模式，有大量的工作要做，而人的素质要提高、主人观念要增强这个根本问题，必须首先得到很好的解决。

（刊于 1997 年 10 月 21 日《江苏工人报》）

今天我值班

1992 年 7 月 19 日,星期天。我值班。

这是一个名副其实的暑天。早上七点半,火焰焰的太阳虽然还未直照,但路上仿佛已闪烁生光,酷热满和在空气里面,到处发挥着盛夏的威力。

成品车间。一向朝气蓬勃、生龙活虎的值班长李清辉,今天脸色有些不大好看,点名的嗓音不太洪亮,紧张的"划布"结束后,我发现他吃了两颗肠道消炎药,茶杯一放又忙去了。

修织工魏仕凤,未满周岁的孩子贫血,时常发热。带着婆母的唠叨和丈夫的责怪,她依旧提前来到了车间。谁不疼爱自己的孩子,谁不想在家洗洗刷刷,可每当工作与家庭发生矛盾时,魏仕凤总是毅然决然选择前者。每当我们提及这份难处,她都深感内疚、潸然泪下。

修织工郭秀红,丈夫在外地工作,一人拉扯着 5 岁的女儿,上 12 小时

生技科科长唐灯亮(中)、织部分厂副厂长陈峻岭(右)
和工程师陶永才(左)探讨质量问题

班、星期天不休息,她毫无怨言,可时常为回去太晚找不到孩子和看到"千金"委屈的泪水而担忧伤感。今天,她显得很轻松,说一大早就把女儿送到外婆家去了,说今天可以安心地在这里加班。

像魏仕凤、郭秀红这种爱岗敬业的精神,在成品车间每个人身上都能看到,她们为把好产品的最后出厂关,多年如一日,默默工作,无私奉献。

布机车间。新车间落布工李凤喜一头汗水,脸涨得通红,一趟布落完之后,她同值班长打了这样一个招呼:"身上有些热度,我到医务室吊瓶水,很快就来,赶上落布。"极其平凡的话语,彰显主人翁思想境界。

老车间值班长薛立梅,跑巡回,开停台,拆坏布,查安全,样样上,脚脚到,像是办喜事,越忙越精神,全班秩序井然,个个兢兢业业。

分厂副厂长陈峻岭、设备工长英定刚和生技科科长唐灯亮、工程师陶永才,他们不约而同,一大早就来到车间,帮助检修车台,跟踪新上品种。织40支精梳纯棉防羽布,陈厂长没少操心,不单攻克了织造难题,还引进了卷布加压装置,为大面积上马防羽布积累了经验。他说不过来看看,心里不踏实。

前织车间。分厂长朱雅君现场指挥。她心里清楚,前织是整个织部的龙头,这里的质量上去了,供应正常了,布机、成品也就顺当了。所以,尽管是星期天,她仍在这里坐镇5个多小时。

……

今天我值班,班中所见所闻,让我感动,让我振奋,它让我看到了职工主人翁的精神,看到了企业内改带来的活力,看到了阜纺更加美好的明天。

(陈列于"阜纺画廊",被评为年度厂内广播稿件一等奖)

人物通讯

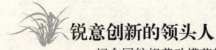

锐意创新的领头人

——记全国纺织劳动模范蒯大文

从血气方刚的一介书生,到江苏省有突出贡献的中青年专家、全国纺织劳动模范;从默默耕耘的技术人员,到为发展我国工程技术事业做出突出贡献,享受国务院特殊津贴,今年48岁的江苏中恒纺织有限责任公司董事长、党委书记蒯大文,始终以创新的精神,执着投入所挚爱的纺织事业,不断谱写企业发展壮大和自己壮丽人生的新的篇章。

体制创新为企业注入新的活力

2005年,中恒纺织由原国有控股改制为纯民营企业。有着较高思想政治素质、深厚纺织技术底蕴和非凡企业管理能力的蒯大文同志成为新公司的领头人,从此,也为蒯大文同志冲破禁锢、强势创新提供了更为广阔的空间。

在体制上,他大力推进和完善"三会一层"的企业运作模式,规范公司股东会、董事会、监事会和经营管理层的工作机制和约束机制,为公司的

全国纺织劳动模范、中恒公司董事长、党委书记蒯大文

科学决策和运营提供了制度保证。在用人上,他全面引入民营企业管理模式、用人机制,坚持干部能上能下,工人能进能出,工资能高能低,物尽其用,人尽其才,工作兼并带,岗位满负荷,以德才定岗位,以实绩论英雄。在分配上,他在兼顾苦脏累工种的同时,向操作能手、生产标兵、科技人员、营销人员倾斜,营造靠技术吃饭、凭贡献拿钱的浓烈氛围。这些大力度、深层次的改革创新,得到了广大员工的积极响应和广泛支持,全员劳动生产率大幅提高,公司经营实绩显著提升。2007 年至 2009 年,公司连续 3 年销售收入突破 5 亿元大关,连续 3 年入库税金在 3000 万元以上。蒯大文同志由此荣获"2007 年盐城市经济发展突出贡献奖",2008 年被评为"盐城市优秀中国特色社会主义事业建设者",2009 年被评为"盐城市优秀共产党员"。

技术创新为企业插上腾飞的翅膀

近年来,蒯大文同志认真贯彻落实科学发展观,坚持把技术创新作为全司工作的重中之重,舍得花本钱进行设备更新改造,使85%的主机设备达到国内先进水平,60%达到国际先进水平,增强了企业的核心竞争力。

2009 年,金融危机大潮滚滚袭来,企业生产压力空前,在纺织行业形势低迷的情况下,蒯大文同志审时度势,危中求机,抢抓县政府激励企业技改的机遇,逆势而上。他果敢地排除了困难时期要不要上技改、能不能上技改的种种担忧,在分析经济发展规律、进行多次市场调研和充分的可行性论证后,果断决策投资 6000 万元,上马四万纱锭全流程技术改造项目。新上设备性能精良,自动化程度高,不但节约了大量用工,更大大提升了产品档次,增强了市场竞争能力。上项目行动快,投产后见效快,公司很快形成新的经济增长点。今年 1—6 月份,公司实现销售收入 3.22 亿元,同比增长 20%。

产品创新为企业赢得了客户的青睐

作为"全国纺织行业优秀质量管理小组活动卓越领导者",蒯大文同志深入试验中心、生产车间,研究指导产品创新升级,乐此不疲,执着其中。在纺部,他把产品调整在盈利水平高的精梳系列针织和高档普梳精品纱线上;在织部,他把产品定位在服装面料、床上用品上,并发挥装备优势和产品质量优势,拉细纱支,增加纬密,扩大精梳产量和部分精梳品种生产规模,不断提升品种档次,提高毛利水平。公司所有产品实现了市内领先、省内一流,国内有名次,国际有市场。40 支吨纱售价较市场同类产品平均高 1500 元,产品供不应求,经济效益和社会效益显著。

作为盐城市优秀青年企业家,蒯大文同志高瞻远瞩,胸怀宽广,先后与东华大学、江南大学等院所建立产学研联合体,把高校的科研、信息优势与公司的技术装备、市场优势紧密结合,形成利益共同体,全力开发高新、高难、高附加值新产品。近几年来,蒯大文同志领衔参与开发国家级新产品 2 只、省级新产品 21 只,成功地开拓了山东鲁泰、浙江雅戈尔、天津田歌等国内优秀高档客户和越南、中国香港、中国澳门等国家和地区的市场,打响了"中恒品牌"。2009 年,公司出口创汇 520.8 万美元,今年 1—6 月份出口货值为 508.6 万美元,创历史新高。

管理创新为企业增添了前进的动力

蒯大文同志连续两届是江苏省人大代表。对外他积极反映社情民意,为老百姓代言讲话;对内他坚持以人为本,强调人本管理。他坚持"职工是企业的财富,是企业的第一资源";他认为"稳定的高素质的职工队伍是企业平稳持续发展的根本保证";他要求既要教育人、引导人、鼓舞人、提高人,又要尊重人、理解人、关心人、善待人,使每个人在思想深处产生对企业的热爱,对自己工作的热情;他重视企业内部凝聚力的培养,关心员工个人发展,通过营造良好的企业人文环境来充分激发员工的潜能,达到企业与员工共同发展的目标。他运用事业留人、制度留人、环境留人、待遇留人,通过"搭台子、架梯子、接棒子",在全司建立了一个有利于每个人最大限度发挥自己特长的机制,使每个人在企业都找到适合于展示自己价值的位置。

他积极推行情感管理,增强了管理者与职工之间的情感联系和思想沟通。他视职工为主人、当姐妹,以理服人,以情感人,因人制宜,因势利导,努力营造和谐融洽的工作氛围。他常说:对职工多一些尊重,多一些鼓励,多一些指导,多一些服务,平时哪怕是一声热情的招呼、一次亲切的微笑、一道赞许的目光、一个友好的手势,都能让职工感到温暖,都会收到意想不到的效果。

作为企业的党委书记,蒯大文同志认真贯彻执行党的路线、方针、政策,注重以诚信经营培育诚信员工,注重以自身敬业奉献、清正廉洁的良好形象引导员工自觉践行正确的世界观、人生观、价值观。他坚持党政工联动,以党建带工建,相互促进,齐抓共管,尤为重视发挥工会职能作用,不断拓宽民主管理范围。他通过职代会等多种形式,听取职工意见,采纳合理化建议,不断提高一线职工工资待遇。他倡导先进的企业文化,鼓励群众性技术创新活动,关心职工生活,支持送温暖工程。他从党的事业出发,从和谐稳定的高度,努力为职工创造一个安定的工作和生活环境,使职工话有地方说,理有地方讲,反映的问题能得到及时公正地解决,工作舒心,生活惬意,精神充实。全体员工的向心力和归宿感从来没有像现在这样强烈。

在蒯大文同志的带领下,经全体中恒员工的共同努力,2006 年以来,中恒公司年年受到盐城市政府的表彰,并被评为五星级企业。

"问渠那得清如许,为有源头活水来。"我们坚信,有蒯大文这样锐意创新的领头人,中恒纺织一定会越做越强,中恒公司的明天一定会更加美好!

(刊于 2010 年《全国纺织劳模风采录》)

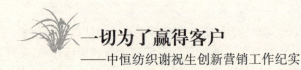

一切为了赢得客户
——中恒纺织谢祝生创新营销工作纪实

翻开江苏中恒纺织有限责任公司近3年的经营业绩,人们惊奇地发现,公司3年累计实现销售收入8.3亿元、利税6827万元,其中2003年实现销售收入3.4亿元,入库税金2101万元;人们惊喜地看到,中恒的综合指标和运行水平已高于全省平均水平,位列全市前茅。

辉煌的成绩得益于该公司持之以恒地打造核心竞争力,特别是其市场营销能力的飙升。在这之中,公司常务副总经理、营销总管谢祝生发挥的作用不言而喻。

谢祝生一直认为,随着市场经济的发展,营销是企业第一线,必须突出营销的龙头作用。他要求全体员工特别是营销人员牢固树立四个观念:一是质量营销观念。全员确立"100-1=0"的质量思想、追求"零缺陷"的质量目标和"没有最好,只有更好"的质量理念,为市场营销打牢了坚实的质量基础。二是诚信营销观念。全司上下竭诚为用户服务,以真诚打动客户,以信用赢得客户,用诚信架起中恒与客户的"金桥"。三是知

盐城市劳动模范、中恒公司总经理谢祝生参加东盟纺织博览会

识营销观念。全体营销人员必须懂生产,会经营,学法律,善交际,重修养,上层次,既提高营销水平,又提升企业形象。四是全球营销观念。乘"入世"东风,着眼于全球市场需求,加快与国际接轨的步伐,敢于到国际上去"抢滩"。

营销工作的突破,离不开一支能征善战的营销队伍。为此,谢祝生强化实绩考核,动真碰硬,3 年淘汰 9 名实绩差的营销员,使营销队伍不断优化。在他主持下,公司成立了 2 个经营部,下设 6 个营销公司,明确销售管理层次、管理职责、工作标准和工作流程,着力实现最佳营销目标。在重点销售区域设立办事处,多方收集信息,广泛接触用户,扩大销售市场。目前,该公司已形成了以上海、浙江为主的针织纱线市场,以常州、张家港为主的精梳高档纱线市场,以福建、广东、深圳为主的服装面料和高档织物市场。2003 年,上海、宁波两个办事处销售总额大幅提升,无锡办事处销售收入超 1000 万元,福建办事处销售收入达 3000 万元。

近年来,纺织形势急转直下,产品售价下跌,市场竞争激烈。谢祝生顺应市场变化,摸准市场脉搏,及时调整用户,主动驾驭市场。对用量较小、售价较低、信用较差的客户逐步淘汰;对品种结构相对老化、产品档次相对偏低的老客户主动放弃;对质量要求高、实力强、信誉好的客户重点培植;对外贸企业、优秀民营企业全力开拓;对以各种方式询价的客户作为潜在用户,及时记录进档,落实人员跟踪。3 年来,公司累计开发新客户 150 多家,其中月销售额在 100 万元以上的客户 12 家、150 万元以上的大客户 6 家。

调整产品结构,活化销售价格。一方面将产品定位在精梳、针织纱和高档普梳纱线、高支高密织物上,2002 年,精梳产品扩至 10 条生产线,氨纶包芯纱扩大到一万多锭;一方面增加高税率的纯棉品种比重,2003 年,高档次、高附加值产品比重稳定在 75% 左右,外贸纱布比重提高到 20% 以上。在产品售价上,谢祝生制订灵活的价格策略,对常年用户、大客户适当让利,对竞争性较强的产品,顺应市场适时调整价格,对市场需求较旺的高档次、高质量产品,实行优质优价,运用价格杠杆保住了市场,保住了客户,保住了销售,保住了利润。他还积极引导并参与新品开发,近 3 年,累计指导开发新产品 20 多只,其中澳丝呢、东方格被评为省级新产品;阿拉巴克、东方格面料分别获省新品开发金牛奖和省科技进步二等奖;天丝格、雪花弹、米通衬衫面料获国家级星火计划项目证书。新品的开发,不但提高了中恒产品知名度,也有力地开辟了市场,增加了销售。

多年来,谢祝生潜心钻研、不断完善营销承包责任制。他率先提出毛利绩效考核办法,突出效益优先原则,调低销售收入的考核幅度,提高销售毛利挂钩考核比重,鼓励经营人员多接高附加值、高档次订单,克服了"重量轻质"的考核弊端,极大地调动了营销人员的积极性,为公司效益连年攀升起到了强有力的推动作用。他把每年元月份作为营销突击月,促销售、抓回笼、减库存;对上年度营销实绩突出的前10名给予重奖,前2名安排到国外旅游,对连续3个月完不成任务的,坚决予以淘汰。由于重措施落实,重奖惩兑现,2003年,公司月平均实现含税销售收入3315万元,日销售110万元。

学无止境,学以致用,在落实常规营销措施的同时,谢祝生积极探索新的营销方法,一是实行销售代理制,宁波一贸易公司实施了中恒产品代理销售,月销售额最高达150万元。二是推行电子商务,2003年5月,在非典疫情给传统营销方式带来不便的情况下,中恒通过电子商务实现销售收入2500多万元;通过互联网与香港华龙等公司签订1200吨进口棉合同,有效减轻了原料紧缺的压力。三是开展贸易经营。运用中恒品牌效应,开展厂家合作,拓展销售收入和盈利空间,2002年,公司外购纱2142吨,增加销售收入3300万元,盈利63万元。

搞销售离不开服务。谢祝生始终强调,在公司内部,营销人员就是客户。他要求生产部门严格按照经营人员提供的订单组织生产,保证产品质量并按时交货;对经营人员反馈的质量问题,立即整改不过夜;要求相关部门24小时开票销售、装货,全程服务。在为客户服务上,推行用户质量要求24小时答复制和5天内解决制,与前后道用户建立互利互惠、共同发展的战略伙伴关系。

几年来,谢祝生精心开拓的市场营销创新之路,使中恒取得了突飞猛进的发展,为地方经济做出了突出贡献。为此,他年年受到阜宁县委、县政府的表彰,2002年被确定为盐城市"111工程"培养对象,2003年被盐城市政府命名为"优秀营销员",2004年被评为盐城市劳动模范。

(刊于2004年7月14日《中国纺织报》)

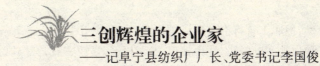

三创辉煌的企业家
——记阜宁县纺织厂厂长、党委书记李国俊

　　1995年3月,春光明媚,百花争艳,中共盐城市委、盐城市人民政府表彰优秀企业家,市劳模李国俊榜上有名。近三年来,李国俊带领阜纺三千职工,顽强拼搏,三创辉煌,誉满阜宁大地。

　　1993年10月,年近半百的李国俊局长以高度的政治觉悟、大局意识和奉献精神,从县纺工局回纺织厂任厂长、党委书记。当时的阜纺,由于前任主要领导的一些问题,职工对班子产生信任危机,阴霾堵心,加之原料、资金紧缺,生产很不稳定,职工情绪低落。为了重振阜宁第一大厂的雄风,李国俊全心投入,全力以赴,只争朝夕,马不停蹄。资金紧张,一边夜以继日跑市、县金融部门,请求扶持,一边动员职工集资,共解企业之难;原料短缺,一面发动采购人员八方挖掘库存余棉,一面亲临棉花加工企业协商新棉提前开机,千方百计保证生产均衡配棉;思想波动,一头召开报告会,讲形势、讲前景,鼓舞士气,一头召开座谈会,听反映、听建议,因势利导。同时,发动党员干部工作干在前,吃苦抢在前,榜样示范,形象

盐城市劳动模范、阜宁县纺织厂厂长、党委书记李国俊(右)

带动,把职工言行引导到风雨同舟、大干快上上来。一条条周密的计划,一项项扎实的举措,环环相扣,着着相连,紧锣密鼓,雷厉风行。局面很快被扭转,职工精神振奋,车间机台欢唱,整个生产经营工作热气腾腾,呈现迅猛发展的势头。当年,不仅填补了230万元的内亏,还首次实现产值、销售双超亿元,创造了阜纺建厂20多年来的第一个辉煌。

旗开得胜,马到成功,李国俊没有丝毫的陶醉,他十分清楚:由于种种原因,阜纺班子老化,管理不力,产品档次低,发展无后劲。他认为,纺织厂是劳动密集型企业,管理是根本,人才是关键。于是,他统一思想,形成共识,从选人用人入手,推进企业各项改革创新。首先,强化厂党政工领导班子,大胆提拔德才兼备、年富力强的中青年干部进入领导班子,优化了年龄结构,增强了工作活力,提高了办事效率,改善了整体形象;其次,按"革命化、年轻化、知识化、专业化"的要求,把近20名积极肯干、年轻有为的大中专毕业生提拔到中层主要岗位和专业性强的管理岗位上,强化管理工作;再次,明确各层各级管理职责,一级抓一级,一级对一级负责,对相互推诿扯皮的现象,一查到底,对重叠的机构、多余的人员实行压缩、削减。起用能人,从严管理,一举克服了懒散拖拉现象,各级干部抓工作、真干事的热情空前高涨。

为了扭转品种结构层次低、竞争力不强的局面,李国俊充分利用引进的国外先进设备和技术优势,组织工程技术人员开展技术攻关,研制开发新品,经过艰苦努力,80支精梳涤棉纱、高档色织衬衫布相继问世,这些品种档次高,附加值也高,特色性强,竞争力也强。近三年,他共组织开发10多只新产品,初步实现了研制一代,开发一代,生产一代,储存一代,为企业参与市场竞争、抢占市场制高点,实现效益最大化奠定了坚实的基础。

李国俊深深懂得,企业的发展后劲来自设备更新、技术进步。阜纺一期"压锭改造"引进喷气织机项目,1993年初就获批准,但因资金等种种原因一直没有实施。为了加速企业发展,在企业刚刚恢复生机、资金等方面仍很紧张的情况下,他把别人不愿背的"包袱"果敢地担在自己肩上。他五下南京,三上北京,积极筹措资金,赶在当年12月25日前与外商履行了合同。面对国家新年即将执行外汇单轨制的新情况,他断然决定用25万元对未进口设备实行保值,避免了企业750万元的损失。他因厂制宜,集思广益,确定"腾仓库、腾厂房,翻新养新"的方案,既节约了土建工程300多万元,又赢得了大量的时间。为了早投产,早见效,他与工程技术人员一道,日夜奋战在项目现场,挂图作战,落实责任,单机突破,组机会战,比外方规定时间提前58天完成整个设备安装调试任务。由于科学决策,指挥有力,使新设备提前 8 个月投入运行,夺回了该项目延误 8 个月所造成的全部损失。

一个个务实举措成功的实施,使阜纺进入发展的快车道,1994 年,实现产值 1.15 亿元、销售 1.42 亿元,实现利税 1442 万元,利税比 1991—1993 年三年之和还多 170 万元,实现出口供货值 3521 万元、技改投入 3012 万元,五项指标均创历史新高,李国俊带领阜纺团队由此创造了第二个辉煌。

1995 年,纺织形势有所逆转,供大于求日益显现,特别是美国对中国纺织品出口实行制裁,纺织产品价格一降再降,销售严重受阻。在这种严峻的形势面前,李国俊审时度势,灵活应变。在销售形势发展平稳的情况下,发挥中恒质量优势,采用小步快走的办法上调价格,增加效益;在纺织市场渐趋疲软时,为了降低库存积压,加速资金周转,他又先人一步,快人一拍,果断下调产品售价,扩大销售,压降库存。他常同大家算产品积压账、货款回笼账、资金周转账,让大家处理好困难时期利小与不亏、微亏与运转的关系,要求销售越困难质量越要过硬、反应越要迅捷,好中求好,以变应变,最大限度地保证企业正常生产、良性循环。

组建集团,打造巨舰,发展规模经济,是李国俊的又一大手笔。他凭着企业家的胆识和气魄,兼并了盐城富丽时装有限公司和阜宁县服装一厂;投资 100 多万元在上海外高桥保税区设立"上海阜申国际贸易有限公司",作为将来集团公司跻身国际市场的前沿窗口;在盐阜大地独领风骚,成立"盐阜纺织研究所",集聚高科技人才,研发高档次品种;与香港永威公司合资兴办"盐城凯迪斯针织有限公司",使原"阜明针织厂"发生质的飞跃。在集团筹建过程中,他广泛学习,集众家之长,从方案撰写、申报,到集团名称的确定、商标的征集,到紧密层、松散层企业的选择,都亲自过问,道道把关,力求完美。经过艰苦细致的工作,以阜宁县纺织厂为核心企业的"江苏中恒集团"正式挂牌,一艘集纺织、针织、服装、经贸和科研为一体的"科工贸一体化,产供销一条龙"的巨舰拔锚起航,为阜纺做大做强开辟了广阔的道路。

1995 年,在纺织形势开始回落的情况下,阜纺实现产值 1.48 亿元,销售 2.03 亿元,利税 1701 万元,出口供货值 5600 万元,四项指标不仅再次实现历史性突破,而且销售和利税两项指标名列盐城市百强企业第 13 位和第 15 位。李国俊回阜纺近三年,实现三大跨越,连创三次辉煌。

李国俊抓物质文明建设是好手,抓精神文明建设是高手。他说,企业既要有实干家、外交家,也要有思想家。近三年来,他通过报告、演讲、座谈、讨论等形式,不失时机地对职工进行思想政治教育。车间里、食堂里、图书室、影剧院,都是他开展思想政治工作的好场所。他做思想工作不搞空洞说教,而是用大量的事实、鲜活的例子,引经据典,旁搜远绍,比喻贴切,恰到好处,收到事半功倍的效果。他坚持集中教育与分散教育相结合、重点教育与一般教育相结合、正面教育与反面教育相结合,表彰先进,弘扬正气,鞭策后进,狠刹歪风。他坚持以法治厂,在抓好职工正常普法教育的同时,每年开展"法制宣传周"活动,请司法部门领导来厂对中层以上干部、供应销售人员、财会保管人员及所有从事经济和管理工作的同志进行法制培训,帮助他们增强法制意识,提高他们遵纪守法的自觉性。他坚持把"新风杯"竞赛的各项内容细化分解成硬指标进行考核,并贯穿生产经营全过程,使精神文明与物质文明建设相互促进,相得益彰。他坚持"打铁必须自身硬",处处按勤政廉洁的要求,规范自己的言行。他说,作为阜纺的党政一把手,一定要以过硬的政治素质和高尚的道德情操为职工放样子,做表率,不但要在发展经济上创辉煌,在党性修养上同样要创辉煌。

(刊于 1996 年第 7 期《江苏纺织》,笔名益林)

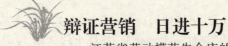

辩证营销　日进十万

——江苏省劳动模范朱余庆的营销之道

今年 46 岁的朱余庆,食堂会计"半路出家",干营销整 10 年。10 年中,他勤学苦练,潜心"修行",梳理千头万绪,踏遍千山万水,不吝千言万语,吃尽千辛万苦,硬是从一个知青回城的庄稼汉子,变成了纺织产品的行家里手;硬是从一个足不出户的账房先生,成长为遨游商海的销售状元。现在,他每天进账都在 10 万元以上,一个人的销售额占江苏中恒集团销售总额的 1/6,货款回笼率一直稳控在 100%。因营销有道,业绩突出,他连续 5 年被评为盐城市纺工系统"营销明星",连续 4 年被盐城市人民政府表彰为"优秀营销员"。今年 4 月,又被评为

江苏省劳动模范朱余庆

"江苏省劳动模范"。朱余庆同志的先进事迹在新闻媒体报道后,对他早有耳闻的苏中地区某纺织集团老总,专程赶赴南京,找到正在参加劳模表彰会的朱余庆,专门设宴,促膝交流,这位不善饮酒的老总,真诚地敬了朱余庆 3 杯酒,还当场签订了 78 万元的业务。劳模效应让朱余庆第一次深切地感到,劳模既是荣誉,也是资源;一定要十分珍惜这份荣誉,格外珍重这份资源。

下面让我们从一个侧面,分享朱余庆辩证营销的点滴经验。

难谈的事是好事

在营销工作中,最怕的就是明知有需求空间,自己也精心策划,然后满脸堆笑地凑上去,可人家不领情,一趟两趟都冷若冰霜。而每当此时,我总是辩证地想,客户难谈,说明对方对合作伙伴严谨慎重,而这样的客户更可靠;对方对产品质量要求高,相应地,其信誉也好。难谈的事反而是好事;是好事,再难也要下决心攻克。

我背着行囊,只身来到纺织品交易相对旺盛的浙江、苏南等地,遍访

大企业、名企业，了解他们对不同品种、不同规格产品的需求，做到知彼知己。我"看中"浙江一大型企业，连续上门 9 趟，又是递企业简介，又是送产品小样，变着法子套近乎，可就是不见效。看着该企业货物进进出出的繁忙样子，我认定，这个"堡垒"就是中恒的利润"基地"。我毫不气馁，继续发起"攻击"。1996 年，临近春节，我第 10 次前往。不巧企业有关领导在开会，我就站在走廊里等。我是没吃早饭赶过去的，中午时分，便随手拿出包里的冷面包啃，恰巧被该企业主管营销的副厂长看到。下午一上班，这位厂领导看我仍在门外等着，当即把我喊进办公室，关切地说："这么冷的天，你在这里啃面包，也顾不上回家过年，我非常敬佩。"又转身对他的下属们说："做营销就应这样百折不挠，我们都应向他学习。"第二天，该企业便和我签订了业务合同，双方良好的合作关系一直保持到现在。其实，做营销工作就必须全身心投入。连吃几天方便面，几过家门而不入，对我来讲是常事；每年五一节、国庆节、中秋节，我几乎都是陪客户度过的。我始终认为：有苦才有甜，有付出才有收益，同时，你把客户当朋友、当知己，人家也把你当朋友、当知己，人都是有情感的，传承商业文明，弘扬营销文化，这样建立起来的客户关系才牢固，才长久。

1997 年，是纺织业的又一低潮时期。那时，业内出现一个"怪圈"，就是只要能把产品推销出去，暂时拿不到钱也行。结果使应收款大量增加，影响企业正常运行。而我认为：做营销要图长远、可持续，不能患得患失、自欺欺人；市场需求是绝对的，客户需求是相对的，关键是甄别筛选，找准对象。我觉得："越是销售困难，越要寻求信誉好的客户，越要良性发展供需关系，谋求双赢。否则，营销员的路就会越走越窄，市场就会越做越小。"基于以质取胜，以诚待客，以情感人，以信致远，我的货款回笼率始终保持在 100%。实践使我认识到：你想用户所想，急用户所急，按时供货，保质保量，服务到位，人家必然把你当"头碗菜"，当"战略伙伴"。

没人穿鞋子，说明鞋子市场很大

有个制鞋企业，老板让销售员去古老的非洲推销鞋子。甲销售员去后发现，当地人都不穿鞋子，没有任何需求，认为找错了地方，十分沮丧，无功而返；老板又让乙销售员前往，乙销售员发现当地人都不穿鞋子，认为是一个极大的商机，潜力巨大，欣喜若狂。于是他通过自身示范、宣传引导、免费赠送、以点带面等一系列举措，经过长期坚持不懈地努力，逐渐改变了当地人不穿鞋子的原始习惯，也开辟了鞋子销售的广阔市场。这个营销案例，我不知读了多少遍，悟了多少回，对我启发很大，我不仅要知道和研究这个故事,而且要演绎出自己的版本,创造出自己的神话。

1998 年前,中恒集团对福建、广东地区的精力投入不足,产品一直没能打进。我意识到,这是中恒新的业务增长点,所以格外关注,隔三岔五去闽、粤熟悉情况,结交朋友,了解市场动态,捕捉敏感信息。在福建一家知名企业,我发现他们正在探讨试用涤粘混纺 32 支纱,而其他厂家尚无任何动作。根据平时掌握的信息,敏锐地向专家请教该纱支的功能特征,分析市场走向,我推测,涤粘 32 支纱,虽然目前还没有投入使用,但很快将成为热销产品、“龙头”品种。我随即深入调查,“刺探”到另一织造企业正准备使用这种纱开发新产品。我当即马不停蹄,千里奔波,往返闽南、苏北之间,第一时间带着中恒的样品让他们试织。两厢情愿,一拍即合,我迅速占领了这个“滩头阵地”。一个点一片市场。借此良好的开端,借助该企业在当地的知名度和美誉度,我不失时机,借船下海,四处推广,放大效应,让中恒的涤粘 32 支纱很快遍布闽粤地区;乘风乘势,再接再厉,其他产品一并跟进,最终在闽粤一带打响了中恒的品牌。

分外事也是分内事

营销不是推销,生产过程、销售环节、售后服务,以及与此相关或看似不相关的事情,营销员都要关注。在企业,在市场,营销员没有分外事。如果就销售搞销售,连通市场的路也势必越走越窄。

搞生产的与搞营销的,似乎是两路人:一个管产,一个管销,似乎各做各事。可我一有空就往车间跑,已养成习惯,从清花到梳棉,由并条到粗纱、细纱、络筒,细心观察工艺流程中每一个环节,不仅把条干、单强、不匀率、结杂、毛羽等主要品质指标都牢记心上,而且把影响这些指标的因素都弄得清清楚楚,与客户洽谈时,我一口“行话”,常常很快就赢得信任,一举打开局面。每次发货,从开票到提货、装车、检查,我都脚脚到,从不“一手捯”,“跟单走”已成为“固定动作”,即使是深夜 12 点,我也要爬上货车“押车”,不“眷顾”专门送货员。

企业兴旺我兴旺,我与企业共成长。营销员处于市场一线,对市场信息触摸比较早、比较准。一遇新变化,一有新行情,我总是及时捕捉,及时反馈,作为企业调整产品结构、增减生产总量的参考依据。1999 年二季度后,原棉价格大幅下跌,我综合各方信息,预测中高档纯棉品种工费将大幅提高,集团采纳我的建议,将纯棉比例扩大到 80%,月增效益 130 万元。2000 年纺织市场回暖,我建议,以产品高质量抢占市场制高点,与董事长“精品工程”不谋而合,公司调整营销策略,以高附加值的精品攻高档次的用户和有实力的民营大户,取得显著成效。仅去年,此类有价值的信息我就提了 18 条,都不同程度被采纳。企业产销两旺,我个人营销业绩也再登新台阶,全年实现销售收入 3896 万元,占集团销售总额的 16.27%。

天道酬勤。2000 年 7 月 21 日,我在南通跑客户,客车发生交通事故,虽造成左手骨折,但双腿无恙,没有影响我前进的脚步;长期辛勤劳作,使我的头发过早地白了,我把头发染黑,面貌一新,精神抖擞,又踏上了新的征程。

"我的产品、我的话、我的情都是真的,只有头发的颜色是假的。"和客户喝茶聊天时,我与他们这样打趣。

(刊于 2001 年 8 月 8 日《厂长经理日报》 作者:盛建春 邓正彬)

市场营销竞风流

——记全国"五一劳动奖章"获得者吴益萍

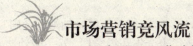

江苏省劳动模范、全国"五一劳动奖章"获得者、江苏中恒纺织营销员吴益萍,从 2002 年至 2004 年 3 年中,累计实现销售收入 1.35 亿元,平均每天进账 12 万元,一个人的销售额占公司销售总额的 1/7,货款回笼率始终保持在 100%。

勤奋耕耘 获得殊荣

吴益萍出生于一个农村教师家庭,中国知识分子严谨、勤奋的传统美德,在她幼小的心田播下种子。1982 年,刚满 17 岁的她,进江苏中恒纺织有限责任公司(原阜宁县纺织厂)做细纱挡车工,由于勤学苦练,仅 4 个月就独立挡车,操作技术达一级水平,提前 2 个月顶岗定级。一年后,在省、市组织的

江苏省劳动模范、全国
"五一劳动奖章"获得者吴益萍

纺织技术操作比赛中,她多次获得多项好名次,其中,1984 年,在江苏省纺织技能大赛上,勇夺细纱接头第一名,并打破全国纪录。在工作中,她认真负责,优质高效,年年超额完成生产任务,成为"做一等工作,创一流业绩"的典范。1985 年 4 月,她被江苏省人民政府授予"劳动模范"荣誉称号,成为当时全省最年轻的劳动模范。

巴尔扎克有这样一句名言:"哪怕把我累死,我也要一鼓作气干到底。"吴益萍就是这样的人。21 支纱,别人挡两台半,她挡三台,一年比别人多干 3 个月;她坚持每天提前半小时上岗,推迟半小时下班,一年中又多干 40 天。她常说:"当劳模就得像劳模的样子,要走在前,干在前,始终如一,持之以恒,不但要留下一行闪光的足迹,更要树起一面不倒的旗帜。"1996 年,在江苏省庆祝"五一国际劳动节"暨表彰大会的主席台上,

年轻秀丽、端庄大方的吴益萍,胸前佩戴金灿灿的全国"五一劳动奖章"和大红绶带,满怀激情地代表全省获得全国"五一劳动奖章"的先进个人发言。吴益萍在平凡岗位上默默耕耘、无私奉献的先进事迹,被省、市报纸、电视台竞相报道。

义无反顾 勇闯上海

随着市场经济的发展,为了更好地体现人生价值,吴益萍主动请缨,于2000年元月只身一人闯入大上海,任中恒公司驻上海办事处主任,肩负起开拓上海纺织市场的重任。

一直以来,中恒产品未能在广阔的上海市场分得一杯羹,早在1995年,公司就在上海成立了"上海阜申国际贸易有限公司",负责上海销售市场的开拓,但由于多方面的困难,一拨拨人来了又走,上海市场始终未能打开。

吴益萍在做出闯上海的决定之前,很多人劝她:上海市场竞争非常激烈甚至是残酷,你又缺乏市场营销经验,依你现在的条件,吃吃老本是很轻松的事,何苦去吃那只螃蟹?风险太大,搞得不好会身败名裂。但吴益萍清醒地认识到,此举所冒的风险是个人名声的风险,与上海市场对企业发展的重要性相比,微不足道。强烈的使命感和敢闯敢试、敢为人先的秉性,促使她婉谢了好心同事的劝告,义无反顾地奔赴陌生而充满挑战的新战场。

刚踏上举目无亲的大上海,虽有大专文化,但从未做过销售工作的吴益萍,就像是茫然面对一本怎么也读不懂的天书。凭着劳模的素质,凭着对事业执着的追求,她到处联系、造访各类客户,经常是一早出去,午夜才回到办事处。由于上海纺织市场竞争异常激烈,客户对质量、品牌的要求非常苛刻,市场被一些知名厂家瓜分,新来的产品要想争得一席之地,可谓虎口夺食,难上加难。几个月下来,她只接到几张打样的小单,而遭遇更多的是冷眼和闭门羹……是进还是退?

向来不服输的她没有被眼前的困难吓倒,而是不断总结经验教训,调整营销策略,从小样着手,从磨合起步。她发现,一些小型企业对样纱短平快的需求,往往被许多大供应商所忽视,是一个较好的切入点。于是她最小以一包纱为单位,满足客户打样的需求,并全程跟单,收集生产现场一手信息和客户对产品质量的要求建议,及时反馈回公司进行调整和改进,使客户对公司产品和服务的满意度逐步提高,一些客户的订单也从样纱逐步走向批量,上海市场对姗姗来迟的中恒产品渐渐开启了紧闭的大门。

无私奉献　赢得市场

在中恒销售一览图上,上海办事处的红柱起步上升了。然而,有多少人知晓吴益萍在这背后所付出的艰辛。几年来,她不知牺牲了多少休息时间,忍受过多少委屈,顾不了孩子和家庭,还经常需要奉献个人的经济利益。

晚期癌症的老母亲在上海治病期间,正值纱线销售旺季和收款高峰期,公司急需回笼资金收购棉花,吴益萍整天奔波于各客户厂家,甚至没有时间陪陪临终的母亲,至今还觉得愧对故去的亲人。2002 年春节假提前放了,可吴益萍直到大年三十凌晨五点,才揣着 83 万元汇票,从漫天大雪中摸回家。望着从雪夜中归来的妈妈,女儿心一酸,泪如泉涌,可她却乐观地打趣:瑞雪兆丰年,春雨贵如油啊。其实,她心里同样很不好受,实在愧对这个家呀。

吴益萍始终坚信:“脚板底下出订单。”不跑哪有销售呢? 正是靠着这种忘我的劳动态度和无私的奉献精神,中恒的产品和服务才逐步得到客户的认可,中恒的品牌才逐步在上海纺织市场打响。

经过近两年艰苦卓绝地市场开拓和铺垫,2001 年下半年,中恒产品开始批量进入上海市场,中恒上海办事处先后同上海东方国际集团公司、上海市纺织品进出口公司、上海市纱布进出口公司、上海市家用纺织品公司等多家进出口公司建立了合作关系,填补了中恒产品在上海进出口市场的空白。

销售明星　再创辉煌

2002 年上半年,在销售棉纱线的同时,吴益萍开始拓展棉布销售市场,陆续开发客户 10 余家。她还针对上海市场的需求特点,成功地开发了纱卡布、弹力布、直贡布、床上用品等新品销售市场。2002 年,她的销售业绩进入公司前三名,并因新客户开发数量名列前茅,获公司唯一新客户开发奖。

在巩固市区老客户的基础上,吴益萍乘风乘势,将营销重点转向开发上海郊区的纺织企业。2003 年,新开发客户 50 多个,为公司产品在上海市场的可持续发展奠定了新的客户群。该年度,吴益萍以销售额第一的优异成绩,成为中恒新的销售状元。同时,使上海市场从近乎零一跃成为公司最重要的销售市场之一,产品和品牌的含金量、知名度也因此得到质的提升。

　　2004 年,吴益萍不满足于已取得的成绩,她立足上海市场,拓展周边市场,实现跨省销售,先后与江苏昆山、太仓、无锡、苏州吴江,浙江桐乡、嘉兴、湖州等地区的客户建立业务关系,开发了强捻纱线、AB 纱线、竹节纱线等 10 多个高档新品客户,取得了 2004 年度产品销售第一、客户满意第一、新品开发第一的过硬业绩,被全司员工亲切地称为"销售明星"。

　　吴益萍 23 年如一日,勤奋好学,拼搏争先,在平凡的岗位上做出不平凡的业绩,特别是近 5 年来,她大力弘扬新时期劳模精神,主动搏击市场,再次创造辉煌,成为发展先进生产力的先进典型,成为新时期有政治素质和业务技能的金牌员工。

（刊于 2005 年第 4 期《江苏纺织》）

兰馨宜人
——记盐城市劳动模范陶庆兰

在江苏中恒纺织有限责任公司这座姹紫嫣红的大花园中，有一朵风姿绰约、超凡脱俗的花中君子，令人赏心悦目，让你笔墨含芬，她就是第一棉纺厂运转丙班细纱挡车工、盐城市劳动模范陶庆兰。

盐城市劳动模范陶庆兰

稚朴的兰花，枯寂之中见生机。1993 年，陶庆兰进了中恒公司的前身阜宁县纺织厂，成了一名普通的纺纱女工。初来乍到，虽很腼腆，但很要强，第一天上班，看到师傅们巡回穿梭于车弄，看着她们拔管、接头、换粗纱、包卷娴熟的动作，觉得新奇、简单，心想，没什么了不得的，便对师傅说：让我试试看。还没等师傅说不，她手一伸，就去拔那高速旋转的筒管，随即而来的是一阵钻心的疼痛，她似乎闻到了一点点焦味，再看看手，一条糊疤呈现在眼前。懊悔的泪水直在眼里打转，先前那股逞能劲消失得无影无踪。师傅望着她这窘相，没有太多的责备，而是疼爱的话语和耐心的指导。此时此刻，她也似乎一下子明白了"看花容易绣花难"的道理。她暗下决心，一定要认认真真、恭恭敬敬地学技术。从此，她虚心向师傅请教每一个动作要领，千遍、万遍反复地练习，细嫩的手指被纱捋成一道道口子，咬咬牙，继续练。用"痴情"来形容她当时学技术的心情，一点也不为过。一分耕耘，一分收获，凭着不服输的倔强和不浮躁的韧劲，她终于熟练地掌握了操作技术，提前独立顶岗。1995 年，带着希望和信念，陶庆兰以操作新秀的身份参加公司操作技术运动会，面对技术精湛、经验丰富的老师傅，她谨慎操作，沉着应战，取得单项包卷第一名，虽然没有达到自己的预期，但坚定了她继续拼搏的信心。为了苦练基本功，她主动报名参加

147

操作种子队，每天早来晚走，风雨无阻。1998 年、2000 年，在公司两年一度的技能大赛中，她连续两次夺得细纱全面操作第一名和细纱接头第一名，连续被评为最佳操作能手。

细细品兰，便得丝丝淡远的幽香。进厂 14 年来，陶庆兰从不放过每一次练兵，积极参加操作比赛和巡回示范，取长补短，精益求精。她结合生产实践，积极探索、推广新的操作法，注重用好技术来生产好产品。她常说，做一名好工人，除了要有好思想外，还要有好技术，只有练就过硬的操作本领，才能得心应手地工作、淋漓尽致地发挥，才能适应高质量、新产品的要求，才能在岗位竞争和技术进步中立于不败之地。2002 年，她被评为"盐城市岗位女明星"；2005 年，被市总工会、劳动局、纺织协会授予"优秀纺织操作能手"；2006 年，荣获盐城市"五一"劳动奖章；2007 年，被评为"盐城市劳动模范"。2002 年以来，连年被评为"司级标兵"。

含苞初放的兰花，如同笑脸迎人，暗香浮动。陶庆兰始终认为，她有今天的操作技术，是师傅帮教出来的，是众多优秀操作能手引导激励的结果，师傅们培养了她，她也要热心培养新来的小姐妹。于是，她在做好本职工作的同时，积极帮助本班操作技术差的同事，耐心指点她们不规范的动作。她还自发地担当起细纱车间业余操作辅导员的角色，毫无保留地把自己的技术传授给更多的人。无论是炎炎夏日，还是数九寒冬，无论是阳光明媚，还是阴雨绵绵，她坚持放弃休息日，不计报酬到车间帮教练兵，使得一大批挡车工很快成为班组的技术骨干，有效地推进了全员操作水平的提升。分厂组织的"一帮一""一对红"师徒结对竞赛，她"一帮四"，成"五朵金花"，在全公司传为佳话。

竞秀夺翠看嫩柳，斗妍争芳数春兰。陶庆兰始终恪守"当工人就做最好的，干工作就要争一流"的信条，时时严格要求自己，处处发挥带头作用，她主动到低纱支、难操作的车台去挡车，主动要求多挡车，每天都比其他挡车工多挡半台到一台，而且严格执行操作法，认真把好质量关，每次月度考核，她的实绩总是名列第一。10 多年来，她月月超额完成生产任务，没有发生过一次大小事故，产品质量合格率都是 100%。

重叠娇健的兰叶，清馨素雅，苗壮向上。随着公司生产规模不断扩大，设备不断更新，陶庆兰利用业余时间认真阅读有关技术书籍，学习其他工种操作技能，努力使自己成为知识型劳动者、智能型多面手。如今，她不但精于细纱挡车、落纱，精梳挡车和筒子挡车也是一把好手。在她的倡导下，全司掀起了新一轮"精一岗，会二岗，学三岗"和"比、学、赶、帮、超"劳动竞赛热潮。

（刊于 2007 年第 9 期《江苏纺织》）

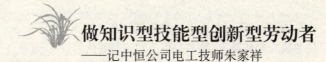

做知识型技能型创新型劳动者
——记中恒公司电工技师朱家祥

江苏中恒纺织有限责任公司是一个拥有 11 万纱锭、1000 头气流纺、248 台织机的大型纺织企业,11 台 35 千伏直变 400 伏变压器,分布在 8 个配电间,生产车间各类大小电机 3500 余台,年用电量 5400 万度。确保正常供电、安全用电是该公司生产有序运行的首要前提和重要保证。

"有高山就有仙,有深海就有龙。"在中恒这个用电大户,就有一位大名鼎鼎的电工高手,但凡电气上的改造创新,都由他担纲;但凡在电气维修中碰到"疑难杂症",到他这里总能"妙手回春"。他就是该公司动力分厂电工技师朱家祥。

1990 年 7 月,朱家祥以高分被中恒公司录取,并被安排在"电工"这个技术岗位上。他坚信,高考落榜,脚下有路。从那一刻起,便注定了他这个普通电工在岗位上自学成才的艰难跋涉。

进厂后,朱家祥便一心门朝南,干一行爱一行钻一行,刻苦练习每一项操作技术,认真钻研每一个工作原理,反复琢磨每一条注意事项,主动参与每一起事故查处。他利用业余时间阅读了大量的电器和无线电维修书籍,节假日坚持到社会上找家电维修名师讨教取经。日复一日,年复一年,一步

盐城市优秀工人技师朱家祥

一个脚印,一天一个进步。他是最先考取电工上岗证、最早独立顶岗作业、最快成为操作能手、最多参与技术攻关的优秀员工、技术骨干。

中恒始建于 1968 年,起初只有 1.5 万纱锭的规模,随后相继进行过 6 次扩建,由于受原始规划的制约,电气线路比较凌乱,电损较大,安全隐患太多。1999 年,朱家祥提议:同一车型统一控制线路、统一走向、统一标色。作为职代会最佳提案,得到了公司领导充分肯定和全力支持。在朱家祥带领下,公司对所有车台的电气线路进行了大规模整顿改造,针对大功率设备降压启动易烧毁电机、引发火警的弊端,还增加了相应的保护线路,并制定操作规程。这样,既理顺了电气线路,避免了设备损坏,减少了火警事故,又降低了电耗,节约了用工。为此,朱家祥得到了公司的重奖,2001 年,他被保送到江南大学自动化控制专业公费学习深造一年。

知识宠爱有心人,不断地学习和提升,使他在工作中实现了一个又一个跨越。2002 年,朱家祥进修回到公司后,立马对公司所有电气控制系统进行技术改造,运用微型电脑控制技术改造原有比较繁杂的电气控制线路,使设备运行与电气控制高度一致化,大大减少了停台,提高了效率。

2006 年,从瑞士进口的清钢联抓棉机主控板损坏,厂家带来新的主板装上后再次烧毁,洋专家一筹莫展。朱家祥通过深入分析,推断高压串入电脑是导致主板损坏的主要原因,"老外"将信将疑,结果就是在电缆内部查出问题。同时,朱家祥还采用修旧利废、取长补短的方法,将两块废旧主板整合维修,合二为一,经调试上车一次成功。朱家祥这位"土专家"不仅让"洋专家"赞不绝口,也为公司节约了维修费用,争取了开台时间,减少了停产损失。

从 2007 年起,朱家祥又先后对 120 台细纱机、20 台 3 千瓦以上的风机、12 台水泵等进行变频改造,年节约用电 530 万度,使公司连续 3 年每年获国家能效电厂奖励 70 多万元。

专长是单项的,优秀是全面的。朱家祥无论在电工常日班,还是在运转班,他都会把自己掌握的技术毫无保留地传授给工友,与大家一起总结先进操作法。他通过召开班组攻关讨论会、"绝招"演示会、现场"教学练比"等形式,互相交流,共同提高。2006 年,朱家祥所在电工工段被江苏省总工会命名为"群众性技术创新示范岗"。他还多年如一日,利用业余时间,满腔热情地为企业职工和社区居民义务维修家用电器,被阜宁县委宣传部、文明办等七部委联合表彰为"学雷锋志愿服务先进个人"。他是中恒公司同龄人中为数不多的义务献血者⋯⋯

(盐城市优秀工人技师先进事迹材料,写于 2010 年 6 月 10 日)

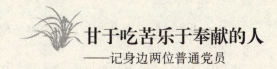

甘于吃苦乐于奉献的人
——记身边两位普通党员

　　1996 年 5 月 11 日凌晨 5 点，我们火速赶到了盐城市第一人民医院。在急救室，见到出差遭遇车祸的英定刚，大家心情一下子沉重起来，泪水都含在眼里。只见英定刚蜡黄的脸上，除了血迹和玻璃碎片，便是豆大的汗珠。满是血迹的衣服是被医生用剪刀剪掉的，有两片还挂在床头，被鲜血浸透的裤子甩在墙角。值班医生介绍到：左大腿粉碎性骨折，并有开放性伤口，右小腿多处骨折，骨盆骨裂，由于失血过多，比较危险。

　　听到厂里来人了，英定刚吃力地睁开眼睛，很快又闭上，干裂的嘴唇动了动，没有说话。看到他十分痛苦的样子，我们强忍着，要他先歇息。护士不断地在听心跳，量心压。第四袋血浆输完后，换上了"盐水"。血压开始缓缓回升，英定刚脸上也渐渐有了些血色。我们说："小英，你吃苦了。"他微弱地说："你们来啦，'箔'还在车上，盐城大桥北边，车间着急呢。"一句一歇，句句感人；寥寥数语，意蕴境界。在自己遭受如此灾难、承受巨大痛苦的情况下，英定刚首先想到的是厂里的物资、企业的生产。

中恒公司先进工作者英定刚

一滴水也能折射太阳的光辉。英定刚无愧于共产党员这个光荣的称号。

英定刚,1979 年 10 月知青返城,成为阜宁县纺织厂一名布机保全工。一向积极肯干、乐观向上的他,十分珍惜自己的工作,特别是在技术上,勤学苦练,精益求精,进厂第二年,就从四号手升任平车队长。他在全厂钳工比赛中拿过银牌,在小改小革中领过头奖,在省设备检查中受过表彰。他带领的平车队,平车合格率、计划执行率、运转满意率始终保持 100% ;他每天早来晚走,带头为运转服务,对重点车台,突击整车维护,对连续性疵点,全程跟踪检修。他常说,设备上解决一个小问题,挡车工就省了多少事。他多次被评为厂先进生产者,他是单位最早被推荐参加省"高培"的设备工长,他在生产一线光荣加入中国共产党。

1995 年 5 月,英定刚被公开选拔到供应科任采购员,在新的岗位上,他的积极性更高,干劲更足,主动、热情、及时、方便地与车间对接,为生产服务,特别是急件、难件、长途,他都主动请缨,不辞劳苦,高效无误地完成任务。进供应科一年时间,他平均每月出差 23 天。年终评比,科里就一个先进名额,大家异口同声:"小英虽然是后来的,但评他,我们服气。"

得知英定刚住院抢救需要护理的消息,共产党员、织部分厂布机车间保全工长刘兵,主动与厂工会联系。他说:"英定刚因工负伤,一心为厂,应该得到很好的护理。"这不是一般的请求,这是工人兄弟手足情感的流露,是工厂大家庭温暖互爱的表现,它意味着甘愿吃苦,意味着无私奉献。在组织需要之时,在他人危难之中,刘兵想组织所想,急他人所急,体现了一个共产党员崇高的思想境界。

护理骨科危重病人,其难度是一般人想象不到的。在前三天的观察抢救中,刘兵一直处于高度紧张状态,送血检,领血浆,等片子,送单子,调垫布,换床单;帮医生捧盘子,拿瓶子,为病人倒盆子,擦身子;从住院部到透视室,从药房到抢救室,从病房到值班室,前五楼,后三楼,一趟一趟地找医生、喊护士,一次一次地划价、取药。汗,没有干的时候;腿,跑得发硬。那几天,他没吃过一顿调适饭,没睡过一次安稳觉。为了给英定刚手术前增加一些营养,他特意到街上饭店与人家协商,定烧了一碗黑鱼汤,端到病房。将近 4 个小时的手术,他一直在门外守着,听说手术非常成功,把英定刚推回病房后,他感到一阵轻松,竟不知不觉坐在床边睡着了。他确实太累了。

手术后,英定刚两条腿都用不锈钢带螺丝卡住,用架子牵引着,身体不能动弹。为了有助于愈合,病床上还垫着厚厚的海绵。由于不能动,英定刚后背、臀部眼看就要生疮破烂,在医生指导下,刘兵每天都要数次双手插到英定刚后背下面,一手吃力地托着,一手涂药粉来回按摩,促进血液循环,每当此时,英定刚总是咬着牙,刘兵总是满头汗。由于不能动,英定刚不肯吃东西,怕给刘兵增添难言的麻烦。病人碰不得,床上脏不得,那些日子,可真的难为了刘兵这位好兄弟。更难能可贵的是,在后来稍为轻松的时候,刘兵一有空就帮护士打扫病房、清扫走廊,他说感谢护士对英定刚的关照,说要让护士有更多的时间护理其他病人。就这样,刘兵克服小孩上学、爱人在服装厂经常加班的困难,在医院一蹲就是一个月。

英定刚、刘兵这两位普普通通共产党员甘于吃苦、乐于奉献的精神,值得我们学习。

(刊于 1997 年 12 月 9 日《江苏工人报》)

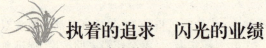

执着的追求　闪光的业绩

——记阜宁纺织厂团员青年

　　她们,穿梭于纺织机旁,活跃在生产一线;她们,用认真的态度和精湛的技术,纺出优质的纱,织出高档的布;她们,用坚定的信念和青春的活力,追求纺织,追求梦想……

　　她们,就是阜宁县纺织厂上千名团员青年。

　　"围绕四化开展团的工作,在经济建设中发挥团的作用。"阜纺团委一班人思维敏捷,与时俱进,喊出了新时期共青团工作的最强音。她们认为,在企业,搞团工作的改革,求团工作的活力,关键要有一个有理想、懂经济、会管理、敢跨越的领导核心。于是,争取各方支持,经过厂团委大刀阔斧的改组,一支由技术员、教练员、经济核算员、质量检查员、操作能手、班组骨干等优秀青年组成的团干队伍站到了全厂团员青年的面前,这是一支充满朝气和智慧的队伍,而在这支团干队伍带领下的共青团大军又站到了全厂经济建设的前列。人们从这支队伍身上看到了阜纺团工作的希望,看到了阜纺的希望。在党委的正确领导和厂部的关心支持下,鲜艳的团旗插上了经济建设的主战场。

阜宁县纺织厂团委班子成员(前排左起:朱霞、李艳娟、陶东亚、张恒梅;后排左起:韩新祥、赵长万、盛建春、邵祥林、谢祝生)

很快，"开展操作竞赛，创造一流成绩"的口号，从团委办公室发出，传遍了全厂，它像一股春风，萌动了团员青年的青春热情。随之，各种活动蓬勃兴起，"创一流，争贡献"成了青工活动的主旋律。

在常年气温 30℃ 上下的车间里，似乎分不出大自然的循环往复，然而，却清晰地记录着团员青年们的春、夏、秋、冬。

细纱车间团支部，坚持"周练兵、月测定、季交流"，并组织班与班、组与组及个人之间的劳动竞赛，全车间学技术、练本领蔚然成风，广大青工你追我赶，争先恐后。这一年，青工操作一级手率由 1983 年的 72% 提高到 1984 年的 90%。

筒摇车间团支部大力开展"提高操作技术，争当挡车能手"活动，全体青工勤学苦练，精益求精。辛勤的汗水结出丰硕的果实：优级水平的青工人数直线上升，团的工作成绩和车间生产实绩也同步直线上升。

紧接着，厂团委和生产科室一起，单独召开青工技术操作运动会，并决定每年 5 月份如期举行，不断在广大青工中掀起操作练兵的高潮，激发团员青年争创第一的欲望。去年，在盐城市第五届纺织技术操作运动会上，阜纺代表队 12 名运动员都是团员青年，在 36 个获奖名次中，她们一举夺得了 18 个，荣获团体第一，操作水平从中游跃居全市之首。

团员吴益萍，刚满 17 岁那年，进阜纺成了一名细纱挡车工。浓烈的学习氛围、火热的竞赛场面，使她一开始就全心投入，执着其中。在车间教练员、团支部书记戴兆华引导培育下，她虚心向老师傅学习，钻研每一个操作要领，冬练三九，夏练三伏，终于练就了一手过硬的纺纱本领，驾驭了细纱接头、包卷、全面操作等多种技术，成为全厂耀眼的"操作新星"。去年 10 月，在盐城、无锡两市纺织技术操作大赛中，她以最快的速度和全优的质量，勇夺单项包卷、单项接头和细纱全面操作三个第一名，其中，接头速率打破全国纪录。

"喜讯！喜讯！"从厂广播里传来播音员清晰而激动的声音："团员吴益萍，光荣地出席省劳模表彰大会，成为全省最年轻的劳动模范！"这是 1985 年 4 月。这一年，吴益萍刚好 20 岁。在成绩面前，吴益萍想得最多的是："是团组织不断激励我向前。在攀登一个个成绩的高峰中，团组织做我向导、做我人梯。"

《钢铁是怎样炼成的》，是一本不可多得的励志好书。厂团委把读书活动与劳动竞赛紧密结合，收到了事半功倍的效果。

在练兵中，有些姑娘娇嫩的手指被棉纱勒出了一道道口子。厂医务室里，当新工人裴庆巧伸出两手时，一向严厉的值班医生都很心疼，不用姑娘开口,一张病休证明放在了她的手中。可是,医生啊,谢谢你的关爱,姑娘只要将手上点药,处理一下就行了,哪里需要这一张病休证明呀。

"不行!"医生有点生气了,"一定要休息!"

没法,小裴只好将病休证明塞进了口袋。然而,有谁知道,第二天,裴庆巧又按时按点出现在机器旁。多么令人敬佩的拼搏精神!

筒摇车间,摇纱工徐文秀,一直低着那双平时会说话的眼睛,在吃力地工作着。邻近车台的同事焦急地对她说:"还是休息休息吧。"这时,检查生产的车间主任刚好路过,这位同事再也忍不住了:"主任,徐文秀的眼睛……"当小徐抬起头时,人们都惊呆了,她的双眼红肿充血。主任的意见十分干脆:"休息,立即休息。"

可是,姑娘想的是什么呢?"在这热火朝天的竞赛中,我怎么能掉队呢。比起保尔钢铁般的意志,我这又算什么呢。"就这样,她忍着眼痛,不吭一声,继续战斗在自己的岗位上。多么难能可贵的坚强意志!

提起薛立梅,谁不交口称赞。2年内,创了6个万米无疵布,可谓业绩显著、战功赫赫。是再接再厉?还是躺在功劳簿上休息?当广播里传出薛立梅创第7个万米无疵布的喜讯时,人们明白了,姑娘选择的是前者。

阜纺的团员青年们正是用青春、用热血谱写着一曲曲理想之歌、奉献之歌!

织布车间有几名操作上的"老拖",厂团委委员、操作能手陶东亚主动放弃休息时间,热情与她们结对子,从应知到应会,从单项到全面,逐一指导帮教;不但教技术,还教敬业,不但教做事,还教做人,促其全面提高。技术和思想双管齐下,激励与自尊相互碰撞,使她们很快达到一类操作水平,成为车间生产上的骨干力量。

机电车间有一名青工叫小宋,父母早逝,跟着年过半百的奶奶生活,比较困难,比较消沉。团组织了解情况后,及时同他交流谈心,更多地给予温暖、热情、帮助和希望。根据他的特长,团支部还积极推荐他出任司炉长。团组织的鼓励、车间的信任,为小宋注入了强大的青春活力。一次,由于小宋高度的责任心,及时发现炉管破裂的险情,避免了一场严重事故。今天,小宋已成为一名光荣的共青团员,成为一名出色的班组骨干。

阜纺团委,赢得了青年;阜纺团的工作,赢得了全厂领导和职工刮目相看,从而真正成了全厂经济建设中一支特别能战斗的青年突击队。

面对新技术革命的挑战,阜纺团委的目光放得更远,经济头脑也更清醒、更发达。他们同有关科室一起举办全面质量管理培训班,请企业领导和管理专家辅导授课,提高团干部和团员青年参与管理、推进管理的能力。

前纺车间的团员青年组成"精梳 QC 小组",在团支部书记、技术员谢祝生同志主持下,专攻涤平布精梳条干不匀这一影响质量的关键问题。他们又是绘鱼刺图,又是画因果分析图,对设备、工艺、操作、原料、环境等因素,逐项进行分析,研究对策,进行 PDCA 循环。几经努力,条干不匀率由原来的 38.5% 下降到 11.2%,为提高产品质量做出了重大贡献,也为全厂质量管理和质量攻关起了示范带头作用。

筒摇车间团支部副书记、技术员王恒磊同志,全面负责车间 QC 工作,他组织带领小组成员每月活动三次,经过三个 PDCA 循环,使绞纱圈数偏差由原来的 3‰降到 0.84‰,稳定在厂内控指标 1‰以内,得到厂长充分肯定。就是这个项目,在全县纺织系统 QC 成果发布会上获第一名,并被推荐参加市 QC 成果交流。

1984 年度,全厂评选十佳操作能手,结果全是共青团员;全厂发展 6 名新党员,就有 5 名是共青团员……

阜纺团委、阜纺的团员青年像颗颗明亮的星星,开始引起人们的瞩目。今年 5 月,厂团委被团市委表彰为先进集体,成为全市团工作 13 面红旗之一;团委主要领导被团省委授予"江苏省优秀团干部"称号。

前进中的阜纺团委一班人追风踏浪,勇立潮头,她们决心团结带领广大团员青年,加大团工作与经济工作融合的力度、广度和深度,为加速企业发展、振兴地方经济、推进四化建设奉献青春和智慧。

（刊于 1985 年 8 月 16 日《盐阜大众报》）

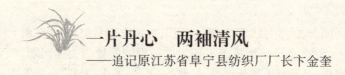

一片丹心　两袖清风

——追记原江苏省阜宁县纺织厂厂长卞金奎

　　1999 年元月 28 日,江苏省阜宁县纺织厂厂长、党委书记卞金奎像往常一样,很早就起床了。这天他的心情特别好,上午 8 点,他要赶到县委大院集中,与县有关领导一起去盐城参加市政府召开的跨世纪人才交流会。出门前,妻子特地给他换上一套新西装,亲手帮他系上深红色的领带,说到市里开会、上台领奖要精神点。卞金奎带着全厂 4000 员工的厚爱、带着妻子女儿的温情上路了。在县城短暂停留期间,他还到县纺工局汇报了与石狮厂商洽谈合作的情况,还听取了厂工会年度先进个人调整情况的汇报。谁也没有想到,9 时 15 分,在 204 国道施庄段突发车祸,卞金奎不幸遇难,年仅 37 岁。

　　时光凝滞,天地呜咽。卞金奎英年早逝的噩耗震惊了社会各界。阜宁县委、县政府四套班子和各部门领导参加了卞金奎遗体告别仪式;灵车到达阜纺时,百花竞放,万人恸哭,下了班的员工在厂门外等了半天,为的是最后看一眼自己的好厂长;在班的员工首次违规关车,在家休息的员工

原阜宁县纺织厂厂长、党委书记卞金奎

闻讯赶来,大家聚集在厂区大道两边,为的是最后送一下自己的当家人;地方领导和厂区周边十里八乡的老百姓也自发前来送行。

卞金奎为他挚爱的纺织事业和地方经济做出了杰出贡献,用自己的生命书写了人生辉煌的一页。中共阜宁县委、盐城市纺工局党委分别做出向卞金奎同志学习的决定。

没有战胜不了的困难,没有翻越不过的大山。阜纺的困难是暂时的,阜纺的明天将是美好的。带着这份自信,卞金奎用自己的青春年华和聪明才智奏响了一曲人生奋进之歌。

1996 年 11 月,在纺织行业非常不景气的形势下,卞金奎出任阜宁县纺织厂厂长,可谓临危受命。上任伊始,他以青年企业家的胆识和市场经济的理念,将原营销公司改组为经营计划部和 4 个销售公司,同时成立外贸公司、上海阜申国际贸易公司、新产品开发公司,构建大营销框架。为了把营销搞活,他果断决策,在我国改革开放的最前沿深圳设立办事处,拓展南方市场。他十分重视经营队伍素质的提高,两度优化经营人员,让精明强干的大中专毕业生充实经营队伍,对完不成任务的实行末位淘汰。一系列大胆的举措,使经营一线的龙头作用开始显现,销售出现良性循环,取得令人振奋的业绩。1997、1998 两年实现销售收入 3.52 亿元,两年共上缴国家税金 2414 万元。

卞金奎任厂长、党委书记这两年,适逢全国纺织全面"飘红",是阜纺运行难度最大的两年,也是该厂改革力度最大的两年。面对异常严峻的形势,他重抓员工思想观念的转变,为企业改革打牢思想基础。针对机构重叠、人浮于事、效率低下的状况,他顶住重重压力,精简机构,压缩编制,20 多个科室缩减为"五部一室",400 多名后勤管理人员裁减到 130 人,全厂减员逾千人,使企业面貌焕然一新,工作效率显著提高。他打破企业内部干部、工人及不同所有制职工之间的界限,一律称"员工",能者上,平者让,庸者下,并从厂级领导开始。他实行一等品工资、计件工资和岗位工资制等分配形式,极大地提高了员工的劳动热情。他大力发展第三产业,安置分流下岗人员 698 人,安置率达 91%,保证了改革、发展、稳定整体推进。

1995 年下半年,时任副厂长的卞金奎多次强调,加快产品结构调整是占领市场制高点的关键。他主动请缨,兼任产品开发小组组长,带领研发人员废寝忘食、日夜兼程,先后走访沪、浙、闽、粤四省市 10 多家纺织、纺机企业,调研绍兴柯桥花纱布市场、大唐纺织品市场,拜访中国纺织大学、无锡轻工大学、江苏省纺织设计研究院等科研院校,到无锡一棉、二棉等省内老大哥单位参观学习,掌握产品开发的第一手资料。当年与中纺大共同研制开发的微细旦涤棉精梳混纺高支色织衬衫布,获省级新产品。1996 年,由他亲自参与研制攻关的"富士麻"面料,走俏日本市场。近三年来,他主持研制开发新产品 30 多个,其中国家级新产品 1 个,省级新产品 9 个,取得了显著的经济效益和良好的社会效益。

他把科技人员视为兴厂之宝,千方百计实施人才外引内培战略,坚定不移走科技兴厂之路。他一方面利用各种渠道,积极鼓励对口人才来企业施展才华,建功立业,两年中,招聘各类人才 120 多名;另一方面,注重眼睛向内,通过院校委培、自考助学、办班代培等多形式、多渠道,不拘一格培养选聘人才 310 多人。他和厂工会领导两赴无锡轻工大学,签订联合办学协议,在厂内开办纺织大专班,为优秀技术工人和基层管理干部提供专业深造的机会。他改革职称评聘制度,唯才是举,任人唯贤,提拔重用了一批德才兼备的技术骨干。他推行企业人才轮岗锻炼办法,培养了一大批综合人才。他改进人才竞争机制,变相马为赛马,使一批优秀人才在企业技术工作中崭露头角,脱颖而出。他出台向科技人员倾斜的优惠政策,有效激发了科技人员爱岗敬业、奉献争先的热情。

他坚持"质量立厂"的指导思想,强化质量管理教育,大力宣贯ISO9000 族标准,积极组织编写企业《质量手册》。他首次在分厂设立质量副厂长,从组织上、职能上保证了质量的稳定和提高。他建立了一整套工艺管理制度,强化操作程序,避免人为失误。他十分重视职工操作技能的提高,坚持择优上岗,消除技术"短板"。他推出"市场就在现场"的理念,提出"整齐规范,洁净文明,行为有序,高效优质"的现场管理创星级要求,通过推广、检查、评比、考核,促进了现场管理水平迅速提升。他亲自组织一期、二期压锭技术改造,投入 5200 万元,新增进口先进设备,不仅有效地提高了产品质量,更增添了企业发展后劲。

卞金奎在短暂的人生中,特别是他走上企业领导岗位后,把全部身心都融进了他所挚爱的经纬世界,为阜纺的振兴和发展做了大量卓有成效的工作。

人要有一种精神。"直挂云帆济沧海",是卞金奎常用来勉励大家的一句话。凭着这种精神,他锐意进取,只争朝夕,追求卓越,挑战人生的极限。

资金问题一直是困扰该厂的首要问题。要保证企业正常运行,每月除了正常支出原辅材料 1300 万元外,还需支付电费、利息等费用 510 万元。1996 年底,职工在厂内银行的存款全部到期,债权单位又天天催款,原料仓库空空如也，车间停工待料。那是什么样的日子啊？为了保证工厂不停产，卞金奎亲自与供应公司采购人员一道，马不停蹄奔波于大丰、盐都、射阳、滨海、淮安、连云港等地，找米下锅，半个月落实调运1万多担原料。在银根紧缩、借贷困难的情况下，他硬是凭着锲而不舍的精神、言而有信的品格和强烈的事业心，感动了金融部门，两年中新增贷款规模2000万元，赢得供货单位铺底原料1000余万元。资金紧张缓解了，工厂生产正常了，可卞金奎却明显消瘦了。

为了从内部挖潜，降低各种管理费用，他一年3次调降费用指标，号召全体员工厉行节约，艰苦奋斗，过紧日子，算长远账，并身体力行，刚性考核。1997年可比成本较上年下降850万元，1998年较1997年又下降690万元，减亏成效显著。

卞金奎自任厂长以来，没有一刻休闲的时候，根本没有星期天之说，每天工作十五六个小时是经常的事，大家都说他"工作狂"。看到他日夜为厂里操劳，许多员工都心疼地劝他注意休息，他却总是毫不在乎地回答："我年纪轻，身体好，吃得消。"1997年3月6日，他重感冒发高烧，大家劝他去厂卫生所"吊水"，才输到一半，厂办告诉他香港客商到了，他听后，立即拔掉针头，赶到接待室，打足精神，同客商洽谈有关合资项目。1998年8月的一天，他去无锡轻工大学洽谈新产品开发项目，谈妥已近晚上10点钟，他顾不上休息，连夜往回赶，凌晨4点才到家，早上7点半钟，又出现在厂部会议室，主持召开品种、价格会议。

"我非常敬佩卞厂长，敬佩他的为人，敬佩他的才识，敬佩他的精神。他英年早逝，太可惜了！"县纺工局局长唐芳饱含热泪地说。去年，唐局长与卞金奎一起到北京出差，计划抽空陪他去长城、故宫逛逛，然而在北京4天，卞金奎白天跑国家经贸委、纺织工业局，拜访家乡在京老干部，晚上看材料，选项目，了解厂里生产情况，只是在公交车上路过长安街多看了天安门一眼，返回时还取道石家庄学习参观了两个棉纺厂。织布工程师陶永才回忆："1997年5月，我随卞厂长参加广交会一结束，就赶往深圳办事处商讨扩大营销，走访合作伙伴。工作之余，客商精心安排几个景点让他轻松一下，可卞厂长婉言谢绝，他说先把业务做起来，以后来的机会多呢。卞厂长全新的思路、超前的观念、敬业的精神、务实的作风赢得深圳老总们一致敬重。"在卞金奎精心培植下，这个创建在特区的"窗口"，两年共开辟用户20多家，完成经营销售额1300余万元。

卞金奎舍小家为大家的奉献精神，令阜纺人难以忘怀。他出身于江苏盐都大冈镇一个农民家庭，家有80高龄的奶奶、体弱多病的父母。因工作太忙,近 3 年只回家一次。那是 1997 年,父亲 60 岁生日,他到盐城办事,中午赶回家吃了一顿饭,待了三小时。近年来,各种事务拖得他难以分身,唯一与家人保持联系的就是书信了。在整理他的遗物时,大家发现一封两年前他父亲写给他的信,信中写道:"你做厂长,我们家里人脸上都有光,要肯吃苦,多动脑子。家里虽然困难一点,但我们可以克服,你把厂子弄好了,脚步走稳了,就是对家里最好的报答。"他时刻牢记父亲质朴的教诲,忠于职守、勤奋工作,带领阜纺奋勇向前。为此,他连年被县委、县政府表彰为先进工作者、优秀党员,还被选为县人大代表。

作为阜宁最大工业企业的领导人,卞金奎十分清楚自己权力不小。"舵手不稳,就要翻船。"他常用这句话提醒自己。上任伊始,他就为自己定了勤政廉洁"五不"的规定:不独专滥用职权,不染指物资供应,不插手产品销售,不参与基建招标,不出席职工家宴。他是这样定的,也是严格这样做的。一名员工为了调工种,将 2000 元钱送给他,被他严词拒绝。他到外地出差,总是住普通客房,吃普通饭菜,三个人住一个标间、赶路吃"盒饭"是常事。他从不借接待领导或客商的名义而大手大脚,假公济私。"清贫、清正、清廉",为他赢得了很高的威望。

来阜宁工作 17 年,他的两个弟弟、一个妹妹一直在老家靠种地谋生,收入较低。1998 年春节,二弟来信,提出想到厂里做临时工,他思考再三还是耐心地对二弟说:"凭我的权力,安排你到厂里做工,或者到上面给你要个'指标',是一点不难,但给你开了这个'后门',以后我的工作就会有难度。"卞金奎老家的房子至今还是三间低矮破旧的草房,家徒四壁,令所有送卞金奎骨灰回老家安葬的同事为之感叹、落泪,也深深被卞金奎一尘不染、两袖清风的品德所折服。

从技术员到经营管理者,卞金奎像一头诚实奋进的老黄牛,在 17 年的风风雨雨中默默耕耘;从生产、设备、技术到开发新品、拓展市场、运筹未来,他似春蚕吐丝奉献了 17 年的青春年华。

卞金奎离开了他日夜操劳的阜宁县纺织厂,但他负重奋进、忘我工作、争创一流、廉洁奉公的精神,永远是阜纺人的宝贵财富。

(刊于 1999 年 6 月 29 日《中国纺织报》 作者:盛建春 史家文 唐灯亮 厉估广)

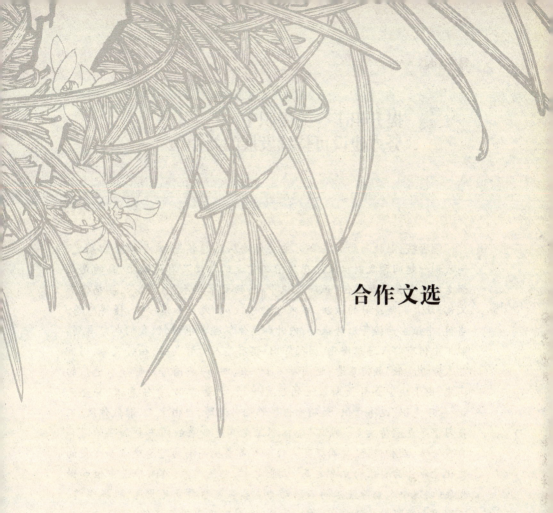

合作文选

提升职工 关爱职工
努力建设可持续发展的新中恒

编者按:温故而知新。公司主要领导从思想领先、文化强企的高度,同我们一起回顾改制以来思想政治工作大的活动及有关做法,目的是让新老职工全面了解中恒,正确认识中恒;让大家传承先进理念,弘扬优秀文化;让大家坚持好的做法,寻求新的成效;让大家知道珍惜,懂得感恩。当前,中恒生产经营形势很好,内外部总体环境也很好,但我们也应看到,职工中仍有些人思想僵化,因循守旧;仍有些人心浮气躁,怕苦畏难;仍有些人疲沓涣散,敷衍塞责;还有些人说三道四,评头论足。部分新进厂的同志,由于缺少公司长期系统的教育培训,质量意识、责任意识、安全意识、管理意识、纪律意识、大局意识等都相对淡薄,自由主义、懒散作风、不良习惯等也亟待改变。所以,全体职工尤其是新来的同志要加强学习和自我修养,互相促进,共同提高。每个人都要把高尚的道德追求和优良的文化素养作为自己的立身之基、从业之本、发展之源,作为推进中恒和谐发展、实现个人勤劳致富的不竭动力。各级领导要立足长远,狠抓当前,不因用人紧张而降低要求,放松管理;不因客观困难而降低标准,被动应付。所有人都要立即紧张起来,全心全意,苦干实干,后进赶先进,先进更先进,确保公司实现全年奋斗目标。今天,我们对"发展是硬道理,发展是对职工利益最大的维护""大河有水小河满,锅里有碗里才有""中恒是工厂,是舞台,亦是学校""有付出才有收益,幸福在我手中"等道理还要继续讲;对"以厂为家,爱岗敬业""遵章守纪,勤学苦练""明礼诚信,团结友善""勇于担当,甘于奉献"等观点还要再宣传。每个中恒人都要时时刻刻、旗帜鲜明地与公司保持高度一致,唱响正气歌,传递正能量,同一切阻碍公司发展的人和事做坚决的斗争,共同维护来之不易的和谐稳定的发展环境,同舟共济,众志成城,把中恒大业不断推向前进,在实现公司强大梦、员工小康梦的征程上续写新的辉煌!

希望各单位、各部门高度重视,认真组织学习讨论。中层以上干部、班组管理骨干要带头学、认真议,提高对思想政治工作引导、凝聚、激励、推进作用的认识;要学而时习,学以致用,注重联系实际,切实解决问题;

要研究新形势下职工思想政治工作特点、规律,不断改进领导方式、组织方式、工作方式、管理方式。分厂、部室领导要分工负责,在组织员工集中学习的同时,排查存在问题,提出改进措施,明确工作目标。全司要通过新一轮大学习,实现员工思想境界大提升,为当前和以后较长一段时期的发展和稳定提供强大思想动力。

江苏中恒纺织有限责任公司由国营转为民营,转眼 8 年过去了。8 年多来,我们传承国有企业的优良传统,革除国有企业的陈规陋习,引入民营企业的管理模式,创塑民营企业的崭新形象,顺势而为,全力而为,稳中求进,好中求快,巩固了改制的成果,实现了可持续发展。

一、强化教育,转变职工思想观念

实行国退民进,彻底走向市场,当时很多人不理解、想不通,改革的阻力始终不断,创新的障碍时隐时现。为此,新公司一班人披荆斩棘、冲破禁锢,强势推出一系列改革创新举措,在体制、管理、技术等方面实现华丽转身。同时,为了使广大职工跟上改革创新的步伐,公司党政工同步开展一系列宣传教育活动,引导职工转变观念,提高认识,明确方向,与时俱进。

一是深入持久地开展"转变观念"大学习大讨论。首次提出"确立打工意识,增强对企业的忠诚度、对工作的责任感,一切为了公司发展壮大",突出"全面引入民营企业用人机制,实行干部能上能下,工人能进能出,工资能高能低",强调"进入管理状态,必须讲究服从,不容许任何违法乱纪、各行其是的人和事",倡导"精一岗、会二岗、学三岗,努力增强竞争能力;出满勤、干满点、多奉献,通过奋斗提高收益"。这些今天看来十分平常的观点,当时需拿出九牛二虎之力加以推广。职工思想强行入轨,为后来公司迅速崛起提供了保证和支持。随后相继开展的"向民营企业大学习""严肃查处违纪、违规、违法行为专项治理""学典型比贡献争先进"活动,通过对《没有任何借口》《为你自己工作》《台湾校长的精彩演讲》和《学习宣传八荣八耻,推进中恒做大做强》等文章的学习和讨论,进一步转变了职工观念,全司上下同心同德、同频共振。

二是大张旗鼓地开展"深入解放思想,推进科学发展"教育实践活动。通过学习讨论、排查整改、完善提高三个阶段,初步解决了安于现状、盲目自满、畏难松懈、不思进取的精神状态问题;设备、操作、工艺、消耗等水平不高的基础管理问题;新进员工质量意识、责任意识以及操作能力明显薄弱的职工素质问题。中层干部、基层骨干通过对《发扬亮剑精神,勇闯纺织难关》文章的学习和讨论,一致认为,遇到困难并不可怕,可怕的是丧失战斗的意志和决心,只要意志不垮,直面困难,坚定信念,敢于亮剑,就一定能够战胜困难,夺取胜利;通过冬季严打"雷霆行动",收到了"严厉打击各种盗窃行为;严肃整治歪风邪气,消除各种不和谐、不安定因素;严明规章制度、劳动纪律"的效果,维护了公司正常的生产工作秩序。

三是广泛深入地开展"同舟共济渡难关"教育实践活动。在全球金融危机寒流滚滚袭来时,我们迎难而上,积极应对,一方面加强宣传,增强渡难关的信心;一方面夯实基础,增强渡难关的内功;一方面强调担当,增强渡难关的责任。全司员工比以往任何时候更具大局意识、患难意识、责任意识,旗帜鲜明、坚定不移与企业抱团抗"寒",全司共提渡难关合理化建议 171 条,通过落实整改,收到了很好的效果。

四是轰轰烈烈地开展"我与中恒共发展"征文教育活动。庆国庆,话发展,表真情,励斗志,国庆 60 周年,公司工会在全司员工中开展"我与中恒共发展"征文竞赛,在 88 篇征文中,整理出 10 篇优秀作品,编印成册,反馈到职工中去,组织大学习,开展再教育。来自普通员工的一段段亲身感受,一句句真情表白,犹如一缕缕阳光,让职工更深地领悟到了什么是敬业,什么是责任。或纪实或议论,或回顾或展望,或赞美或憧憬,或感恩或珍惜,奏响了一曲曲"我与中恒共发展"的主旋律,鼓舞人心,催人奋进。在与之相呼应的诚信和双赢教育中,各单位、各部门结合自身实际,通过摆事实、讲道理、算账对比等方式,举一反三,由此及彼,有声有色地开展自我教育,较好地把职工思想统一到与企业风雨同舟、荣辱与共上来,统一到公司的大政方针、目标任务上来。各级干部、管理人员情理交融,春风化雨,把做工作与解难事相结合,切实关心困难职工的工作和生活,为统一思想、激励斗志、稳定队伍发挥了积极的作用。

五是扎扎实实地开展"我工作,我付出,我收益,我快乐"教育实践活动。针对人员进出频繁、素质参差不齐的现状,为了统一思想,鼓舞士气,创新思维,激发活力,我们适时组织"我工作,我付出,我收益,我快乐"的讨论,得到员工积极响应。从公司领导到班组骨干,每人写认识或心得文章,集中交流,层层推进。各分厂组织"多付出多收益先进典型"现场宣讲,用身边人教育身边人、激励身边人,大家看得见,摸得着,可信可学,可赶可超,全司迅速掀起多付出多收益和比学赶帮超的竞赛热潮,形成了凭本事吃饭、多拿钱光荣的浓烈氛围。由于领导重视,率先垂范,全面发动,"我工作,我付出,我收益,我快乐"的本质意义深入人心,成为员工的方向标,成为公司的主旋律,大家把对美好生活的期待落实到企业做大做强上,归结到只有付出、才有收益、才有快乐上,进而增强了工作自觉,坚定了工作自信,激活了工作热情;进而进一步稳定了队伍,转变了观念,鼓舞了士气,促进了发展。

有的放矢、常搞常新的教育实践活动,改变了职工陈旧观念,提升了职工综合素质,大家以正确的世界观、人生观和价值观,应时顺势,求真务实,不动摇、不折腾、不放弃、不掉队,坚定而快乐地与企业同发展、共成长。"播种行为可以收获习惯;播种习惯可以收获性格;播种性格可以收获命运。"理论的武装,观念的引导,道德的滋养,文明的熏陶,使中恒人不断成熟,让中恒人更加睿智,催中恒人奋发向上,励中恒人永不停步。灿烂的职工素质之花,必然结出丰硕的经济之果。2012 年,公司实现销售收入 6.5 亿元,比 2004 年 3.36 亿元增长 93.4%;入库税金 4200 万元,比2004 年 1980 万元增长 212%。民营化运作 8 年,中恒累计上缴税金 2.03亿元。

二、系统培训,增加职工无形资产

把每一个员工都培养成知识型、技能型、创新型的优秀员工,是中恒公司始终不渝的目标。新工人进了中恒门,各种培训便形影相随,潜移默化。

一是高度重视安全生产。在第一时间对新进厂人员、转岗人员、病假复工人员进行三级安全教育,第一时间对采用新工艺、新材料、新设备、新产品的人员进行新操作方法的安全培训,第一时间审查特殊工种作业人员资格证书,杜绝无证上岗;每年下发的第一号文件是"加强安全生产工作的意见";开展的第一项活动是各级管理人员安全法规和安全管理培训、全体职工安全规章和操作规程复训,与各单位、各部门签订《安全生产目标责任状》;用第一力度开展安全生产(周)月活动、"安康杯"竞赛活动、夏季百日安全无事故专项活动、119 消防技能比武活动。进入生产现场,第一映入眼帘的是安全标语、安全标志、事故警示牌、安全宣传栏;班前会第一个内容是安全生产;班组第一本资料是安全台账;上岗第一次巡回是安全检查;考绩第一项指标是安全情况;评优、晋级第一道红线是责任事故。播种"重要"行为,培育"第一"习惯,突出"红线"功力,必能"点石成金"。"安全第一,预防为主"已成为全体员工必须遵循的基本原则,大家对安全的态度、思维程序及行为方式日益科学理性,日益主动自觉,进而保护了自己的身心健康和安全,维护了正常的生产、生活秩序,预防和制止了各类事故的发生。中恒人对安全的重视、对生命的关爱,形成扩散效应,惠及生产、生活、家庭、社会等方方面面。

二是努力提高操作技能。技术是员工的本钱。从新学员进厂报到起,公司便采取一切行之有效的措施,让其掌握技术,胜任岗位。根据不同岗位要求,分厂制定不同的培训计划,挑选技术好、责任心强的生产骨干或操作能手,与学员建立师徒关系,结对帮教,并明确帮教时间、进度、目标和奖励办法,对如期或提前顶岗并达到培训要求的学员,发放进步奖,提前办社保;师傅帮教辛苦,发放培训补贴,优先考虑评选年终十佳操作能手或优秀员工。建立培训、学习、练兵、比武一条龙运行机制,每天跟踪学员的学习情况;每周组织学员测定演练,交流学习心得,规范操作要领;定期给不同岗位人员上操作课,加深学员对操作法的理解;组织操作能手现场示范表演,让学员在观摩中得到启发和提升;每月组织考核测定,兑现师徒结对奖励;每年组织单项和全面操作技能大赛,激发全员特别是新学员学技术、练本领的热情,对在大赛中取得优异成绩的,每月增发技术津贴。通过创新劳动组织,实施岗位人员优化组合,因人施教,用人所长,积极培养一专多能、一岗多能的岗位能人、岗位明星和操作多面手,既适应高度自动化生产流程操作的需要,又最大化地挖掘人力资源,提高全员劳动生产率;既创造条件让优秀员工多收益,又增强员工对企业价值观的认同和自身价值提升的成就感。"质量意识不强、技术水平不高的工人不是合格的工人"的思想在中恒已深入人心;"对技术精益求精、对工作一丝不苟"的优良传统,在中恒薪火相传,并不断发扬光大。中恒人科学的态度、勤奋的精神、过硬的本领、务实的作风一直为大家所称道。

三是不断提升管理水平。管理水平的高低直接反映企业素质和职工素质的高低。通过实践磨砺,大家都觉得,从严治厂,通过强化内部管理,贯彻执行代表职工利益、符合职工意志和愿望的规章制度,有序高效的组织生产,达到提高经济效益的目的,不仅是企业的需要,也是职工自身的内在要求。很多老职工以自己的工作经历,阐明严能上水平、严能出效益的道理,她们认为,企业如果不能依据规章制度和考核指标严格实施奖惩,该奖的不奖,该罚的不罚,干多干少一个样,干好干坏一个样,大家的积极性从何而来?如果大家都松松垮垮、马马虎虎,企业必将一盘散沙、一事无成,受害的终是我们自己。各级管理人员在实践中形成共识:要想把工作做好,对大家负责,就得敢抓敢管,不怕得罪人。她们认为,任何事物都是对立的统一,你不得罪坏人,必然得罪好人;你得罪了极少数人,可能就赢得了绝大多数人。为了提高企业效益、增加职工收入而严格管理,必然会得到绝大多数人的拥护和支持。一些新员工坦言,纺织企业流水线作业、三班运转,还是很辛苦的。但她们更认为,既来之,则安之,则融之。上班消极怠工、工作不讲究质量、违反劳动纪律甚至违反操作规程,尽管是极少数人,但负面影响很大,这样的人无论到哪里都不会受欢迎,这样的人宁缺毋滥。她们中有些同志还现身说法:治厂不严的结果必然是管理乱、纪律松、质量差、效益低,原单位关门走人的重要原因,正是缺乏严格的管理。大家一致认为:放弃或降低用人标准,工厂就无法走远;因用工难而放松管理,只能导致恶性循环,后患无穷。所以,一定要着眼长远,兴利除弊,严格管理,良性发展。为了提高各级干部、管理骨干的工作能力和管理水平,公司坚持专题培训与以会代训相结合、厂内培养与院校深造相结合、任贤使能与重点培养相结合等方法,常年组织大家学理论、学管理、学先进、学科学,学工作方法、学领导艺术、学战略运筹、学战术谋划,各级管理人员的视野不断拓展,思维更加敏捷,思路日益清晰,分析问题、处理问题的水平越来越高,应对困难、战胜困难的方法越来越多,适应市场、驾驭市场的能力越来越强。无论是对内组织生产,还是对外协调工作,无论是厂内合作共事,还是厂外交流融合,无论是凝聚员工力量,还是赢得各界支持,中恒人都能站高望远、统筹兼顾,都能恰到好处、相得益彰,工作能力、办事魄力、人格魅力、处事定力都得到职工和社会的广泛认可。当然,学无止境,只要我们抱定"我要学习,终身学习"的态度,一定会百尺竿头,更进一步。

深厚的文化底蕴,优良的人文环境,使每个中恒人都得以健康成长、良性发展,这方水土养育的集品德、智慧、才能于一身的中恒人,不但拥有安身立命、安居乐业的现实本领,同时储备了开拓进取、跨越发展等大量的无形资产。正是这些无形资产,让中恒人强筋壮骨、永不言败;正是这些无形资产,让中恒人增了身价、多了从容。无论何时何地,这些无形资产,都让中恒人随时制宜、与时俱进。这是中恒的福音,更是全体中恒人的福音。

三、由衷关爱,凝聚职工共奔前程

职工是企业生存发展之本,是企业第一资源,这是我们在长期实践中得出的结论。我们深知,切实尊重和维护职工的主人翁地位,切实保障劳动法赋予职工的合法权益,企业大厦的根基就稳固,发展的动力就强劲。我们坚守,必须调动好、发挥好、保护好职工的积极性,使每个人的智慧和才能得到充分的施展;必须建立好、完善好、执行好代表职工利益、符合职工意志和愿望的规章制度，让每个人都有尊严地劳动，都能快乐地工作。为此，公司关爱职工大行动坚定不移，持之以恒。

一是确立以人为本思想。各级领导、所有管理人员充分尊重人、理解人、关心人、善待人，坚持以理服人、以情感人、以诚待人、以信留人，做到因人而异、因材施教、因时制宜、因势利导，让每个员工在思想深处产生对企业的热爱，对自己工作的热情。

二是努力改善工作条件。大力实施四万锭全程更新改造，提高设备自动化程度，降低劳动强度，提高工作效率，增加劳动成果。实践证明，加强技术改造，推进产业升级，不但提升了企业核心竞争力，还大量减少用工，缓解了用工难的矛盾。陆续配齐全自动络筒机，工作效率成倍提高，劳动强度成倍下降。各工段技术改造，小步走，不停步，日积月累，日新月异。夏季高温，及时开冷冻，为车间降温度，控湿度；生产一线备凉水，发冷饮，送清凉，防中暑；酷热难耐，运转上特别班，让工人避高温，多休息。生产再忙，任务再急，安全第一，保护劳动力第一，是各级领导必须严格遵循的基本原则。

三是不断增加职工收入。在发展生产的同时，不断增加职工收入，2004 年底，全公司人均年收入只有 4800 多元，至 2012 年底，全公司人均年收入达 25000 元，其中大部分一线职工年收入 30000 元出头。改制 8 年，职工收入增长 5 倍以上，年均增长率为 12.5%。所有在岗职工参加社保，本人不愿参加的，发放社保补贴。为了激励先进，传播正能量，各分厂修订完善各种激励机制，让职工多付出、多收益，让职工有干头、有奔头，公司则最大限度释放改革红利，回报职工。

四是切实关心职工生活。改造女工集体宿舍，配电视，装空调；职工食堂方便快捷，价廉物美；茶灶浴室免费开放；劳保用品按时供给。每年夏季，发放毛巾、香皂、风油精、清凉油、文化衫、葡萄等时令物品；每逢中秋、春节，四样礼，不可少，喜庆实惠；每次年终奖，励先进，增年味，皆大欢喜；五一、七一等特殊节日，给困难职工、困难党员送温暖、送信心，都是题中之意；建立困难职工帮扶机制，每年关注 50 名困难职工，重点帮助 20 名特困职工，对患重大疾病的职工实施"大病大家帮"，对子女高考上学有困难的启用"金秋助学"资金，职工本人生病、亲人去世、家庭有难的，必访必补必助，让每个职工都能体会到企业大家庭的温暖。"职工生活无小事。"提高福利待遇，打造优美环境，增强职工归属感，一直是公司时刻关注和高度重视的基本要务。

五是构建和谐劳动关系。通过多种渠道征求职工意见，广泛集中职工智慧,完善企业管理政策和规章制度,切实维护职工合法权益,构建和谐的劳动关系;重视企业内部凝聚力的培养,积极化解各类消极因素,坚持以事业留人,以待遇留人,以环境留人,以情感留人,努力营造荣辱与共、合作共事的浓烈氛围,精心打造同呼吸、共命运的坚强团队,全力开创职企互爱、劳资双赢的生动局面。

春风夏雨,职工茁壮;春华秋实,企业富强。过去的 8 年,中恒人矢志不渝,坚持不懈,在困境中砥砺拼搏精神,在干扰中增强前进力量,无论多大的阻力,无论多大的困难,都不屈不挠,勇往直前;过去的 8 年,是栉风沐雨的 8 年,是改革创新的 8 年,是书写辉煌的 8 年,是全面发展的 8 年;8 年的成长经历,是中恒人宝贵的财富,是中恒人永久的动力。历经风雨洗礼,历经实践磨砺,公司科学判断形势、驾驭市场风险、应对复杂局面的能力进一步增强,全体员工对领导班子的信心、对公司发展的信心、对个人前途的信心进一步增强。当前,我们正以更大的决心和勇气推进企业持续发展,在更高的起点上描绘中恒新的宏伟蓝图,一个面貌一新、技术一流、充满活力、充满希望的新中恒不久将呈现在世人面前。

把中恒做大做强,是时代的召唤,是职工的期盼,是我们不懈的追求!

"实践是检验真理的唯一标准。"中恒的可持续发展,让我们充分认识到,只有改革创新,才有中恒发展壮大的今天;只有不断改革创新,中恒才能做大做强;只要对发展有利、对职工有利,任何艰难险阻都阻挡不了我们前进的步伐;只要全司上下齐心协力、艰苦奋斗,公司的强大梦、员工的成功梦一定会实现!

(2013 年 9 月 26 日发全公司学习　作者:蒯大文　盛建春)

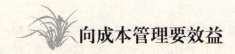

向成本管理要效益

当前,在经济增速放缓、纺织形势持续低迷的情况下,立足自我,苦练内功,向成本管理要效益,是企业保生存求发展的重要举措。

向成本管理要效益,要树立正确的成本管理观。一是市场观念。只有用市场来倒逼成本,产品才有竞争能力,企业才能得以生存和发展。二是效益观念。不仅要关注单个产品毛利水平,更要关注品种综合效益,追求效益最大化。三是量级观念。抓成本中的大头,抓本单位、本工段影响成本的主要因素和薄弱环节。四是挖潜观念。成本就像一块海绵,只要会挤,总能挤出效益之水,特别是在企业整体管理水平不高的情况下,处处有潜力可挖。五是全员观念。企业是一个利益共同体,降本增效不只是领导的事,每个职工都有责任和义务,特别是纺织企业,千人纱万人布,降本增效需要全体员工共同参与、齐抓共管。

向成本管理要效益,要强化目标成本核算。一是以目标成本、目标利润为中心,强化品种的成本预测、控制、分析、考核工作。根据经营计划部编制的品种生产计划,财务部及时核算出各品种的单位毛利和台车日创

谢祝生总经理做经济形势分析报告

毛利水平,达不到要求的退回重新优化;根据企业实际情况,及时修订用棉、用纱、用电以及机物料、辅助材料、工资福利、车间费用、办公费用等各种消耗指标,并严格控制考核。二是严格差旅费、招待费等费用性支出的开支和审批,超出指标部分一律不予报销;对非常规性支出项目要列入预算,严格审批程序。三是以创新驱动成本管理,如实施技术改造,提高生产效率,减少用工成本;争取配额政策,搞好外贸核销,降低原料成本;开发大客户,生产满负荷,分摊固定成本;物资招标采购,坚持货比三家,压降采购成本;开展素质教育,堵塞跑冒滴漏,杜绝浪费成本等,都要有明确的目标并严格考核。

向成本管理要效益,要把压降措施落到实处。一是重点实施节能技改项目,果断淘汰高能耗的纺纱设备、电机、空压机、变压器等,大力度节能降耗、压降成本;二是广泛开展劳动竞赛,看谁回花、回条、回丝最少;机物料、包装材料等消耗定额分解到班组、人头,严格按定额领用,杜绝浪费,能用的尽量回用;狠抓设备完好和润滑工作,把电耗指标落实到各工段,并与工资直接挂钩;从提高制成率入手,严格控制停台,消灭空锭,努力提高运转效率;减少上了机引纱长度,合理使用和科学节约浆料;严格控制边纱回丝和了机回丝;避峰填谷,降低电耗;循环利用,减少水耗;严格计量,控制煤耗;配件电器,修旧利废。通过班组经济核算活动,把公司和分厂的目标成本细化到每个岗位、每个人头,形成人人肩上有压力、个个头上有指标,进而把全体员工的经济活动纳入企业全面经济核算范围。

向成本管理要效益,要切实转变工作作风。纺织企业是劳动密集型企业,也是微利企业,尤其是在当前困难的形势下,不容许我们大手大脚、奢侈浪费。各级领导要牢记"历览前贤国与家,成由勤俭败由奢"的古训,不仅在工作中勇于吃苦,埋头苦干,还要勤俭办一切事情。领导者手中掌管的经费,都是股东的利益、职工的血汗,一分一厘都来之不易,绝不能随意挥霍,增加企业成本;更不能违规借贷,增加成本风险。新上项目、合资合作,都要进行充分的可行性论证,科学慎重决策,不因主观武断、草率拍板而导致巨额投资"交学费""打水漂"。领导迈什么步,职工走什么路;领导勤俭持家,职工精打细算。所以,我们要从讲政治、讲正气、科学发展、可持续发展的高度,做增收节支的带头人,做艰苦创业的当家人,以优良的作风和科学的态度,赢得职工信赖,引领企业发展。

抓住成本管理,就抓住了企业管理的"牛鼻子";抓好成本管理,一定会给企业带来经济效益。

(刊于 2013 年第 10 期《江苏纺织》 作者:谢祝生 盛建春)

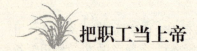

把职工当上帝

作为企业经营管理者，我们觉得在企业，对外要把客户作为上帝，对内要把职工作为上帝。

把职工当上帝，落实在具体行动上要做到五点：一要牢固确立全心全意依靠职工办企业的思想。职工是企业生存发展之本，是企业第一资源，这是我们在长期实践中得出的结论。切实尊重和维护职工的主人翁地位，切实保障劳动法赋予职工的合法权益，企业大厦的根基就稳固，发展的动力就强劲。依靠职工，必须调动好、发挥好、保护好职工的积极性，使每个人的智慧和才能得到充分的施展；必须建立好、完善好、执行好代表职工利益、符合职工意志和愿望的规章制度，让每个人都有尊严地劳动，都能快乐地工作。

二要充分发挥职工代表大会的作用。把企业的重大决策、规章制度和涉及职工切身利益的重大决定，交职代会讨论决定，真正让职工当家做主；实行厂务公开，组织职工民主参与和民主监督；保障工会组织依法独立自主地开展工作，发挥工会在维权方面的作用；高度重视工资协商和集体合同的签订，把协商的过程、签约的场面和履行的情况，作为引导职工与企业同呼吸、共命运的有力推手，让职工实实在在感到与企业同发展、共成长。

三要建设学习创新型企业。把学习培训作为职工永恒的福利。定期组织职工学政治、学法律、学技术、学管理，不断提高职工整体素质。经常开展新理论、新机制、新技术、新标准方面的培训，使职工适应结构调整和技术进步。建立劳动成果和技术创新激励机制，精神鼓励与物质奖励并重，晋职晋级与工资福利并举。营造优良的人文环境，充分激发职工潜能，实现人力资源优化配置。重视不适应企业发展的后进群体，帮其提高综合素质，让其跟上时代步伐，也是维护职工权益。

四要让发展成果由职工共享。"上为国家做贡献，下为职工谋利益，让发展成果由大家共享"，是我们一切工作的出发点和落脚点；"和谐共荣"是我们企业的价值观。只有这样，才能不断增强企业的凝聚力和职工的向心力，才能使每个人在思想深处产生对企业的热爱、对自己工作的热情,达到职工与企业风雨同舟、荣辱与共的目标。在发展生产的同时,不断增加职工收入,让职工感到有希望、有奔头;让职工通过诚实劳动、创新劳动,实现自己的小康梦、富裕梦。

五要打造优美的工作生活环境。生产现场设备一流,技术先进,文明生产,安全生产;办公场所科学合理,视觉鲜明,反映企业特色,体现文化品位;生活小区洁净文明,绿化美化;文化设施配套齐全,文化生活丰富多彩。优美宜人的环境,愉悦职工心情,陶冶职工情操,增强职工归属感和自豪感。同时,创造稳定宽松的环境,让职工话有地方说,理有地方讲,反映的问题能得到及时公正的解决,困难能得到救助,使他们真正感受到自己是企业的主人。

把职工当上帝的理念,赢得了职工的认同和支持;把职工当上帝的实践,推动了企业的发展和振兴。我们坚信,只要坚持以人为本的科学发展观,不断激发职工追梦筑梦的热情,企业一定会迎来更加辉煌的明天。

（刊于 2013 年第 6 期《江苏纺织》 作者:蒯大文 盛建春）

创新是企业发展不竭的动力

　　胡锦涛同志在党的十八大报告中指出,全党必须增强创新意识,坚持真理,修正错误,始终保持奋发有为的精神状态。

　　认真学习领会胡锦涛同志的重要讲话精神,联系企业自身实际,我们更加深刻地认识到,只有创新,才有中恒发展壮大的今天;只有创新,中恒才会进一步做大做强。

　　我们江苏中恒纺织公司自成立以来,始终以创新意识自我加压,自我革新,自我完善。当年阜宁县纺织厂破产重组,很多人都很惶恐,创新的阻力始终不断,可13年过去了,中恒公司发生了巨大变化,销售收入由1.6亿元上升到6.5亿元,增长4.06倍,上缴税金由941万元上升到4200多万元,增长4.46倍,13年累计上缴税金2.558亿元,其中民营化运作7年来,累计上缴税金1.63亿元。

　　2005年,中恒纺织由原国有控股改制为民营企业,很多人不理解,创新的障碍时隐时现,新公司一班人冲破禁锢,强势推出各项创新举措。体

蒯大文董事长在检查细纱长车运行质量

制创新为企业注入新的活力。大力推进和完善"三会一层"的公司运作模式,为企业的科学决策和运营提供了制度保证;关停效率低、耗能高的分厂车间;一业为主,多种经营,开辟新的经济增长点。管理创新为企业增添前进的动力。全面引入民营企业管理模式,坚持干部能上能下、工人能进能出、工资能高能低,以德才定岗位、以实绩论英雄。这些大力度、深层次的改革创新,触及了少数人的利益,但得到了广大员工的积极响应和广泛支持,全员劳动生产率大幅提高,公司经营实绩显著提升。从 2007 年起,公司连续 5 年销售收入突破 5 亿元大关、连续 5 年入库税金在 3000 万元以上。技术创新为企业插上腾飞的翅膀。2009 年,顶住金融危机的空前压力,公司审时度势,危中求机,果断决策投资 6000 万元,上马一纺厂四万纱锭全流程技术改造项目。新上设备精良,自动化程度高,不但节约了大量用工,更大大提高了产品档次,增强了市场竞争能力。

党的十八大吹响了全面建设创新型国家的冲锋号,创新必将成为新时期发展的主旋律,这更加坚定了我们的创新自信。作为传统纺织企业,我们要在转型升级、企业文化、和谐共荣等多方面革故鼎新。

实现中恒可持续发展,必须以更大的决心和勇气深化改革、推进创新。在发展战略上有新起点。我们将立足纺织、多元发展。当前,重点以退城进园为契机,全力推进与香港三星的重组合作,项目总投入 12 亿元,新上高档精梳生产线、高档织造生产线和高档气流纺生产线,实现企业发展新提升。在产品定位上有新高度。持续提升精、优、特产品比例,逐步把每一个生产厂都建成新特产品基地,形成人有我新、人新我精、人精我特的新局面。在基础管理上有新突破。在夯实设备、操作、工艺三项基本管理的基础上,强化营销管理、成本管理、质量管理,在继承中创新,向管理要效益。在人本激励上有新境界。突出公平公正,最大程度体现效率和贡献,进一步提高员工工资和福利待遇水平;重视企业内部凝聚力的培养,弘扬合作共事、和谐共荣的精神,积极化解各类消极因素,营造人企互爱、文明包容的人文环境,营造事业留人、情感留人的浓烈氛围,打造风雨同舟、荣辱与共的坚强团队;教育和引导全体员工增强创新意识,特别是党员骨干要起先锋模范带头作用,以身作则,用创新的热情感染人、带动人,使创新意识深入人心,让创新成为员工职业生涯设计、满足岗位需求、提升操作技能、增加工资收入的最佳方式和有效途径。

（刊于 2012 年 11 月 27 日《阜宁日报》　作者:蒯大文　盛建春）

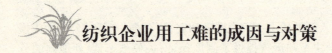
纺织企业用工难的成因与对策

纺织是我国国民经济传统的支柱产业、重要的民生产业,也是国际竞争优势明显的产业。同时,纺织企业是劳动密集型企业,在社会稳定中具有举足轻重的地位和作用。而近年来,纺织企业普遍面临用工难的困境,严重制约着企业健康稳定的发展。

一、企业用工短缺的主要因素

1. 劳动者方面的原因

一是部分劳动者找工作时眼高手低,期望值过高,不愿从事普通体力劳动。有一些80后、90后劳动者怕吃苦,怕上规矩,宁愿少拿钱站超市、当服务员,不愿到纺织厂上三班。有一些劳动者特别是青年人,更希望到苏南等地的大城市工作,既打工挣钱,又见识外面的世界。二是不少农村劳动力尤其是女性劳动力死守一亩二分地,安于现状,满足于生活过得去,无所事事也不想出门挣钱。有的是在家清闲松散惯了,进厂几天就退下阵来,跟不上纺织厂紧张有序的工作节奏。随着农业政策的倾斜,农村

参观上海浦东新区留影

种植业、养殖业比较效益的提高，也有一些打工者回乡创业，导致了部分劳动力向农村回流。三是整体素质偏低。因为缺人，所以只要不是残疾，肯来就行。由于先天不足，这些人质量意识、责任意识、制度意识、管理意识都比较薄弱，自己生产效率低下，还牵制过多管理精力。四是部分劳动者特别是技术骨干，这山望着那山高，或是稍有不满，或是小有诱惑，就不惜背离企业，跳槽走人。有一些新求职人员，把家门口企业当培训基地，当就业跳板，学个一年半载，便以熟练工身份到外面企业应聘。也有部分老职工，小富即安，虽未到退休年龄，但随着家庭经济条件的改善，想得开，不愿再吃苦受累，提前回家享清福了。

2. 企业自身原因

一是工资水平不高。尽管一些操作水平高、工作实绩好的操作工年收入远远高于其他企业打工人员，尽管企业也不断地为员工增资，但由于纺织企业是劳动密集型的传统产业，用工多，成本高，税赋重，利润空间小，职工平均工资水平要想比其他企业高难度很大。二是劳动强度不轻。纺织生产的特点是流水线作业，且工作时间目前普遍实行的是三班运转，一线工人特别是广大女工三班连轴转，尤其上到中夜班，还是很辛苦的。随着高效率满负荷的深入，工厂无闲人，工作无闲时，所以，纺织工人确实没有三产服务业员工边做边玩那种轻松。三是企业管理亟待创新。招工难管理亦难，管严了，人走了；管松了，生产上不去，质量不稳定，所以又出现招得进留不住的怪圈。一些人看准企业用工紧缺的软肋，工作随意性较大，企业长期形成的传统的管理模式受到挑战，管理人员的管理水平有待提升。四是社会事业发展滞后。职工生活环境、学习培训、业余文化娱乐，包括小区状况、公共资源配置等条件与经济发达地区相比，存在明显差距，对劳动者就业缺乏吸引力。

3. 政府方面原因

一是政策因素。随着《劳动法》《劳动合同法》等一系列劳动法律法规的颁布实施，劳动力成本不断攀升，使原本利润低微的纺织企业招工变得更加困难。二是服务导向存在偏差，政府职能部门过多着眼于新特产业、新上项目、形象工程，传统的纺织行业招工难的问题没有摆上工作日程，更谈不上政策倾斜。三是劳动力市场不完善。本地不断变化的劳动力资源不详实，供求信息不对称，缺少动态传递供求信息的渠道和平台。每年完成任务式的大型招聘活动无异于搭花架子、搞形式主义，缺乏针对性、实效性、常态化。四是育人与用人脱节。市内纺织院校培育的普通人才，这些年几乎没有人到纺织厂工作，资源严重浪费。人才培养和用工需求的不衔接,造成企业招技术工人难度加大。

二、解决企业用工难的对策建议

廉价用工的时代已一去不复返。要想彻底有效解决纺织企业用工难问题,必须内外结合,打好组合拳。

1. 加强技术改造,推进产业升级,减少用工

现在绝大多数纺织企业都是从过去老国企改制而来,尽管通过多年不间断的技术更新改造,设备自动化程度有了很大提高,用工明显减少,但纺织企业技术改造工作远远没有结束,产业升级任重道远。2010 年,中恒纺织投入 1 亿元对一纺厂四万纱锭实行全程更新,不但提升了设备水平和产品档次,还减少用工 350 人;不但节约了大量的用工成本,更减轻了企业招工压力。实践证明,加强技术改造、推进产业升级是减少用工最根本最直接的途径。

2. 坚持以人为本,完善科学管理,诚信用工

高工资、高待遇固然可以招聘更多的人,但对于针头削铁的纺织企业来说,必将考虑承受能力。那么,在最大限度提高职工收入的同时,企业必须牢固确立以人为本的思想,视人为第一资源,既要教育人、引导人、鼓舞人、提升人的素质,又要尊重人、理解人、关心人、善待人,做到以理服人,以情感人,以诚待人,以信留人;做到因人而异,因材施教,因时制宜,因势利导,使每个人在思想深处产生对企业的热爱、对自己工作的热情。要通过多种渠道征求职工意见,广泛集中职工智慧,完善好企业的管理政策和规章制度,切实维护好职工合法权益,构建和谐的劳动关系。要重视企业内部凝聚力的培养,弘扬合作共事、和谐共荣的精神,积极化解各类消极因素,营造人企互爱、文明包容的人文环境,营造事业留人、情感留人的浓烈氛围,打造风雨同舟、荣辱与共的坚强团队。要加强文体阵地建设,开展健康有益的活动,丰富职工业余生活,培育企业的生机和吸引力。要关心职工生活,提高福利待遇,打造优美环境,创建温馨家园,增强职工归属感。

3. 加大政策扶持,减轻企业负担,保障用工

近几年,在棉花等原材料大幅波动,加之用工成本大幅上涨,人民币汇率大幅升值等外部因素叠加影响下,众多纺织企业在苦苦支撑,艰难地维持着当前的经营状况,很多小企业则纷纷停产、关门走人。今年以来,由于世界经济增长放缓,导致出口需求下降,加之国内控物价而紧缩社会需求,纺织企业运行压力更大,形势更加严峻。

为了企业平稳运行,确保一方稳定,并继续为地方经济做贡献,我们建议政府:一是降低企业税负。目前对纺织企业实行的是进项税13%,销项税17%,进项税与销项税相比高出4个百分点,使得本来利润微薄的棉纺企业税负大幅增加。二是改善融资环境。银行将纺织业列为高风险行业,对纺织企业贷款要求严格,需采取抵押、担保等手段,企业融资成本太高;承兑汇票无法使用,贴息利率太高,影响了企业融资周转,加重了企业负担。建议发挥财政担保职能,降低保费,为企业融资提供有效担保。三是实施利息电费补贴。体现积极的财政政策,对2011年企业运行正常,并完成年度目标的,实行银行利息、工业用电补贴机制,放水养鱼。四是缓轻企业负担。涉企的所有收费能缓则缓,能减则减,能免则免;困难时期,暂停各种捐赠项目和变相的摊派费用;优化办事环境,降低办事成本。五是加大项目扶持力度。条条块块的项目奖励资金、专项引导资金等向纺织企业倾斜,共同帮助企业渡难关。只有企业运行正常,才能留得住人;只有企业发展后劲足了,才能吸引更多的人。

建议人社部门全方位强化就业信息服务,多渠道、多形式开辟求职、招工"绿色通道",加强各镇村适龄就业人员资源信息库建设,定期跟踪,动态把握,随时向企业提供用工有效信息,提高劳动者与企业的对接频率;组织技校根据企业需求开办"定向培训班""订单培训班"等,帮助储备劳动力资源,随时为纺织企业配置实用人才;制定出台奖励政策,引导鼓励更多的劳动者到纺织企业就业。

家有梧桐树,自有凤凰来。解决纺织企业用工难问题需要多层次、全方位共同努力,但最根本的是企业兴旺,最关键的是利益和谐,最长久的是共同成长。

(刊于2012年第6期《江苏纺织》　作者:嵇大文　盛建春)

新的起点

《盐城纺织产业》出刊第 100 期了。这是市纺织工业协会、纺织工程学会的一件大喜事，也是我们中恒全体纺织人十分关注、为之欢呼的大喜事。我们由衷地祝贺。

《盐城纺织产业》关注大政方针，传播新闻资讯，透视行业动态，推介先进企业，宣传企业文化，展示员工风采，在引导、服务全市纺织行业两个文明建设中，发挥着独特的不可替代的作用，愈来愈成为我们工作中亲切的不可或缺的良师益友。在祝贺《盐城纺织产业》百期华诞的同时，我们更感谢为《盐城纺织产业》呕心沥血的协会领导和工作人员。

"太阳每天都是新的"，诗人这样感慨；"生活每天都在变化"，世人这样赞叹。当盐城正在由纺织大市向纺织强市迈进的时候，当《盐城纺织产业》日臻完美、不断绽放新的精彩的时候，我们禁不住产生诗人一样的激情。飞速发展的时代，不断让我们站在新的起点上。

新起点是历史演进的结果。从坐等计划到走向市场，从政策压锭到市场调节，从规模扩张到集约经营，进步日新月异，竞争日趋激烈，不确定

盐城市纺织工业协会名誉会长王抚成（中）与谢祝生（右）、盛建春（左）合影

因素复杂多变。这样的局面,迫使我们不断研究新情况,采取新举措,适应新变化。

新起点是我们奋斗的结果。通过不间断的体制改革,通过大力度的技改投入,企业运行机制不断完善,装备水平不断提高,综合实力不断增强,一年一个台阶,几年一个跨越,呈现出无限生机和活力。这样的形势,激发我们不断寻求新目标,制定新高度,挑战新征程。

中恒纺织与《盐城纺织产业》都站在了新的起点上。我们坚信,在新的起点上,中恒纺织在做精做优做特色上一定会有新的上好的表现,《盐城纺织产业》在宣传引导服务监督上一定会有新的上好的作为。

（刊于 2011 年 10 月第 7 期,总第 100 期《盐城纺织产业》 作者:蒯大文 谢祝生 盛建春）

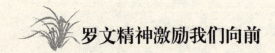

罗文精神激励我们向前

"作为罗文,决定了就去做! 可能一些事会拖累我们;可能会使我们陷入自己的泥沼当中,甚至淹死在其中。但是,为了完成任务,我不得不去坚持;即使有强烈的被压制感,我也不会辞职,也不会放弃——逃避并不是唯一选择。我会完成在前方为我设置的任务,会在生活的每一部分寻求完美。即使我跌倒,也要重新爬起来。我会剖析自我、给自己加压,直到成功!"……

5 年前,读罢美国作家阿尔伯特·哈伯德的《致加西亚的信》,被主人公罗文的敬业精神深深感动,觉得该书所推崇的关于敬业、忠诚、勤奋的思想观念必将有效而深远地影响和带动公司员工,于是,我们首先把它推荐给了公司班工长以上管理人员。去年,金融危机大潮滚滚袭来,为了激励员工攻坚克难的信心和决心,我们组织全体员工共读《致加西亚的信》。

罗文不畏艰难、敢于挑战的形象成为全体员工尊崇的榜样。研究罗文精神,弘扬罗文精神,我们克服了改制过程中难以想象的思想疏导、复工开车及生产恢复等方面的困难,完成了企业机制转换,实现平稳过渡;化解了企业改制前后极度窘迫的改制成本、身份置换、生产组织等资金方面的难题,保证了企业的正常运转,实现了企业、员工共同发展;排除了企业发展提升过程中荆天棘地的人员紧缺、质量波动、市场反复等方面的影响,成功构建以高端客户为支撑的营销格局,奠定了公司在同行中的良好地位。弘扬罗文精神,全体员工同心同德,迎难而上,"危"中求"机",爱拼敢赢,大家只有一个信念:没有任何退路,压力就是动力,有信心就能克服困难,不能自己把自己打倒,一定要把企业运作好。目前,我们基本突破了金融危机给企业生存和发展带来的重重困难,企稳回升的局面初步显现。

罗文的勇敢和机智成为全体员工提升的动力。"你只有具备了坚强的意志、坚定的信念、迅捷行动的能力和集中精力做事的精神,才能成为一个把信送给'加西亚'的人。"不难看出,能力是罗文完成任务的重要因素。因此,公司深入开展"创造学习型组织,争做知识型职工"活动,在调整经济结构中,一手抓产业升级,一手抓队伍升级,把提升知识型、技能型、创新型人才在职工队伍中的比例,作为调整经济结构的重要内容,以高素质的职工队伍保证企业稳步持续发展。车间、班组积极开展"五小"活动,充分发挥科技人员、工人技师和职工群众在质量攻关、降本增效、节能减排、文明生产中的多重才智,不断掀起群众性经济技术创新热潮,大家为企业不停产出主意想办法提建议,为自身不减薪创优质夺高产增效益,为国家不少收当先锋多尽职争贡献。全体职工广泛开展岗位练兵、技能比赛、技术交流活动,勤学苦练,精益求精,当金牌工人光荣、做技术能手吃香、搞革新创造实惠成为职工主旋律。

读《致加西亚的信》,员工的精神状态发生了可喜的变化,学罗文、做罗文成为全体员工的自觉行动和精神追求。盐城市岗位女明星、公司优秀员工李雪芹就是我们身边的"罗文"之一。她新婚只休两天假,孕期没缺一天勤。她不但出满勤、干满点,还主动到经常翻改品种、品种档次又高、易出疵布、产量低的喷气 280 织机边区车位。面对困难,她增加巡回次数,抓紧停台处理,心到眼到手到,稳准连贯协调,经过一个多月的摸索努力,成功征服了这个最难开的车位,月超产 260 多米,质量全部合格。5 年来,她累计超产 3 万多米。

读《致加西亚的信》,我们对敬业有了更深的理解,那就是,对自己所从事的职业怀着一份热爱、珍惜和敬重,不惜为之付出和奉献,是我们每个人应该具备的品德情操。当前,金融危机的影响远远没有结束,实体经济全面复苏还需要广大员工不懈奋斗,我们每个人是否都问一问,我能把信送给"加西亚"吗? 让我们大力弘扬罗文精神,忠于职守,勇于承担,乐于奉献,敢于胜利,坚决打胜金融危机攻坚战,迎接企业和职工更加美好的明天。

(刊于 2009 年 9 月 11 日《工人日报》 作者:蒯大文 盛建春)

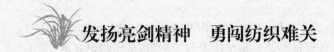

发扬亮剑精神　勇闯纺织难关

电视剧《亮剑》成功塑造了李云龙这样一个性格鲜活、有血有肉,"逢战必亮剑,狭路相逢勇者胜"的英雄形象。"面对强大的敌人,明知不敌也要毅然亮剑;即使倒下,也要成为一座山,一道岭。"这种不畏艰难、不怕牺牲、英勇无畏、自强不息、奋发进取的"亮剑"精神,是推进我们各项工作强大的精神动力。

当前,纺织形势异常困难,面对强大的"敌人",尤其需要我们发扬亮剑精神,勇于挑战,艰苦奋斗,去夺取胜利。

发扬亮剑精神,勇于挑战

面对国际订单大幅减少、国内产能严重过剩、原材料上涨、劳动力短缺、银行信贷紧缩、外贸政策调控等前所未有的困难,我们要有"狭路相逢勇者胜"的气概,勇于挑战,勇闯难关。

勇于挑战,离不开坚定的意志和坚强的决心。《亮剑》中,李云龙面对强大的敌人,以其坚强的信念和必胜的决心,硬是书写了一个又一个以弱胜强的辉煌战绩。安逸无忧的生活谁不向往,但困难总和成功相伴,不可避免。遇到困难并不可怕,可怕的是丧失战斗的意志和决心,只要意志不垮,直面困难,坚定信念,敢于亮剑,我们就一定能够战胜困难,取得进步。事实上,也正是因为我们始终坚定必胜信念,所以,我们成功解决了企业发展壮大过程中遇到的一个又一个困难,使企业得以健康运行。实践让我们认识到,一个人的成功主要不在其有多高的天赋,也不在其有多好的环境,而在其是否具有坚定的意志、坚强的决心和明确的目标。不畏艰难,百折不挠,一步一个脚印地向着既定的目标迈进,总会有所收获,有所成就,有所成功。"有志者事竟成破釜沉舟百二秦关终属楚;苦心人天不负卧薪尝胆三千越甲可吞吴。"只要全司上下坚定必胜信心,众志成城,迎难而上,我们就能冲破黎明前的黑暗,迎来新一轮纺织的曙光。

勇于挑战,必须有过硬的本领和得力的举措。《亮剑》中,李云龙在仅有两枚炮弹的情况下,精心推算,硬是将部队正面挺进 500 米,用一门迫击炮准确打掉了日军指挥部,成功从正面突围。要克服当前工作中的重重困难,需要各层各级开动脑筋,创新思维,科学运筹,合力攻坚。经营上要强化市场开拓,不断开发新用户,优化品种结构,坚决压降库存,强抓货款回笼,全力保证产销平衡。生产上要合理调度,提高单产;加强攻关,提升质量;强化管理,降本增效,全力生产出高质量产品。各单位、各部门都要紧盯指标,全面履行好岗位职责,全身心、全精力、创造性地开展工作,刚性完成公司下达的各项任务。各级领导、管理骨干必须增强大局意识、使命意识,精心谋划,集思广益,靠前指挥,求真务实,不断开创工作新局面。

发扬亮剑精神,艰苦奋斗

艰苦奋斗贯穿《亮剑》全剧始终,从赶走日本侵略者,到推翻蒋家王朝,建立新中国;人民军队由小到大,由弱到强,无不是艰苦奋斗的结果。艰苦奋斗是民族独立和人民解放的强大精神力量,也是我们今天勇闯纺织难关,不断开拓进取,立于不败之地的强大精神支柱。

艰苦奋斗体现人生态度。艰苦奋斗首先要求我们树立正确的苦乐观、得失观,正视艰难,全力应对。纺织生产几年一个波动周期是正常的,随着消费的变化、竞争的加剧,纺织生存发展难度在不断加大。"忧患增人慧,艰难玉汝成。"困难给我们带来压力,也给我们带来动力,只要正确对待艰难,迎难而上,敢于和善于同艰难做斗争,就能走向成功,就会苦尽甘来。

艰苦奋斗重在埋头苦干。愈是困难时期,生产经营的难度愈大,既要降消耗、低成本,又要纺好纱、织好布,还要卖得掉、回笼好,靠什么?靠大家埋头苦干、顽强拼搏,靠立足自我,自加压力。艰苦奋斗精神之所以可贵,在其依靠的是自己的拼搏奋斗。困难得靠自己解决,障碍得靠自己冲破,逆境得靠自己扭转,业绩得靠自己创造。

艰苦奋斗贯以节俭为本。面对困难形势,我们各级领导要确立"过苦日子"的思想,带头崇尚勤俭节约的工作和生活作风,身体力行艰苦奋斗,身先士卒艰苦奋斗,坚持从我做起,从小事做起,带头厉行节约,杜绝浪费,带头执行公司增收节支、降本增效的有关规定,只有这样,才能够带出一种精神,形成一种风气,一级带一级,一级抓一级,做出榜样,抓出成效。

让我们大力发扬亮剑精神,敢于亮剑,勇于挑战,艰苦奋斗,坚决打胜这场纺织脱困攻坚战。

(刊于 2008 年第 8 期《盐城纺织产业》 作者:蒯大文 盛建春)

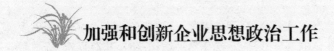

加强和创新企业思想政治工作

　　思想政治工作是企业生产经营的有力保证,无论企业性质是国有还是民营,思想政治工作都是不可或缺的。因为精神动力是人们从事各种活动不可缺少的动力,一味依赖物质动力来调动职工积极性,忽视或放松思想政治工作,势必影响生产经营健康持续发展;卓有成效的思想政治工作,把员工培养成有理想、有道德、有文化、有纪律的高素质劳动者,必将有力地推动企业不断前进。同时,思想政治工作也是企业管理的重要组成部分。企业管理中,对人的管理是重中之重。可以说,凡是接触到人头的工作,都少不了、离不开思想政治工作,尤其在一线。所以,企业思想政治工作无处不在,无时不有,只能加强,不能削弱。

　　中恒思想政治工作有优良的传统和深厚的基础。随着企业体制和职工队伍的变化,思想政治工作要在变化中求适应,在渗透中求实效,在发展中求创新。

　　一要弘扬正气。企业风气正了,就会越办越红火,就会不断发展壮大,职工的生产积极性就会充分发挥。反之,干部、职工就会对企业失去信心,丧失斗志,企业就会走向衰败。因此,思想政治工作必须审时度势,弘扬正气,除恶扬善,让职工明晰是非,明辨方向;让职工看到干与不干不

董事长蒯大文在新公司成立大会上热情致辞

同,干好干坏不一样。当前,结合县"提升素质、服务发展"主题教育活动,要整顿劳动纪律,完善规章制度,把践行"八荣八耻"和执行司纪司规相结合,依据制度规范员工行为;要在坚持正面教育的前提下,开展批评与自我批评,严肃查处有令不行、有禁不止、顶风违纪的人和事。

二要崇尚先进。改制以来,广大员工转变观念,求真务实,涌现了以省"五一"劳动奖章获得者陈阳、市劳动模范陶庆兰为代表的一大批劳动模范、生产标兵、技术能手,她们是中恒的优秀分子,是全体中恒人学习的榜样。思想政治工作就是要在全体员工中大力弘扬艰苦奋斗、甘于奉献的劳模精神,教育员工立足本职,强化责任,自我加压,埋头苦干;激励员工始终保持昂扬向上、奋发有为的精神状态,挑战面前不退缩,困难面前不屈服,不断超越他人,超越自我。就是要引导员工发扬恪尽职守、岗位奉献的敬业精神,牢固树立正确的世界观、人生观、价值观,干一行,爱一行,钻一行,切实增强操作本领和工作能力,成为知识型、技能型、复合型劳动者。就是要大力发扬敢为人先、争创一流的创新精神,全面营造劳模光荣、劳动光荣、尊重知识、尊重人才的浓烈氛围,形成学习先进、崇尚先进、关心先进、争当先进的良好风尚。

三要公正合理。公正合理,能有效激发员工的潜能,促进形成各尽其能、各得其所又和谐相处的局面,是构建和谐劳动关系的重要保证。一方面,坚持以人为本,通过多种渠道征求职工意见,深入了解职工意愿,修订好有利于企业发展、维护职工权益的管理制度和管理措施;一方面,教育引导职工与企业同呼吸、共命运,同发展、共成长,激励职工多劳多得、勤劳致富,让发展成果由大家共享;一方面,有章可循,有法可依,从严治厂,赏罚分明,最大限度地调动好、保护好、发挥好职工的积极性。

四要关心职工。思想政治工作不但要有说功,还要有做功;不但要各级领导放好样子、做好表率,还要在关心职工工作、学习和生活上办实事、解难事;不但要抓好产量、质量、安全、效益这些大事,还要关注职工"喜怒哀乐"这些小事。尽管各人工作重点不同,但大家都必须十分清楚,小事之中有大局,职工利益无小事。关心职工,稳定职工,造福职工,职工的向心力、企业的凝聚力就会增强。在实际工作中,我们清楚地看到,帮助职工办一件好事,解决一个实际问题,抵上你说多少话、做多少工作。所以,我们要时刻把职工利益挂在心上,多做雨中送伞、雪中送炭的事,常做暖人心、稳人心的事,为企业的改革、发展和稳定提供保证。

(刊于 2007 年 6 月 29 日《今日阜宁》 作者:蒯大文 盛建春)

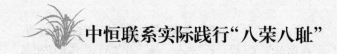

中恒联系实际践行"八荣八耻"

今年以来,江苏中恒纺织有限责任公司联系企业实际,认真学习宣传"八荣八耻",全体员工对社会主义荣辱观的内容有了全面了解,都能准确把握,并付诸行动,积极实践,有力地促进了经济的发展。今年1—8月份,公司实现销售收入3亿元,实现利税2800万元,创历史新高。

在企业,爱国有着实实在在的内容。中恒纺织过去一度生产经营难以为继,但经过这几年努力,终于走出困境并迅速发展壮大,成为盐城工业企业20强,为国家和地方财政做出了积极的贡献,这就是爱国。作为员工,爱岗敬业,积极奉献,就是爱国。公司要求员工自觉地把个人的前途命运、企业的前途命运和祖国的前途命运紧紧联系在一起,引导员工把对祖国的爱化作建设企业的具体行动。

我们千方百计发展生产,增加效益,就是为了最大限度地维护员工利益、为职工服务。因为发展是维护职工利益的基础和保证,只有经济发展了,才能更好地解决职工群众的各种困难,才能更好地为职工服务。我们要牢固树立全心全意依靠职工办企业的思想,热爱员工,尊重员工,服务员工,不断增强企业的凝聚力、向心力,保护好、发挥好员工的积极性,促进企业健康持续快速发展。

几年来,我们坚持走科技兴司之路,大力开展科技创新活动,不断加大技术改造和新品开发力度,积极培养知识型、技能型员工队伍,提升了企业的核心竞争力,得到了各级领导和同行企业的充分肯定。我们要进一步营造尊重知识、尊重劳动、尊重人才、尊重创造的和谐环境,向为企业做出贡献的科技人才学习,向身边的生产标兵、技术能手学习,不断追求一流的技术水平,积极创造一流的工作效率,立志干出一流的工作业绩。

企业的发展壮大,是全体员工务实干出来的;企业更加美好的明天,更离不开每个员工的辛勤劳动。当前,纺织企业的竞争更加激烈,必须充分调动每个员工的积极性和创造性,激励员工立足本职,脚踏实地,迎难而上,攻坚克难。要让每个员工都清楚,各人的岗位承载着相应的责任,责任越大,付出的应该越多;每一个"位子"都是奉献平台、"用武"之地,绝不是待遇的象征、享受的砝码。舒舒服服是干不成事业的。既要收益又怕吃苦是不现实的。我们只有率领员工埋头苦干、注重实效,不断为企业添砖加瓦、多做贡献,企业才能不断壮大。

在企业,团结互助,就是把全体员工凝聚起来、组织起来,互助互爱,形成合力,为企业发展壮大共同奋斗。要加强团队建设,形成集中统一、齐心协力、密切配合、众志成城的生动局面。在困难面前,同舟共济,共渡难关;面对荣誉,相互谦让,他人为先。要提倡急他人所需、帮他人所难的团结互助精神,人人关心和帮助他人、处处尊重和爱护他人,让员工切实感受到企业大家庭的温暖,进一步密切干群关系,构建和谐企业。

培育诚信员工是企业道德建设的重要内容,是打造信用企业的基础。诚信在企业中,就是员工的诚实劳动,有一分力出一分力,出满勤、干满点,不怠工,不推诿,按标准生产,按规章办事,对企业负责;在企业间,就是严格履行合同契约,不弄虚作假,不以次充好,取信于市场;在社会,就是实事求是,明礼诚信,遵守社会公德。只有这样,才能打牢道德建设的基础,促进整个社会诚信风气的形成。

市场经济是信用经济,要求企业每个员工必须加强诚信修养,把做工作与做人紧紧地联系在一起,把工作认定同道德评价相结合,做老实人,说老实话,办老实事。偷工减料、粗制滥造、弄虚作假都是不诚信行为,都是企业所不能容忍的。诚信是做人的根本,也是员工在企业安身立命的底线。那些损害企业质量信誉和企业信用的人,必然被企业所淘汰。

企业必须依法经营、依法治厂、依法办事。企业是一个严密的组织,企业的规章制度就是企业的行为规范和工作准则,全体员工必须自觉遵守,不允许任何有法不依、有章不循、违法乱纪的人和事。进入管理状态,必须讲究服从。强调企业内部纵向到底、横向到边、逆向禁止、定向协调的规则,确保政令畅通,全员步调一致。各级干部和管理人员要增强组织意识、纪律意识,反对自以为是,各自为政。要增强责任意识、使命意识,在其位,尽其责。要想把工作做好,就得敢抓敢管。制止员工违章行为,就是对员工负责。

艰苦奋斗是我们民族的传统美德,也是全体员工特别是党员干部必须具备的基本政治素质。中恒进行产权制度改革后,企业的积累还比较薄弱,各种负担相对较重,现实状况不容许任何人大手大脚,奢侈浪费。

我们提倡艰苦奋斗,不仅是工作中敢于吃苦,埋头苦干,还要勤俭节约,勤俭办一切事情。各级领导手中掌管的经费,都是股东的血汗、员工的劳动成果,一分一厘都是宝贵的,必须用在企业发展上,用在为职工服务上。我们仍然要倡导节约一两棉、一根纱、一寸布、一滴油、一度电、一个螺丝钉的精神,养成厉行节约、勤俭持家的好作风,建设节约型企业。

（刊于 2006 年第 10 期《江苏纺织》 作者:蒯大文 盛建春）

务实高效 和谐共荣

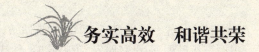

当前,企业保持共产党员先进性教育活动正在广泛深入地开展。保持共产党员先进性,要求全体党员用新观念研究新情况,用新思路落实新任务,用新办法解决新问题,用新举措开创新局面;保持共产党员先进性,要求党员特别是党员干部要带领全体员工,在务实高效、和谐共荣上,提高认识,振奋精神,大显身手,更多奉献。

务实高效是加快发展的必由之路。务实,要求我们想问题、做事情都要脚踏实地,讲求实效。企业是经济实体,人、财、物,产、供、销,每一项工作都实实在在,容不得半点虚假;企业要在新的起点上发展,更需要务实,有一点成绩就沾沾自喜,洋洋自得,必然故步自封,停滞不前。

务实的一个重要方面就是抓落实。企业年度目标非常清楚,各单位、各部门工作重点都很明确,关键是抓落实。政府、部门宏观管理,"轻过程,重结果",运筹帷幄,总揽全局,我们搞企业的,一定要立足实际,一着不让,在过细、到位、环节、细节上下功夫,在布置、措施、检查、考核上过实招,应对新一轮严峻挑战,确保中恒在重新洗牌中不出局,全面实现年度目标。为打造十亿中恒打牢根基,必须大力弘扬求真务实的精神,全力营造真抓实干的氛围。一定要清除"不切实际的观点",消除"不着边际的言论",紧紧抓住"不落实的事",严肃查处"不落实的人",让每个人都能精心谋事,潜心做事,热心办事,专心干事。

当前,市场竞争异常激烈,谁能走在技术创新、品种创新、营销创新、管理创新的前列,跟上国际竞争的节拍,与狼共舞,谁就是胜者。这就要求我们面对瞬息万变的纺织形势,快速反应,高效运行。抓每一项工作、干每一件事情,都要"快"字

蒯大文董事长在日本考察

193

当头,效率优先。见事迟、行动缓,走走站站、左顾右盼,势必坐失良机,被动挨打;小胜即喜、小富即安,哼哼哈哈、优哉游哉,势必被飞速发展的时代所淘汰。因此,仍然要大力倡导雷厉风行、说干就干的作风,尤其在当前困难形势下,一定要快节奏、高效率地工作,审时度势,抢抓机遇,迎难而上,攻坚克难,切实打开工作新局面。

和谐共荣是我们的共同追求。大家都有饭吃,都畅所欲言,谓之"和谐"。我们提出构建和谐企业,就是要带领员工努力发展生产,提高效益,使大家有一个稳固的工作岗位和稳定的经济来源;就是要引导员工共话发展,共谋良策,共同勉励,共图未来。中恒改制后,全面引入民营企业管理机制,工人能进能出,干部能上能下,工资能高能低,促进了生产发展,推进了企业进步。但仍有人观念转不到位,把势在必行、行之有效的内部改革,错误地理解为"不和谐",把推行改革与创建和谐对立起来,扭曲"和谐"的科学内涵,搞"空想和谐"。"有口有禾才叫和",但"禾"从何来? 得靠人们辛勤耕耘。同粮食不会从天上掉下来一样,和谐企业不会从天上掉下来。只有全体员工心往一起想,劲往一处使,深化改革,加速发展,把企业做大做强,构建和谐企业才有一定的物质基础。反之,企业效益上不去,职工收入不稳定,和谐企业无从谈起。

和谐企业不等于没有矛盾和问题。旧的矛盾消除了,新的矛盾又产生了;老的问题解决了,新的问题又出现了,社会就是在不断化解矛盾中进步,人类就是在不断解决问题中前进。有问题不可怕,只要我们用积极的态度和正确的方法去解决,就能统一思想,解决问题。因此,在问题面前,不能怨天尤人、牢骚满腹,甚或借题发挥、横加指责。各级领导对问题不可麻木不仁,敷衍塞责,要敢于直面问题,善于解决问题。要以职工为根本,以发展为要务,以稳定为前提,以法制为准绳,化问题为机遇,在解决问题中构建和谐。

"厂富我富,厂荣我荣。"企业与员工是一个利益共同体。企业稳定,员工岗位稳定;企业发展壮大,员工收入提高;企业抗御市场风险能力越强,员工安居乐业就越有保障。正所谓:厂好我好大家好还为明天更好,财旺人旺日子旺全靠企业兴旺。然而,企业兴旺,来自全体员工共同努力。只有上下同欲,才能众志成城;只有共同奋斗,才能创造辉煌。作为领导,要贯彻"依靠"方针,尊重职工劳动,保障职工待遇,维护职工权益;作为职工,要以企为家,爱岗敬业,精益求精,甘于奉献。只要职企互爱,同心协力,勇于创新,不断取进,企业就会越做越强、越办越好,员工就会和企业共同进步,共享繁荣。

(刊于 2005 年第 2 期《盐城宣传》 作者:蒯大文 盛建春)

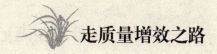
走质量增效之路

　　1999年,中恒公司抢抓市场回暖、用新疆棉、国企脱困"三大机遇",实施生存发展、外贸带动、以布为纲整体提高"三大战略",夯实设备、工艺、操作"三大基础",开展精品工程、精益管理、素质教育"三大活动",企业综合经济指标和竞争能力大幅提升,一举扭转了亏损局面。

　　2000年,我们走质量增效之路,坚持"管理精益、质量精品、体制创新、素质一流"的兴司方针,着力实施"六个强化":一是强化质量教育。大力度、多层面地宣传质量法规和质量管理制度,宣讲先进厂家"质量兴厂"的经验和破产企业"粗制滥造"的教训,通报质量问题,追究事故责任,摆正质量与产量、成本的关系,确立"质量第一"的思想,打一场质量攻坚战。二是强化基础管理。重点抓好设备、工艺、操作、现场、班组五大管理,尽快恢复历史最高水平,年内达到或超过市内棉纺企业最好水平,尽可能缩小与全国纺织排头兵安庆纺织厂、无锡一棉的差距。现场管理重点抓好定置管理与文明生产,班组管理突出操作法的执行与防疵捉疵。三是强化技术创新。着力抓好技术改造、质量攻关、ISO9000标准宣贯、新品开发四项工作,淘汰更新落后设备,完善实施《质量手册》,保证产品质量的稳定性和先进性,不断增加技术含量高、附加值高、档次高的新产品的比重。四是强化工作职责。提倡三句话:严格履行,自加压力,落实责任。对照工作职责,履行不讲客观,不打折扣;遇到困难,自我想办法克服,坚决改变"困难一路喊上来"的不良现象;对推诿、扯皮、失职、渎职的人员及事件,严肃查处,决不和稀泥。五是强化质量奖惩。设立总经理质量奖励基金,对质量增效有功人员实行重奖,对质量索赔责任人予以重罚,让不重视质量的干部丢位子,让出质量问题的职工丢饭碗。六是强化售后服务。在公司内,后道就是客户,要形成一条有效控制半制品质量的服务链;对外,一切以用户满意为标准,凡涉及用户和质量问题的,全司各部门、每一个员工都责无旁贷,都必须热心服务。

　　今年,我国将加入世贸组织,中恒公司争取国家破产重组优惠政策有望尽快到位,我们将牢牢抓住这一难得的发展机遇,实现新的突破,夺取新的胜利。

　　　　　　(刊于2000年3月27日《阜宁报》　作者:蒯大文　盛建春)

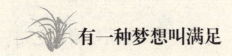

有一种梦想叫满足

　　新春假日，同学聚会，我们发现女同学凤衣着举止简洁大方，神情中有一种从容，言谈中流露出幸福的喜悦。看得出，凤生活得很愉快。

　　凤出身于一个乡村教师家庭，在学校时，就是一个品学兼优、通达明理的女生。毕业后，她进纺织厂当了一名织布挡车工。毕业30年了，同学们的变化太大了，而凤一直在纺织厂挡车。她说，我的梦想很平凡，也很实际，当初就是冲着纺织厂国字头、正式工去的。固定的工作、稳定的收入，使她在那里安身立命、嫁人生子、安居乐业。她说在那里不但学到了生产知识、操作技术，还学会了负责担当、敬业奉献，使自己的世界观、人生观、价值观得以与时俱进。她说，公司规模越来越大，装备水平越来越高，综合实力越来越强，未来有希望，日子有奔头。她觉得，董事长倡导"和谐共荣"，公司让发展成果由大家共享，是双赢的战略，是自己的福祉，与公司风雨同舟、荣辱与共，值得。她认为，美不美，家乡水，亲不亲，家乡人，外面金山银山她不稀罕，她无意背井离乡去打拼。纵比横比，她满足。

织布挡车工吴益凤（右）
和杨玲在上海参观

　　凤的家就在公司家属区，是房改房，两室一厅，不大不小。丈夫原在供销社工作，后来下岗了，搞过养殖，跑过运输，虽一波三折，但不屈不挠。女儿乖巧懂事，学习自觉，考上了大学。凤是家中的台柱子。在班上，她几十年如一日，勤勤恳恳，兢兢业业。她是老师傅，技术娴熟，责任心强，生产实绩好，是多年的老先进，深受干部和职工的尊敬。所以，她欢喜上班。她说，虽是普通工人，但工作得心应手，轻松愉快，同事间也凝聚了一份浓厚的感情，她开心，她满足。在家中，她起早贪黑紧忙活，买菜烧饭洗衣服，每天三顿家常饭，一年三百六十五。虽很辛苦，但心甘情愿；虽很平淡，但心满意足。她认为，梦想越朴素、越务实，就越容易实现。

自己工作顺心，丈夫自强不息，女儿好学上进，凤由衷的满足，觉得很幸福。这是粗茶淡饭、和睦平安式的幸福，是简单朴素的幸福，是普通老百姓的幸福。凤说，这种幸福是她最现实的梦。

虽然别人拥有许多凤无法拥有的东西，但凤始终有一种幸福感。她说，她拥有一份稳定的工作，她珍爱这份工作，用自己辛勤的劳动，取得应有的报酬，通过自己更多的付出，获取更多的收益，心里踏实满足。她说，她拥有一个稳固的家庭，家人健康，同甘共苦，乐观向上，这比什么都珍贵。她说自己是一个普通人，应有普通人的梦想，不随波逐流，不好高骛远，不盲目攀比，知足常乐。她说，只有用积极的心态诚实劳动、快乐工作；用乐观的心理享受生活、感受温暖，才会觉得自己是幸福的人、是梦想成真的人。

在学校时，凤没给我们留下多少印象，30 年后，我们却发现凤变得优雅漂亮了，令人格外瞩目。

（刊于 2014 年 2 月 14 日《阜宁日报》 作者：王建军 盛建春）

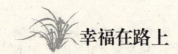

幸福在路上

太阳才刚刚升起，萍就揣着她的梦想、开着她的"宝马"愉快地上路了。

13年来，萍用执着的追求和过人的才气，硬是把陌生的营销路演绎成了新的成功路，让自己的幸福路不断向前延伸，让自己的梦想不断变为现实。

在做营销工作前，曾是细纱挡车工的萍，埋头苦干，不断追求，成为做一等工作、创一流业绩的典范，1985年被评为江苏省劳动模范，1996年被授予全国"五一"劳动奖章，一路阳光，一路幸福。随着市场经济的发展，为了更好地体现人生价值，为了实现更大的创业梦想，2000年，萍主动请缨，只身闯入大上海，肩负起公司开拓上海纺织市场的重任。

初来乍到，人地生疏；首次下海，没有门路。萍坐公交、乘地铁，到处联系、造访客户，经常是一早出门，午夜才回到宿舍。原有市场份额早被一些知名厂家瓜分，新来的品牌要想争得一席之地，可谓虎口夺食，难上

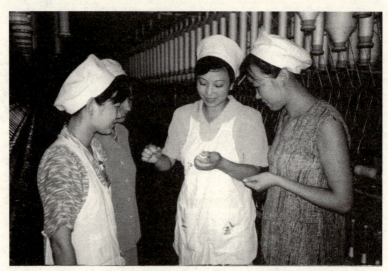

省劳模吴益萍（右二）为职工示范辅导

加难。凭着劳模的素质,凭着强烈的使命感和不服输的精神,经过大半年的艰苦跋涉,萍终于叩开了上海市场紧闭的大门。当接到第一张订单时,她喜极而泣,彻夜未眠。

萍始终坚信:"脚板底下出订单。"客户对新供应商的要求是苛刻的。为了客户满意,仅是一个纱布小样,萍有时要跑五六趟。为了开辟新客户,她没日没夜地在外面跑,个把月不回家是常事。2002 年春节假提前放了,可萍直到大年三十凌晨五点,才揣着 83 万元汇票,从漫天大雪中摸回家。望着从雪夜中归来的妈妈,女儿心一酸,泪如雨下,可萍却乐观地打趣:瑞雪兆丰年,春雨贵如油噢。其实,她也留恋家中舒适的环境,可不跑哪来的销售?为了事业,她别无选择。她常说,不能畏惧前方道路艰险,既然选择了市场,便只顾风雨兼程。

萍重质量、讲信誉,一切为客户着想,竭诚为客户服务,始终立足于双赢、着眼于长远,赢得了客户的认可。经过近 3 年的拼搏,公司产品开始批量进入上海市场,并先后同上海多家纺织品公司建立合作关系,填补了公司产品在上海进出口市场的空白。有了立足之地,打响了公司品牌,萍信心百倍,精神抖擞,不断向上海郊区进发,向苏南、浙江拓展,两年间开发客户 50 多家,为公司产品在上海及长三角市场的可持续发展奠定了坚实的基础。为此,萍获得公司新客户开发奖,被评为市优秀营销员。近 10 年,萍每年销售总额都在 4000 万元以上,平均每天进账 11 万元,货款回笼率始终保持 100%。公司每年考核兑现,萍的薪金总是名列营销员之首;公司的文化长廊里,每年都有她披红戴花的大幅照片。

面对骄人业绩、各方赞誉,萍充满成就感、幸福感,她常说,商场如战场,在竞争中闯关夺隘、攻城略地;在博弈中成功签约、推进发展是最大的快乐和幸福。她认为,人一定要有梦想,有了梦想,就有了方向,就有了动力,就有了执着。她说,要让梦想上路、奋进、跨越。她觉得,自己奋斗的过程,正是启梦、追梦、圆梦的过程。萍深深感悟:幸福在路上。

(刊于 2014 年 1 月 23 日《阜宁日报》 作者:谷小红 盛建春)

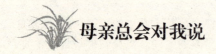

母亲总会对我说

　　记得小时候,父亲在外地工作,每月回家总会给我们带些糖果、花布和学习用品什么的,村上人都十分羡慕。因为有吃有穿,我自然最喜欢父亲,以至于他每次走,我总缠着他,而每当此时,母亲总会对我说:"要听话,让你爸爸上班苦钱。"

　　是啊,上班苦钱。20世纪60年代初,没有班到哪苦钱,不苦又哪来的钱。这个印记从小在我脑海里就烙下了。所以后来自己走上工作岗位,自然十分用心。纺织厂细纱接头,现在做起来很简单,起初搞得我手忙脚乱,看别人三划两绕就把头接上了,心中别提多急。在师傅的耐心帮教下,加之自己勤学苦练,日益进入状态,很快掌握操作要领,并提前3个月由学徒工转为正式工,月工资一下子由27元增加到50元。由于技术好、看台多、实绩高,每月实得都在80元左右,令车间小姊妹们羡慕不已,发工资当天,我总是兴奋得睡不着觉。而每当我把工资交给母亲时,母亲总会对我说:"要听领导话,好好工作。"

　　农村姑娘是不怕吃苦的。每天我坚持早来晚走,每班都超额完成生产

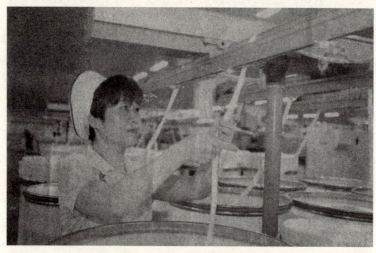

省"五一"劳动奖章获得者、中恒公司总经理助理兼第一棉纺厂厂长陈阳

任务。其他工种缺员，我是哪里需要到哪里，不知不觉中，我练成了一名多面手，成了班里的香饽饽。进厂第3年，我以总分第一成功竞聘空缺的大班值班长。走上管理岗位后，我坚持同大家一起干，并条、粗纱、细纱、筒摇各工序样样上，基本没有闲的时候。我本来就是挡车工过来的，挡车、落纱、做清洁、跑巡回都是拿手活，做惯了，那种以管理者自居，走走看看，指手画脚，装腔作势的样子，自己不习惯，不舒服。班中吃饭半小时，我坚持最后下岗，最先上岗，从不以工作之名或其他借口偷懒、扯闲。我一直这样想，作为值班长，同大家一起干，带头干，那些想玩的不敢玩，也不好意思玩。实际情况正是这样，大家上班都忠于职守，敬业奉献。这是风气，也是班风。在班组成员的共同努力下，我们大班连续3年综合实绩全公司第一，我也连续3年被评为优秀值班长。更荣幸的是，我光荣地加入了中国共产党，还被保送无锡轻工大学深造，让我这个高考落榜生圆了大学梦。每当我回家和母亲分享成功的喜悦时，母亲总会对我说："要听组织话，知道感恩。"

怀着一颗感恩的心，我学成回厂，立志为给我成长、给我进步、给我快乐的纺织舞台增光添彩。一切为了企业发展，一切依靠职工群众，从车间主任到分厂厂长，到公司领导，每一次岗位晋升，我都作为新的起点、新的挑战，进而不断提升自我，超越自我，为企业做大做强做出新的贡献。付出时间，得到知识；付出汗水，得到报酬；付出艰辛，得到成长；付出真情，得到快乐……只要付出，必有回报。近几年来，我多次被评为公司优秀党员、县优秀党员、县爱岗敬业优秀党员标兵，被授予江苏省"五一劳动奖章"，并当选为阜宁县人大代表。每当我捧回红彤彤的荣誉证、代表证和金灿灿的奖章时，母亲总会对我说："要听党的话，永远向前。"

（入围2013年省总"幸福女性·快乐工作"征文　作者：陈　阳　整理：盛建春）

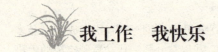

我工作 我快乐

　　生活到今天，似乎大家都有一个共识，那就是"快乐"比什么都重要。然而，不同的人对快乐有不同的感受和理解。作为一名纺织女工，我觉得，由衷地热爱这份工作，通过自己有效的劳动，取得应有的报酬；通过坚持不懈的奋斗，不断地成长进步，这就是快乐。

　　记得刚进厂时，身处宽敞明亮的车间，看到整齐漂亮的设备，特别兴奋，心想一名农村姑娘，现在是堂堂的纺织工人了，心里美滋滋的。当通过师傅的言传身教，自己的勤学苦练，从一名粗手笨脚的门外汉，成长为一名心灵手巧的操作能手时，浑身洋溢着成功的喜悦；而从一名普通挡车工历练为一名管理骨干时，更有一种实现自身价值的自豪。所以，这么多年来，我一直在愉悦地工作，快乐地成长。

　　当然，我十分清楚，这份快乐是自己努力工作的结果，是自己真情付出的回报。就拿细纱接头来说，要练好技术，没有捷径，必须下苦功夫。于是我天天坚持班前练、班中练，回到家继续练。班中细心观察师傅的一

中恒公司四方分厂副厂长裴培

招一式,班后仔细回味师傅的巡回线路和目光运用。一天、两天,一年、两年,锲而不舍,精益求精。春华秋实,水到渠成。有了付出,终有回报。

把工作的快乐传递给更多的人,让每个职工都因努力工作而快乐,是我更大的快乐。对职工的理解、帮助,平时哪怕是一道赞许的目光,一次友好的微笑,一个善意的手势,都会收到很好的效果。大家进了车间感到舒心、顺心,工作起来也就专心,我们也感到称心,这种良性循环,对生产、对工作无疑是保证、是促进。作为基层管理者,就是要千方百计提高职工的操作技能,激发职工的劳动热情,营造体面和谐的工作氛围,让职工通过诚实劳动,增加经济收入;通过更多付出,得到更多回报;通过不懈奋斗,实现人生价值。就是要让"我工作,我快乐"成为每个职工的重要价值观,成为全体职工工作、生活的主旋律。

革命先贤李大钊说:"我觉得人生求乐的方法,最好莫过于尊重劳动。一切乐境,都可由劳动得来;一切苦境,都可由劳动解脱。"脚踏实地地工作,积极主动地工作,富有成效地工作,必然给我们带来收益和快乐。因为有付出,必有回报;有奋斗,总有前途;有创造,才有美好;有实干,方有梦圆。习近平总书记在同全国劳模代表座谈时曾指出,劳动是财富的源泉,也是幸福的源泉。强调人世间的美好梦想,只有通过诚实劳动才能实现。习总书记的重要讲话,为我们用劳动筑梦、以实干圆梦增添了无穷的信心和力量。立足岗位,诚实劳动,创新劳动,是我实现人生梦、共铸中国梦的最好行动;做一等工作,创一流业绩,争当中国梦的创造者、推动者,必将带给我更多的快乐。

(入围 2013 年省总"幸福女性·快乐工作"征文　作者:裴　培　整理:盛建春)

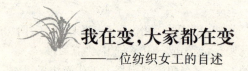

我在变，大家都在变

——一位纺织女工的自述

　　我叫马爱民，是1994年进厂的细纱挡车女工。做学员时，8小时忙得团团转，总埋怨工作太苦了。转正定级后，技术比以前有所提高，每天上班都能正常应付，每月测定操作法，也能顺利过关，但不测就不一样了，忙起来总是违反操作规程，反正干部也不跟着，况且干好干坏也没有多大差别。

　　1997年，企业实行下岗分流，减员增效，对我触动不小，但由于压锭没有影响到我，很快又无所谓了。熬过8小时，算是一个班，产量多少、质量好丑都随其自然，遇到车间温湿度不好，生活儿难做，碰到绕皮辊绕罗拉时，只要没干部看见，皮辊在车上运转，拿起小钩子就钩上面的白花，也不管钩的轻重，有时要钩五六下才能把白花钩掉，那皮辊上就留下五六个伤痕。邻纱上的飞花纱疵也视而不见，就把头接上去，理由是忙不过来。头接起来了事，质量不质量没多考虑。还有一个想法，要我挡车工讲接头质量，那你检修工为什么不讲修车质量呢？每逢星期五车台加油，那清洁就没法做，拿罗拉飞花时，两手油拉拉的。因为全是油，打滑，绞针绞不下来。手上有油，接头时就在木辊上擦擦。扇排笔时，那更不得了，由于车台不清洁，有多少个头，就有多少个纱疵。往上扇，有纱疵；往下扇，有纱疵，而且要加劲儿扇，因为罗拉墩有花扇不下来。类似这种现象普遍了，就经常出现质量索赔。虽然经常通报索赔事故，但仍没有觉醒，总觉得索赔就索赔呗，反正又不是我一人造成的。

　　随着一轮又一轮竞争上岗，我内心的震动愈来愈大；通过一次又一次素质教育，使我思想发生了深刻的变化。优胜劣汰，势在必行，自己总是被动应付不是一个事，弄不好早晚要掉队。与其说横竖要做好，倒不如主动去做好，这样，自己心里踏实。同时，认真做事，也是认真做人，一定要做一个让大家敬佩的人。思想变了了，行动自然跟着变。以前敷衍了事8小时，干完就回家，现在认真负责8小时，下班后主动参加练兵，一起小结文明生产，分析现场管理。因为我清楚，随着竞争的加剧，会把那些安于现状、不思进取的人淘汰掉；只有技术好、工作好、肯吃苦、肯钻研，才能在竞争中立于不败之地。以前车台清洁，干部每天查一遍，我做一遍，后来是每天查两遍,我就做两遍,现在是随时保持车台干净整洁,不出人为质量问题。以前到了中夜班,不是这里撑撑,就是那里望望,不按规定巡回,有时候一站就是个把小时。现在呢？干部在与不在一个样,查与不查一个样,该怎么做就怎么做。如果还是老样子,自欺欺人,只有下岗。下岗,不是领导把你弄下岗的,是自己把自己弄下岗的。所以,下岗不要怪别人,要多在自己身上找原因。况且,不能老为不下岗而活着,要活出自己的精彩。现在巡回时,不像以前把白花扔在地上,而是放进花衣袋口袋里;机器零件掉在地上,不是用脚踢开,而是用手捡起来,放在规定的地方;车子坏了及时喊检修工修理,再不像以前一关就是大半天;缺粗纱时自觉关车,而不是空锭运转,损机耗电……

我在变,身边的职工都在变。大家已形成了共识,既然到工厂来了,既然想在这里干,那就认真地干,主动地干,实实在在地干,而且要干出成绩,干出精彩。今天,机制创新、观念创新、技术创新、管理创新已深入人心,大家已从为不下岗而工作的圈子中跳了出来,那就是以主人翁的姿态,想主人事,干主人活,尽主人责,为振兴纺织工业和老区经济多做贡献。

（刊于 2000 年 9 月 1 日《中国纺织报》 整理:盛建春）

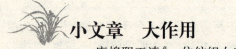

小文章　大作用

—— 库棉职工读《一位纺织女工的自述》反响强烈

本报讯　《我在变,大家都在变——一位纺织女工的自述》一文在 9 月 1 日的《中国纺织报》刊登后,在新疆库尔勒棉纺织有限责任公司一线职工中引起了热烈反响和强烈的共鸣。

文中叙述了主人公在国企改革前、改革初期及改革深入后不同阶段思想行为的巨大变化,这也正是绝大多数纺织工人心态的真实写照。通过阅读这篇文章,库棉职工感触很深,认为在市场经济中,只有积极主动、扎实肯干才能成为企业的合格员工;安于现状,不思进取,被动应付只会被企业和社会淘汰。

在开展对《自述》一文的阅读学习中,库棉部分分厂还应职工要求,将文章打印下发,人手一份,并组织开展"我在变,大家都在变"的大讨论,写成读后感。目前,库棉一线职工中已形成了空前热烈的"我在变,大家都在变"的大讨论,甚至成为职工们茶余饭后讨论的热门话题。

（刊于《中国纺织报》2000 年 11 月 13 日　伍春雷）

 刍议满负荷

竞争激烈的市场经济、企业经济效益的最大化、职工潜能的充分发挥,都需要我们每个同志满负荷的工作。

满负荷,要从转换企业经营机制入手,彻底打破内部机构庞大、强调上下对口、条块分工细致的格局,注重效率、效益和人的潜能的发挥,减少管理层级,压缩非生产性人员,真正达到几块牌子一个门,几件事情一人做,工作兼并代,岗位满负荷,运行高效,管理科学。

满负荷,要在科学决策、精心管理上下功夫。营销公司要确保充足有效的订单,反复测算,择优安排;生产单位要开足车台,提高效率,保质保量,按期交货;各后勤部门要主动、热情、及时、方便地服务。各层各级对各项指标都要不折不扣地分解落实,让每个人时刻盯住全厂的总体目标,紧紧咬住自己的具体指标。要制定激励措施,组织多种竞赛,检查到位,赏罚分明,不断掀起比学赶帮超的热潮。

满负荷,是一种工作状态,更是一种思想境界。要求每个同志都要有强烈的事业心和主人翁责任感,以厂为家,爱岗敬业,干足干好 8 小时,工作需要多奉献。要把满负荷由压力变为动力,成为每个人的自觉行动,白天黑夜一个样,查与不查一个样,真干事,求实效,表里如一,由始至终。党员干部和各级管理人员要起模范带头作用,用自己的表率行动影响和带动全厂满负荷风气的形成。

满负荷,要求大家加强学习,钻研业务,尽快掌握多种技能,变单打健将为全能选手。各级领导更要勤于学习,提高一专多能和综合管理能力。计划周密,考虑长远,策划到位,才能抓得到位。"不谋万事者,不足谋一时;不谋全局者,不足谋一域。"作为领导,要深谋远虑,力求把问题考虑得全一点、远一点、深一点、实一点,拿出立体图,打好组合拳,全面加快企业改革和技术进步的步伐,推进各项工作上水平、登台阶。

满负荷,不是企业困难时期的权宜之计,而是企业改革和发展的内在要求,更是市场经济发展的必然选择。

(刊于 1997 年 11 月 7 日《中国纺织报》 作者:卞金奎 盛建春)

浅谈纺织企业冲出困境的对策措施

权威资料表明,今年 2 月份,全国 38 个重点城市国有纺织企业中有 34 个全行业亏损,实际亏损企业在 90% 以上,且严峻形势仍在下行。如何在困境中求生存、求突破,我们结合企业实际,谈一点粗浅的看法。

一、正确认识和具体分析纺织形势严重滑坡的原因

客观方面原因有:第一,原料、能源价格涨幅太大,尤其是原料价格一涨再涨,与前两年相比,每担皮棉上涨 250 元左右,这样,每吨原棉上涨了 5000 元,而产成品销售价格不能同步增长,企业无法消化这一巨大的增本因素;第二,由于西方国家对中国纺织品出口实行制裁,严重阻碍了中国纺织品的出口,外贸产品内销化的格局迅速形成,更进一步加剧了国内市场原本就供大于求的矛盾;第三,我国市场经济体制刚刚建立,规范化的市场竞争机制尚未形成,无序竞争使市场秩序紊乱,国企优势得不到应有

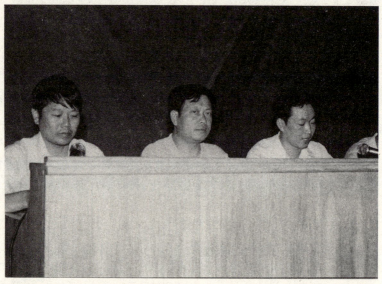

公司党政工召开冲出困境迎接曙光动员会(左起:盛建春、李国俊、卞金奎)

的发挥。

主观方面因素有:一是企业仍按计划经济的模式组织生产,未能按市场需求开展经营活动,处处被动,跟不上市场的步伐;二是产品多年一贯制,档次低,大路货,附加值不高,竞争力不强;三是老的运行机制根深蒂固,办事扯皮,效率低下,造成人、财、物极大浪费,引进的新设备不能很好消化吸收,高投入没能形成高产出,贷款利息吃掉了有限的利润,导致企业生产恶性循环。

二、加快"两个转变",采取得力措施,推进企业冲出困境

严峻的纺织形势,呼唤我们攻坚克难的信心。只有迎难而上,才有可能冲出困境。当前,我们必须切实抓好以下几方面工作。

第一,必须加快企业由传统的计划经济体制向现行的市场经济体制的转变。改革10多年来,纺织工业取得了长足发展,但这些进步,主要来自资金、资源和人力等生产要素的高投入,它所形成的优势在激烈的市场竞争中,已显得愈来愈弱。当前,我们必须加快建立和完善适应市场经济要求的运行机制,一切围绕市场转,全员跟着市场走。市场需要什么我们就生产什么,哪些产品利润高我们就生产哪些产品,实现效益最大化。

第二,必须加快职工从计划经济走向市场经济思想观念的转变。过去计划经济,工人进了工厂门,便是公家人,一切由国家包下来,拿的是铁工资,捧的是铁饭碗,坐的是铁交椅,干多干少一个样,干好干坏没区别,企业亏损到银行拿贷款发工资。实行市场经济后,这一切都将成为历史。没有救世主,一切靠自己。企业搞得好,正常发工资;企业亏损,政府不可能再送钱过来;企业长期亏损,就要像沈阳防爆器械厂那样破产。市场经济,企业自负盈亏,这就要求每个职工千方百计增加经济效益。

第三,必须走减量增值的道路。随着市场的完善,企业发展必须由粗放型向集约型转变,由数量型向质量型转变,由大路货向创名牌转变,走减量增值之路,调整品种结构,提升产品档次,增加产品附加值,提高单位产品含金量,以质量优势、品牌优势抢占市场制高点,拉动企业经济效益的提高。

第四,必须坚持技术改造。纺织企业设备大多陈旧落后,有些还是上世纪五六十年代的老机型,必须对这些老设备进行短平快改造,提高设备运转率和效率,以适应生产高档产品的要求,达到提高质量、提高效益、提高竞争力的目的。

第五,必须强化目标成本管理。要扎扎实实地学邯钢,抓住成本这个

"牛鼻子",实行成本倒逼,做到人人头上有指标,个个肩上有压力,全面增产节约,增收节支,这是纺织企业冲出困境最现实也是最有效的手段之一。

第六,必须强化营销工作。目前,企业库存加大,企业之间三角债加大,严重影响资金周转。从企业领导到销售员,要主动出击市场,开辟客户,加大产品销售,强化货款回笼,压降"两项资金",确保企业正常运行。

第七,必须激发广大职工抗击风险的信心和决心。市场疲软,精神不能疲软,困难愈大,意志愈坚。纺织形势有高潮也有低潮,几年一个周期,这是规律。冬天来了,春天还会远吗?只要挺住,一定能越过这道坎。要加强职工思想政治工作,教育引导职工与企业同舟共济,共闯难关。

（刊于 1996 年第 6 期《江苏纺织》 作者:李国俊 盛建春）

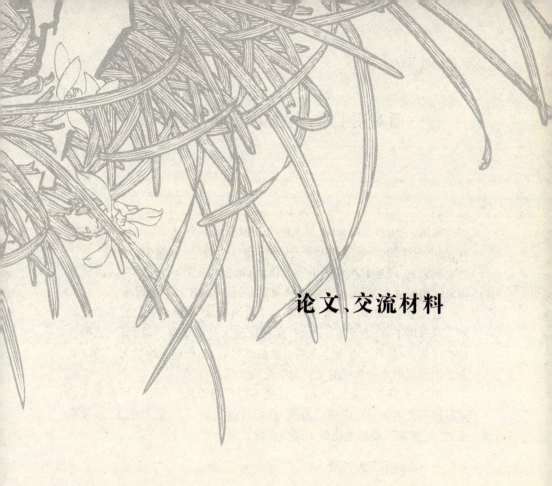

论文、交流材料

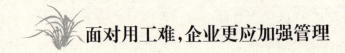

面对用工难，企业更应加强管理

案例一：中恒纺织 2012 年上半年新招进员工 98 人，其间先后离开 58 人，加上退休的、辞职的和上年进厂离开的计 111 人，净减少 13 人。

案例二：同年七八月份小暑大伏天，该公司生产一线有 24 人次转到夜班即请假休息，另有 4 人索性回家消夏，秋凉后才回厂上班。

近几年来，纺织企业普遍面临用工难困境，严重制约企业健康稳定发展。因为用工难，为了留住人，一度在管理人员中出现不敢管理、放松管理的现象；少数员工看准企业用工紧缺的软肋，工作随意性较大。纺织企业长期形成的严格管理的优良传统受到挑战。

用工难，还要不要从严治厂，还能不能严格管理？一个严峻而现实的问题摆到公司领导层面前。为此，我们通过发动职工、提升职工、关爱职工的"三步走"，较好地化解了这个难题。

一、发动职工大讨论

"用工难，还要不要从严治厂，还能不能严格管理"，领导不急于定调子、下结论，而是开诚布公，把课题交给职工。通过大讨论，大家都觉得，从严治厂，通过强化内部管理，贯彻执行代表职工利益、符合职工意志和愿望的规章制度，有序高效地组织生产，达到提高经济效益的目的，不仅是企业的需要，也是每个职工的内在要求。很多老职工以自己的工作经历，阐明严能上水平、严能出效益的道理，她们认为，企业如果不能依据规章制度和考核指标严格实施奖惩，该奖的不奖，该罚的不罚，干多干少一个样，干好干坏一个样，大家的积极性从何而来？如果大家都松松垮垮、马马虎虎，企业必将一盘散沙、一事无成，受害的终是我们自己。各级管理人员通过讨论达成了共识：要想把工作做好，对大家负责，就得敢抓敢管，不怕得罪人。她们认为，任何事物都是对立的统一，你不得罪坏人，必然得罪好人；你得罪了极少数人，可能就赢得了绝大多数人。为了提高企业效益、增加职工收入而严格管理，必然会得到绝大多数人的拥护和支持。一些新员工在讨论时坦言，纺织企业流水线作业、三班运转，还是很辛苦的。但她们更认为：既来之，则安之，则融之，上班消极怠工、工作不讲究质量、违反劳动纪律甚至违反操作规程,尽管是极少数人,但负面影响很大,这样的人无论到哪里都不会受欢迎,这样的人宁缺毋滥。她们中有些同志还现身说法:治厂不严的结果必然是管理乱、纪律松、质量差、效益低,原单位关门走人的重要原因,正是由于缺乏严格的管理。通过广泛讨论,大家一致认为,放弃或降低用人标准,工厂就无法走远;因用工难而放松管理,只能导致恶性循环,后患无穷。所以,一定要着眼长远,兴利除弊,严格管理,良性发展。

二、组织职工大学习

一是组织职工学习员工守则、奖惩条例、规章制度、操作规程,教育职工进入管理状态,必须讲究服从,自觉用司纪司规规范自己的言行;二是组织职工学习先进企业特别是优秀民营企业的管理模式和管理经验,引导职工转变观念,认知管理,适应改革,与时俱进;三是组织职工学习本企业劳动模范、生产标兵的先进事迹,激励职工以司为家,爱岗敬业,人人有梦想,个个有追求;四是组织职工学知识,学技术,学科学,倡导职工做知识型、技能型、创新型的新型劳动者;五是组织职工学习法律法规,要求职工知法守法,在企业做好职工,在家庭做好成员,在社会做好公民。通过大学习,提升了职工的综合素质,提升了职工遵纪守法的自觉性,提升了企业管理水平,提升了企业经济效益。

三、关爱职工大行动

一是各级领导牢固确立以人为本的思想,充分尊重人、理解人、关心人、善待人,坚持以理服人、以情感人、以诚待人、以信留人,做到因人而异、因材施教、因时制宜、因势利导,使每个人在思想深处产生对企业的热爱,对自己工作的热情。二是实施技术更新改造,提高设备自动化程度,优化品种结构,降低工人劳动强度。实践证明,加强技术改造,推进产业升级,不但提升了企业核心竞争能力,还大量地减少了用工,缓解了用工难的矛盾。三是最大限度增加职工收入,加大运转一线增资幅度,并修订完善各种激励机制,让职工多付出、多收益,让职工有干头、有奔头。四是着力改善后勤条件,关心职工生活,提高福利待遇,打造优美环境,增强职工归属感。五是通过多种渠道征求职工意见,广泛集中职工智慧,完善企业管理政策和规章制度,切实维护职工合法权益,构建和谐的劳动关系;重视企业内部凝聚力的培养,积极化解各类消极因素,营造职企互爱、合作共事的人文环境。关爱职工大行动,增加了职工向心力,换来了职工理解管理、支持管理、服从管理、参与管理的自觉行动。

大讨论、大学习、大行动"三步走"方略，层层推进，环环紧扣，统一了思想，稳定了队伍，强化了管理，使企业各项工作明显上水平、登台阶。同时，"三步走"方略的实施，夯实了根基，塑造了形象，扩大了影响，增强了企业的美誉度和吸引力，使企业用工难现象明显好转。

家有梧桐树，自有凤凰来。企业管理上规矩、劳动受尊重、职工得实惠、发展有希望，必然赢得就业者的青睐。

（刊于 2013 年 8 月 15 日《江苏工人报》）

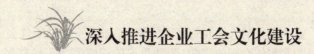

深入推进企业工会文化建设

　　一直以来,企业工会文化在企业文化建设中有着举足轻重的地位和作用。

　　企业工会文化是群众文化。我国工会是中国共产党领导的职工自愿结合的工人阶级群众组织,是党联系职工群众的桥梁和纽带。工会的性质决定了工会的群众性。在企业,职工是主体,是第一资源,要办好企业,必须全心全意依靠广大职工群众,这其中,企业工会肩负着重要的使命和责任。所以,企业工会要充分发挥其宣传教育职能,面向职工,深入职工,教育引导职工树立正确的世界观、人生观、价值观,爱国守法,明礼诚信,团结友善,勤俭自强,敬业奉献,把企业精神内化为自己的自觉行动,把企业价值观融合到自己的工作实践中。

　　企业工会文化是和谐文化。把职工群众的利益实现好、维护好、发展好,是企业工会的神圣职责,是其他组织所不能替代的。企业工会推进工资协商,就是培育企业大家庭的整体观念、平等观念,推进企业与职工共同发展;开展职企互爱活动,就是培育企业与职工的健康关系,打造风雨同舟、和衷共济的坚强团队;实施送温暖工程,就是培育职工对企业的向

在党群工作会议上讲话

215

心力和人与人之间的互助友爱。企业工会通过职代会、厂务公开、平等协商和集体合同的实施、劳动争议的调解等规范性程序，切实维护职工权益，全力推进和谐企业建设。

企业工会文化是形象文化。企业工会对内是一支标杆，对外是一面旗帜。企业工会干部的形象，不仅标志着自身的文明程度，而且还决定着能否给职工群众做出榜样，对端正党风、纯正厂风也将直接产生重要影响。因此，企业工会工作者应从党的事业出发，从"代表先进文化"的高度，自觉加强自身的道德修养，带领全体职工积极向上。同时，企业工会不仅要引导职工在企业做个好职工，还要教育职工在社会做个好公民，在家庭做个好成员，使职工自觉培养优良的社会公德和家庭美德，努力追求道德的最高境界，展现工人阶级良好形象，引领社会风尚。

企业工会文化是创新文化。推动生产力发展，发展先进生产力，企业工会必须积极开展群众性技术创新工程，培育职工的创新精神，发挥职工的聪明才智。要以推动企业技术进步、提高经济效益为中心，把传统的经济技术活动同创新要求相结合，与企业的技术改造、新品开发、企业管理等工作相对接，突出技术创新，突出创新成果的推广适用，促进科技成果向现实生产力转化。要培养和造就一支适应市场变化和科技进步、具有创新精神、掌握新知识和新技能的新型劳动者大军。

企业工会文化是务实文化。企业工会注重既教育人、引导人、鼓舞人、提升个人价值，又要尊重人、理解人、关心人、帮助人，引领职工在思想深处产生对企业的热爱、对自己工作的热情。通过开展创学习型班组活动，培育职工"我要学"和"终身学习"的良好风尚；通过学技术、练本领和技术大比武，提升职工技术素质，增强职工竞争上岗和一岗多能能力；通过开展各种形式的劳动竞赛，激发职工的劳动热情和工作积极性，释放职工"多付出，多收益""我奉献，我快乐"的正能量；通过全员安全培训，增强职工"安全第一，预防为主"意识，使她们高高兴兴上班，平平安安回家；通过生动活泼的文体活动，丰富职工业余文化生活，增添企业的生机和活力；通过社会公益活动，培育职工对祖国的热爱、对社会的责任。

企业工会文化重群众、讲和谐、树形象、谋创新、求实效，底蕴深厚、内涵丰富、色彩鲜明、作用明显。

作为企业文化的重要组成部分，企业工会文化渗透在企业方方面面，贯穿在工会履职始终，体现在职工一言一行。进一步推进企业工会文化建设，关键在工会干部。

首先，要固化于基。牢固树立"一切为了职工，一切依靠职工"的群众观,"职工利益无小事,企情民意有大局"的工作观,"关心职工就是关心企业,造福职工就是造福社会"的价值观,"金奖银奖不如职工夸奖,金碑银碑不如职工口碑"的政绩观,把全心全意依靠职工谋发展和全心全意为了职工谋福祉作为一切工作的出发点和落脚点。

其次,要内化于心。心系职工,情系职工,从思想上、心理上、情感上热忱关心职工的工作、学习和生活,视职工为主人、为财富,把职工当父母、当子弟,与广大职工同呼吸,与特困职工结对子,与后进职工交朋友。热情帮助职工解决实际困难,切实维护职工切身利益,不断把"面对面、心贴心、实打实"服务职工活动引向深入,真正把工会建成职工信赖的向往的"职工之家"。

第三,要外化于形。企业工会一定要发挥自身独特优势,以德育人,以文化人。要在职工中广泛深入开展中国特色社会主义教育、科学发展观教育、社会主义核心价值体系教育、理想信念教育、实现中华民族伟大复兴"中国梦"教育,激发职工为实现公平梦、成功梦、小康梦、强国梦而努力奋斗的精气神。大力弘扬工人阶级伟大品质和劳模精神,扎实推进道德教育,推进学雷锋活动常态化,引领职工与时代同频共振,为家园增光添彩。持续开展读书活动,勃兴读书之风,推进阅读自觉,不断提升职工文化气度、班组书香浓度、企业文明程度。

第四,要深化于研。认真总结企业工会促进企业发展、维护职工权益的成功经验,积极探寻维护企业整体利益与维护职工具体利益的最佳结合点,深入挖掘企业工会在履职实践中蕴含着的丰富文化内涵,深刻把握企业工会文化具有的导向功能、协调功能、约束功能、凝聚功能,进一步揭示企业工会的价值取向、思维方式、工作方法和精神品质,进一步研究企业工会文化建设的内容形式、目标要求和途径措施。只有在继承中借鉴,在实践中创新,不断注入新的时代元素,赋予新的时代内涵,才能开创企业工会文化建设新的局面。

（刊于 2013 年 6 月 20 日《江苏工人报》）

关于中小企业民间借贷的思考与建议

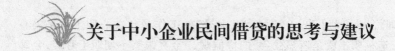

　　民间借贷为我国中小企业提供了大量的资金支持,现实情况表明,民间借贷已成为我国正规融资的有益补充,既体现了优化资源配置的功能,也减轻了广大中小企业对银行信贷的压力。但是,由于缺乏强有力的法律规范和管理,民间借贷具有一定的盲目性和不确定性。因此,应从现实出发,采取"疏导结合"的方法,引导和促进民间借贷规范、健康、有序地发展。

一、中小企业民间借贷利弊分析

(一) 有利的方面

　　1. 促进了中小企业的发展。首先,民间借贷缓解了中小企业融资难问题。中小企业由于资信条件、抵押担保等方面的劣势,通常都只能利用民间借贷解决资金不足问题。其次,民间借贷优化了资源配置,提高了资金的使用效率。

　　2. 弥补了正规金融服务的不足。在贷款涉及的范围、金额、利率及方便程度等方面,民间借贷显示出独特的优势。

　　3. 带动了银行业服务水平不断提高。民间借贷给金融市场带来的竞争压力,一方面促使各家银行采取多种措施,提高资金筹措能力;另一方面促使银行简化贷款手续,加快业务创新。

(二) 不利的影响

　　1. 民间借贷的不规范性和自发性。由于民间借贷的天生缺陷导致其存在供给不稳定、融资规模相对较小和附带人情债等诸多弊端,特别是其游离于金融监管体系之外也容易产生金融风险。同时,民间借贷由于随意性大、规范性差,不少属于君子协定,即便订有书面协议,往往也是要素不全,有效性差,有的甚至只有一张身份证作为质押,不可避免引发一些民事、经济纠纷甚至诉讼案件,对于社会经济生活仍有一定负面影响。

　　2. 影响了地区金融的和谐与稳定。由于民间资金利率高、诱惑力强,如被投资者利用,就会引发非法集资,致使部分社会资金被高利贷利用,扰乱金融秩序。如一些房地产开发商拿新债还旧债,拆东墙补西墙,利率翻番,铤而走险。同时,民间融资借贷手续不完备,缺乏担保,极易引发经济纠纷。

3．削弱了国家宏观调控效果。国家实施适度从紧的货币政策,一些受到宏观调控措施限制甚至禁止发展的企业、行业,从正规金融机构融资受阻时,仍然能通过民间借贷的补充获得发展资金,从而削弱了宏观调控的政策效应。

归纳来讲民间借贷目前存在五大隐患:一是利率不合理,加重了债务人(含企业)的负担;二是容易导致债务纠纷,影响到社会稳定;三是引发资金不确定性流动,如地下金融,资金游离于银行外流转等,干扰正常金融秩序;四是冲击宏观的货币政策,如炒房团、炒煤团、炒矿团、炒农产品等,扰乱市场甚至影响宏观经济调控;五是诱发灰色交易,容易引发非法集资、金融诈骗、非法经营、套取银行信用高息转贷、非法洗钱、权力寻租、腐败等违法活动,严重影响社会秩序。

二、管理中小企业民间借贷的对策建议

(一)完善民间借贷的法规体系建设

现有的法律法规体系对发展民间金融不具有普遍的约束力和强制力。因此,第一,建议以《合同法》《公司法》等现有法律法规为基础,废除《非法金融机构和非法金融业务活动取缔办法》等法规中与正当民间借贷发展不相适应的部分。第二,要从法律上明确界定正当借贷与非法融资的界限,对具有真实的生产性或消费性支出背景,利率水平控制在合理范围内的借贷可视为正当融资,而对以非法占有为目的进行的金融诈骗、高息揽存、高利贷、洗钱等借贷活动应视为非法融资。第三,要对民间借贷主体双方的权利义务、交易方式、契约要件、期限利率、税务征收、违约责任和权益保障等方面加以明确界定,通过法律手段使民间借贷逐步走上契约化和规范化轨道。

(二)进一步开放金融市场

建立有利于中小企业融资发展的金融监管框架,一是积极开展中小企业借贷业务,增加中小企业融资服务。二是建立专门的中小企业贷款机构,实现银行结构扁平化,使商业银行的服务更加贴近中小企业。三是提供必要的法律咨询和保护,尽可能规避民间借贷风险。

(三)拓宽民间资金的投资渠道

首先,适当调整金融机构市场准入规则,把民间资金纳入正规金融或准正规金融渠道。其次,适度调整银行股本金准入规则,鼓励民间资本在城市商业银行和农村信用合作社中参股。

(2012年4月市政协六届二十次常委会议建言材料　作者:盛建春　徐荣江)

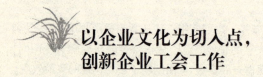

以企业文化为切入点，
创新企业工会工作

江苏中恒纺织有深厚的文化底蕴，物质文化基础坚实，制度文化支撑有力，精神文化渐入佳境。然而，我们也清醒地看到，近几年进厂的新职工占全体职工的半数以上，且进进出出，流动性、不稳定性很大，这些员工缺少公司多年长期的教育培训，质量意识、责任意识、制度意识、管理意识都比较薄弱，政治素质、技术素质、敬业精神、奉献精神与老职工相比都有很大的差距，致使企业文化建设有所滑坡，整体呈回落现象。为此，我们工会充分发挥在思想政治工作、职工教育培训、构建和谐企业等方面的优势，以企业文化为切入点，创新工会各项工作。

一、强化企业精神宣教

企业精神是企业文化的核心和灵魂，是员工的共同追求、共同意志、共同情感。经过不断地总结、提炼，我们推出"品质于中，诚信至恒"新的企业精神。从字面上看，直观明了，就是企业和员工，所有好的品质都凝聚汇集其中，诚实守信永远不变；从组合上看，将"中恒"二字巧妙地包含其中，个性鲜明又科学合理。为了保证宣教效果，我们把企业精神丰富的内涵诠释为具体要求，让全体员工科学理解、全面把握。

"品质于中，诚信至恒"，就是坚持走质量增效之路不动摇，实施精品工程，将产品不断做得更好，做到其他厂家难以替代，打响中恒品牌，形成中恒效应；就是坚持诚信经营，以品质参与竞争，以真诚打动客户，以信誉赢得市场，打造"百年老店"；就是坚持财务指导生产经营，从原料采购到生产、销售整个过程，降低消耗，提高效率，加强核算，降本增效；就是坚持"安全第一"，培育员工严格遵守操作规程，实现安全无事故。

"品质于中，诚信至恒"，就是全体员工树立正确的世界观、人生观、价值观，爱国守法，明礼诚信，团结友善，勤俭自强，敬业奉献，做遵守社会公德、职业道德和家庭美德的模范，处处表现出良好的素养；就是做学习型、技能型员工，学知识，学技术，练本领，长才干，努力增强竞争能力，适应结构调整和技术进步；就是各级领导率先垂范，热爱纺织事业，忠诚于中恒的事业，真抓实干，勇于创新，办事认真，处事公正，严于律己，清正廉洁，带领企业整体奋发向上；就是进入管理状态，必须讲究服从，使从严治司不但是企业的需要,也成为每个员工的内在要求。

"品质于中,诚信至恒",就是视员工为企业财富,重视企业内部凝聚力的培养,达到企业与员工共同发展的目标;就是在严格管理的基础上注重人本管理,使每个人在思想深处产生对中恒的热爱、对自己工作的热情;就是切实维护好职工合法权益,让发展成果由大家共享,构建和谐企业;就是打造优美环境,创建温馨家园,愉悦员工心情,陶冶员工情操,关心员工生活,提高员工待遇,增强员工归属感和自豪感。

中恒精神丰富的内涵,也是中恒企业文化所涵盖的内容,她比较全面地回答了中恒企业文化是什么、怎么做的问题,全体员工一目了然,入耳入脑。通过认真学习,深刻领会,全体员工基本做到:说话办事体现企业精神,时时处处弘扬企业精神。

二、强化价值理念引导

价值理念或者叫作价值观,是我们对经济、政治、道德、金钱等所持有的总的看法。近年来,我们大力宣传公司党委书记、董事长蒯大文同志为中恒员工高度概括的"和谐共荣"的价值观,引导全体员工增强凝聚力和向心力,推动企业与员工共同发展,使企业和员工在更高的层次上融为一体,实现追求卓越、共享繁荣的大目标。

我们要求全体员工以加快发展促进"和谐共荣",以维护稳定保障"和谐共荣",以提高素质推动"和谐共荣"。

公司从企业自身实际情况出发,以"上为国家做贡献,下为职工谋利益,让发展成果由大家共享"为出发点和落脚点,使发展步入以人为本、全面协调可持续发展的轨道,促进全员利益和谐。我们督促各级领导牢固树立全心全意依靠职工办企业的思想,千方百计地调动好、保护好、发挥好职工的积极性。各级工会组织广泛深入地开展各种竞赛活动,激励职工在建设和谐企业中建功立业。

和谐共荣必须有一个稳定的环境。为此,我们倡导和要求员工,一要增强大局意识。一切从事业的高度和发展的大局出发,以司为家,同心同德,同舟共济,共谋发展。二要增强团队意识。努力形成集中统一、职责分明、有矩可循、按章办事的运行体制和既有组织严肃认真、又有个人心情舒畅的稳定有序的局面。三要增强服务意识。倡导和督促各级干部与职工多沟通,多交流,多办实事,以情留人。工会通过送温暖工程、"大病大家帮"活动,积极倡导急他人所需、帮他人所难的团结互助精神,员工切实感受到企业大家庭的温暖。

努力提高职工整体素质,是和谐共荣的思想保证和运行动力。为此,我们提出"四高"要求,即:思想上高境界,是非、善恶、美丑的界限不能混淆。业务上高水平,以一流的技术生产一流的产品,以一流的管理创造一流的效益。工作上高效率,大力倡导雷厉风行、说干就干的作风,快节奏、高效率地工作,不断开创生产经营新局面。生活上高要求,倡导健康文明的生活方式,推动社会进步,促进企业与社会和谐。

三、强化活动载体助推

1. 始终围绕提高职工素质来推进,为企业开发人力资源助智。深入开展"创建学习型组织,争做知识型员工"活动,深化"诚信、双赢"教育,组织各种技能比赛,努力营造全员学习、岗位成才的浓厚氛围,形成不断学习不断创新的文化品质,把企业发展建立在拥有一支知识型、技能型、创新型、复合型的高素质职工队伍的基础上。

2. 始终围绕创建和谐企业来推进,为发展和谐文化助势。通过举办培训班、专题讨论、交流会、恳谈会等多种形式,培养职工和谐意识,营造企业和谐氛围,用和谐的思想来提高落实劳动合同、集体合同、工资协商的自觉性;通过"企业关爱员工、员工关爱企业"的互爱活动,丰富和充实创建和谐企业内容。

3. 始终围绕营造文化氛围来推进,为提升企业感染力助情。我们在公司内一些醒目位置常年布置简洁明快、富于哲理的宣传标语,诸如:"品质于中,诚信至恒;追求卓越,构建和谐""品质是生命是信誉是市场,中恒是学校是舞台是家园""厂好我好大家好,还为明天更好;财旺人旺日子旺,全靠中恒兴旺""扭住第一要务,牢记两个务必,践行"三个代表";诚交五洲商贾,打造十亿中恒,回报百万人民""质量关乎饭碗,保质量就是保饭碗;实绩决定岗位,有实绩才能有岗位""知识是财富,学习是台阶,技术是本钱;岗位靠竞争,竞争靠技能,技能靠学习"等,这些通俗易懂、对仗工整、内容丰富、喜闻乐见的标语,表达先进观点,传播先进思想,传递人文关怀,激励员工斗志,给员工以引导、感染、温暖和力量,员工耳濡目染,置身于企业文化熏陶之中,思想、品德、修养、习性在不知不觉中受到感染、影响和滋润。经典的宣传标语成为企业文化的一道靓丽风景,发挥着独特的作用。

企业文化是企业员工思维方式、行为模式的综合,是全体员工的习惯、风尚与集体主义意识;企业文化通过提高企业品味、提升员工素养,推进企业发展,而企业文化建设的主体是全体员工,要想使优秀的企业文化成为全体员工自发自觉的内在表现、行为习惯,企业工会任重道远,使命光荣。

(2011 年 5 月省总 22 次轻纺年会交流材料,被评为一等奖)

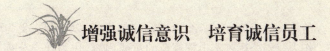

增强诚信意识　培育诚信员工

胡锦涛同志在党的十七大报告中指出："以增强诚信意识为重点,加强社会公德、职业道德、家庭美德、个人品德建设。"认真学习、深刻领会、积极落实总书记在加强社会主义文化建设上提出的新要求,立足企业实际,我们要以全新的认识,更高的要求,增强员工诚信意识,大力培育诚信员工。

一、诚信是构建和谐社会的基础

诚信是中华民族的优良传统,是人们道德养成的起点、基础,是为人处事最基本、最普遍的道德要求,它意味着一个人从小到大到老,无论何时何地,自我修身,与人交往,持家创业,都要以诚信作为基本准则。在五千年的中华文明史中,有许多关于诚信的论述,也流传着许多诚信的故事。中国共产党人为我们民族传统的道德规范注入了新的内容。毛泽东同志在讲到共产党员的基本素质时,一向强调"忠实""襟怀坦白""心口一致";邓小平同志指出:"一切企事业单位,一切经济活动和行政司法工作,都必须实行信誉高于一切";胡锦涛同志把诚信列为社会主义荣辱观

上海考察学习留影

的重要组成部分,倡导"以诚实守信为荣,以见利忘义为耻"。今天,诚信作为我国公民基本道德规范的重要内容,作为社会公德、职业道德、家庭美德、个人品德建设的重点,标志着我国全民道德建设进入一个新的发展阶段。一个社会要和谐发展,必须依靠法律和制度来规范,同时也必须借助道德的力量来引导。作为员工,诚信在企业行为中最基本的表现就是诚实劳动,有一分力出一分力,出满勤、干满点、不怠工、不推诿,不强调客观,不寻找借口,按标准生产,按规章办事,凭实绩讲话,对企业负责;体现在贸易服务中,就是严格履行合同契约,不弄虚作假,不以次充好,取信于市场,取信于社会。诚信是立身之本、发展之道。构建和谐社会,个人需要诚信,企业需要诚信,社会同样需要诚信。只有人人讲诚信,让诚信进万家,才能建立稳定的市场经济秩序,培植优良的社会信用体系,为构建和谐社会夯实基础。

二、诚信是企业兴衰的"试金石"

市场经济是信用经济。搞企业必须要诚信经营,而企业的信用主要来自质量信誉和服务信誉。企业要想生存发展,必须下苦功夫提高产品质量,用真功夫打造自己的品牌,必须牢固确立"100－1＝0"的质量思想。以次充好、假冒伪劣,只能是自己砸自己的牌子;粗制滥造、侥幸过关是坚持不了多久的,垮台是早晚的事。人们不会忘记,南京冠生园制作"黑心月饼"的事件,在社会上引起的强烈反响。"陈馅做新饼"被曝光后,南京冠生园信誉一落千丈,生产经营形势急转直下,几代人苦心经营的老字号最终偃旗息鼓,宣告破产。

千百年来,以诚信为信条和强调道德约束的商业文化谱写了中国商业文明的辉煌历史,直至进入现代商业文明时代,依然历久弥新,影响深远,像我们熟悉的许多国内知名企业都秉承了这一优良传统,海尔以"真诚到永远"赢得了无数消费者的信赖;联想把"诚实做人、注重信誉、坦诚相待、开诚布公"作为做人和做企业的准则,为企业做强、做大积累了深厚的道德底蕴。

企业确立诚信经营的思想,必须培育诚信员工队伍。作为员工,不把心贴在企业上,没有荣辱与共的意识,不重视产品质量,不珍惜企业的信誉,缺失的恐怕不仅仅是工作责任心,同时也是做人最起码的道德——诚信。所以,要提高企业信誉,打造信用企业,必须从提高每个员工的道德水平入手,强化员工诚信意识,老老实实做人,实实在在干事,做到领导在场与不在场一个样,有人查与没人查一个样,用良心去生产,以德行去经营;必须立足质量根本,苦练内功,精益求精,打造品牌,提高质量信誉;必须对产品负责到底,想用户所想,解用户所难,创立服务信誉。只有以精品赢得客户,用诚信拓展市场,企业之树才能长青。

市场经济是法治经济,也是道德经济。道德经济要求企业每个员工加强诚信修养,杜绝偷工减料、粗制滥造、以次充好、野蛮装卸等不道德行为。随着诚信风尚的形成和治理机制的完善,那些不诚实劳动、不按章办事的人,那些损害企业质量信誉和服务信誉的人,最终必然受到绝大多数员工的谴责,必然被企业所淘汰。

三、广泛开展诚信实践活动

诚信建设是一个广泛的、深入的、群众性的实践活动,它要求从每个人做起,从每一件事做起。

1. 党员要带头讲诚信。"我志愿加入中国共产党,拥护党的纲领,遵守党的章程,履行党员义务……"这是党员入党时面对党旗的誓言。既然宣誓了,就得守信践行。这是对党员最起码的要求。如果连自己说过的话都不算数,那还能立足社会、服务社会,还能随时准备为党和人民牺牲一切吗?

2. 领导要带头讲诚信。作为领导,应该成为员工诚信的榜样。因为,领导具有导向作用,上行下效,只有各级领导言行一致,表里如一,诚实守信,以身作则,职工才会跟着学,照着做。不论大事、小事,对人、对己,不论对上级、对下属、对工作、对事业,都心怀诚意,实事求是,我们就会赢得职工的尊重,就能产生强大的感召力和凝聚力。

3. 大力倡导"真善美"。对人对己对事都坚持实事求是的态度,说老实话、办老实事、做老实人,既是一种真,也是一种善和美。反之,言不由衷,口是心非,当面一套,背后一套等,这些行为既是一种假,也是一种恶和丑。信守合同、公平竞争、诚实劳动、真诚合作是真善美,欺上瞒下、弄虚作假、尔虞我诈、抗蒙拐骗是假恶丑。我们要不断提高员工的审美标准,在创造外在美的同时,更注意内在美的追求,用品德、修养、知识、智慧、才能等来培育更高境界的美,以诚信塑形象,用诚信架"金桥"。

4. 从小事做起,从我做起。教育引导员工从大处着眼,小处着手,与人说话办事不要"玩水""放苍蝇";答应给别人办的事,一定要办好;自己做出的承诺,一定要兑现;赠予要到位,借东西要还;朋友约会、同事宴请,必须准时……这些看上去都是一些"小"事,却能衡量一个人的诚信度,衡量一个人的道德修养。"一个不经意的细节,往往能够反映出一个人深层次的修养。"我们在社会交往过程中,只有时时处处做到诚实守信,才能取得别人对你的信任和赞誉;只有把诚信当习惯,社会诚信才能蔚然成风。

诚信作为一个道德原则,要求每个人在任何时候、任何情况下都能自觉遵守,使之贯穿于生产、经营、管理和社会生活之中;都能以良好的个体形象来维护整体形象。因为,个别员工的不诚信,往往也会给企业带来不良影响。所以,诚信从每个员工做起,从每一件小事做起,"勿以善小而不为,勿以恶小而为之",不但是个人修身养性的本质要求,也是企业生存和发展的需要。事实上,每个员工既是诚信的实践者,也是诚信成果的受益者,每个员工的道德水平都提高了,企业的形象才会更加完美,信用企业才有坚实基础;企业发展壮大了,作为企业的员工也才会有更多的收益和骄傲。

增强诚信意识,培育诚信员工,既是企业古老的话题,也是当前的重要工作,更是构建和谐社会一项长期而艰巨的战略任务,我们要不断学习,提高认识,反复实践,逐步深化,为促进企业乃至全社会文明素质的提高做出应有的贡献。

(2008 年 7 月 3 日,中国纺织职工思想政治工作研究会第 16 次年会交流材料,被评为全国纺织思想政治工作、企业文化优秀研究成果)

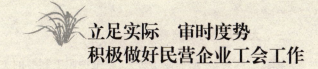

立足实际　审时度势
积极做好民营企业工会工作

从 2005 年元月 1 日起,江苏中恒纺织有限责任公司全面实行民营化运作。

毋庸讳言,民营企业工会工作与原国有企业相比,硬度降低,难度加大。但只要我们立足实际,审时度势,在转变职工思想观念、提高职工操作水平等五个方面给力,民营企业工会工作同样会有一片新天地。

一、着力转变职工思想观念

转变职工观念,不让其掉队落伍,也是维护职工利益。为了让广大职工跟上产权制度改革的步伐,适应民营企业的要求,我们专门编写了"转变观念"学习材料,组织职工学习、讨论,排查思想差距,更新思想观念,引导职工确立打工意识、竞争意识、责任意识、效益意识,增强对企业的忠诚度,对岗位的危机感,对工作的责任感。同时,相继开展创业、创新、创优"三创"主题教育活动、向优秀民营企业学习活动和"全县学中恒,中恒怎么办"大讨论活动,组织学习《没有任何借口》《为你自己工作》等文章,不断把职工的思想转变到新体制、新机制上来,统一到新企业、新目标上来。通过狠抓思想教育,职工的思想观念有了根本性改变,为稳定职工队伍和推行各项工作提供了强有力的思想保证。

二、努力提高职工操作水平

关注不适应技术进步的职工群体,让其增强就业本领和竞争能力,同样是维护职工权益。企业改制初期,老职工离厂多,新进厂学员多,我们把提高职工技术操作水平列为工作重点,会同生产部门大力开展"一帮一,一对红"、签订师徒合同等多种形式的帮教、练兵、比赛活动,制订详细的奖惩措施,限期提高操作水平,有效地调动了职工学习和帮教的积极性。为引导激励职工学技术、练本领,在全司评出 20 名生产标兵和技术能手,组织她们赴无锡、苏州旅游参观,并编写标兵能手先进事迹材料,组织大家学习,在职工中营造勤学苦练、赶超先进的浓烈氛围,推动学技术、练本领活动的开展,全司操作技术二类以上水平由 58.8% 提高到 90% 以上。

三、大力开展劳动竞赛活动

提高经济效益,增加职工收入,是维护职工利益的关键。而开展劳动竞赛是工会促进发展的重要手段,也是符合民企要求的务实之举。

一是开展质量攻关活动。针对产品质量中存在的主要问题或突发问题,组织工程技术人员和工人技术骨干进行质量攻关,奖励有功人员;选择重点项目,开展全面质量管理活动,促其稳步提高。同时,依据奖惩规定,及时奖励质量达标的优秀挡车工,调动和保护职工提高产品质量的积极性和创造性。

二是开展节能降耗活动。教育和引导每个员工节约一两棉、一根纱、一寸布、一滴油、一度电、一个螺丝、一张白纸,处处精打细算,人人开源节流,对在节能降耗、提高效益方面做出显著成绩的员工予以表彰奖励。

三是开展小改小革活动。鼓励员工在操作技术、设备工艺等方面小改小革,推进技术创新,提高工作效率。工程师赵长万是公司生产部主任,也是职代会劳动竞赛委员会副主任,工会充分发挥他抓生产技术的优势,让他在技术创新中当先锋、挑大梁。他带领技术人员在新疆棉生产、强捻纱线生产、高支纱线生产、进口美棉生产过程中,对生产工艺、现场管理等进行多项小改小革,攻克了多项技术难题,为企业生产水平和质量水平的提升做出了贡献,被省总工会表彰为省"技术创新能手"。

四、全力做好后勤服务工作

民营企业的生产经营意识、效益意识更强,宣传工作、群众工作、后勤工作的压力也更大。工会不直接抓生产经营,但必须为其多出好招,多办实事,提供保证。改制后,食堂内退人员较多,我们打破常规,返聘有工作经验的管理人员,聘用思想好、厨艺高的老师傅重新上岗,增加花色品种,合理制定饭菜价格,职工非常满意。夏季发放毛巾、香皂、风油精、清凉油,每天两次冷饮水送到车间。卫生所从厂区偏僻角落搬至公司大门外主干道上,方便员工就诊,降低药品利润。调整集体宿舍电气线路,加大容量,配足电源插座,从根本上解决了私拉乱接不安全问题。在雨季来临前,主动查修老旧厂房,减少漏雨对生产的影响。所有后勤部门都围绕生产经营,全力做好服务工作。

五、尽力推进企业民主管理

"国有改制企业与非公有制企业,维权机制建设的目标、内容、手段应该各有侧重。"根据相关精神,在厂务公开方面,我们合理把握公开尺度,适时公开以下六个方面的内容:一是企业制定的各项规章制度;二是辞退和处分职工的情况和理由;三是职工养老、失业、医疗等社会保险的缴纳情况;四是劳动安全卫生保护情况;五是劳动合同、集体合同及工资协商情况;六是劳动定额等涉及职工合法权益的其他事项。在工资协商方面,我们会同人事部门,一是对各生产厂、部室的定员重新测算,根据岗位重要性、技术含量、劳动强度等因素,拟定岗位工资标准;二是在生产一线推进计件工资制,通过测定工作量、测算产质量,拿出不同工种、不同品种计件工资标准的初步意见。在广泛征求意见和充分协商的基础上,最终形成比较合理、职工认可的以计件工资为主、岗位工资为辅的工资分配制度。

如何加强和完善民营企业工会工作,更好地促进企业发展;如何在民企资本积累的初期阶段,与经营者一道最大限度地维护职工权益,很多难题还有待我们去破解,成功之路还要不断探索磨合。正如王兆国同志在全国维权机制建设经验交流会议上所说的"职工合法权益的实现遇到了许多新情况新问题","工会必须深入研究,及时提出应对的思路和具体的措施"。我们坚信,这只是一个短暂的过程。通过上上下下共同努力,民营企业全面健康发展的机制一定会更加科学完备,民营企业的工会工作一定会大有作为,民营企业的劳资关系一定会和谐融洽,民营企业和民企职工的明天一定会更加美好。

(2005 年 10 月 20 日江苏省 17 届棉毛纺企业工会工作年会暨经验交流会材料)

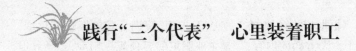

践行"三个代表" 心里装着职工

胡锦涛同志七月一日在"三个代表"重要思想理论研讨会上指出："'三个代表'重要思想是面向21世纪的中国化的马克思主义,是新世纪新阶段全党全国人民继往开来、与时俱进,实现全面建设小康社会宏伟目标的根本指针。""实现人民的愿望、满足人民的需要、维护人民的利益,是'三个代表'重要思想的根本出发点和落脚点。"我们要认真学习和深刻领会胡锦涛同志重要讲话精神,自觉用"三个代表"重要思想指导工会工作实践,更好地代表、维护、实现职工群众的根本利益,把广大职工的智慧和力量凝聚到全面建设小康社会上。

一、突出工作重点,在引导职工投身改革上有新贡献

一是广泛宣传"两个毫不动摇"。一方面,要求职工毫不动摇地坚持公有制经济的主体地位,立足实际,聚精会神搞建设,一心一意谋发展;一方面,教育职工毫不动摇地支持发展非公有制经济,国家抓大放小,地方企业国退民进势在必行,只要有利于经济发展,就顺应潮流,与时俱进。

中恒四任团委书记(左起:张群、盛建春、刘琴、厉佑广)

二是为企业公司制改革鸣锣开道。让职工明白，要使企业真正成为独立核算、自负盈亏、自主经营、自我约束的法人实体和市场竞争主体，就必须改革现行的运行机制，向真正的公司制转变，完善法人治理结构，增强先进生产力发展的动力和活力。三是认真组织技术创新活动。以提高企业经济效益为中心，在企业技术改造、产业升级、新品开发、节能减排、信息管理、发明创造等方面，把传统的经济技术活动与创新要求紧密结合，突出技术创新，突出创新成果的推广应用，促进科技成果向先进生产力的转化。深入开展"创建学习型组织，争做知识型职工"活动，加快职工知识化进程，培养和造就一支适应知识经济要求、具有创新意识、掌握新知识和新技能的新型劳动者大军，团结动员职工在全面建设小康社会中建功立业。

二、培植企业文化，在提高职工整体素质上有新举措

在大力弘扬民族精神的同时，进一步培育企业精神，让企业精神成为职工的共同追求、共同意志和共同情感，不断促进职工的全面发展。教育和引导职工把对祖国的爱转化为对企业的爱，把企业目标变为在本职岗位上实实在在的行动。大力开展向先进模范学习活动，增强职工主人翁意识，爱岗敬业，勤学苦练，精益求精，埋头工作，争创一流，甘于奉献。大力宣传抗洪精神和抗非典精神，引导职工树立正确的世界观、人生观、价值观，团结一致，众志成城，不畏艰难，不懈奋斗，勇于探索，敢于胜利。大力加强法制建设和思想道德建设，引导职工在企业做个好职工，在社会做个好公民，在家庭做个好成员，努力追求道德的最高境界，自觉抵制不良现象的侵袭，促进厂风、党风和整个社会风气的根本好转。

三、心里装着职工，在履行工会维护职能上有新突破

"三个代表"重要思想的本质是立党为公、执政为民。学习贯彻"三个代表"重要思想，就是要高举维护大旗，充分保护和调动职工群众的积极性、主动性和创造性。随着改革的深入和经济关系的调整，不可避免地会产生各种利益关系的碰撞和摩擦，为此，我们应在维护单位整体利益的同时，维护职工合法权益。在整个改革和发展中，让职工知厂情、监厂事、参厂政，增强企业凝聚力。树立职工利益无小事的观念，积极做好下岗职工再就业工作，在理顺情绪上做文章，在关心理解上动真情，在分流安置上求实效，不让一个职工掉队落伍，不让一个困难职工过不去，切实把维权工作做细做实做出成效。

　　全心全意为职工服务,是工会干部实践党的宗旨、贯彻"三个代表"重要思想的具体体现。对于企业工会干部来说,很重要的一点,也是最起码的,就是要对职工怀有深厚的感情,现在有的工会干部把自己当成"官",也摆官架、打官腔,也摆脸色、秀威风,对职工的困难和疾苦视而不见,推三阻四,这是极不正常、也是非常危险的现象。作为企业工会干部,一定要坚持从职工中来,到职工中去,关心职工的工作、学习和生活,热心解决职工在衣食住行、文化生活方面的问题,使职工切实感受到党和政府的关怀,感受到企业和"职工之家"的温暖,感受到自己真正是企业的主人,进而自觉为企业发展、为全面建设小康社会贡献力量。

(刊于 2004 年第 1 期《中国工运》)

推行厂务公开　促进企业发展

　　无论是企业持续困难，还是形势明显好转，江苏中恒纺织有限责任公司始终坚持全心全意依靠职工办企业的方针，不断完善职代会制度，推行厂务公开，加强民主监督，让职工知厂情、监厂事、参厂政，增强了企业凝聚力，调动了职工积极性，使企业在困境中得以生存，在发展中不断壮大。

　　中恒公司在推行厂务公开中，重点抓八公开。一是重大决策公开。企业年度计划、经营方针、投资方案、重大技改方案、生产经营重大决策、财务预决算方案、改制方案等重要事项全部提交职代会讨论通过。二是业务招待费使用情况公开。坚持每半年向职代会报告业务招待费使用情况，不仅让职工明白，而且节约了开支。三是物资采购公开。1997年以来，公司实行供应公开制，主要原辅材料、机物料、采购量、供货厂家及价格、质量全部公开，货比三家，改变了过去"封闭式"的采购形式，增加了透明度。四是产品销售价格公开。成立纱、布定价领导小组，每月召开两次定价会或及时召开碰头会，合理商定产品销售指导价，并明确各级领导的审批权限，确保价格公开合理。五是废旧物资处理公开。坚持年度一次

厂领导专题调研织布技改方案

性公开拍卖煤渣;每半年拍卖一次废旧电机和报废的五金器材;每月公开拍卖废棉下脚料;所有在千元以上的废旧物资都采用公开竞买的办法定价。六是工资奖励分配公开。公司与分厂、部室一级分配严格按职代会通过的工资方案执行,部门二次分配全部张贴上墙,每个人得多少分,拿多少钱,大家一目了然。七是建房、分房、售房公开。每次建房前先将建设方案提交职工审议,施工单位公开招标,并邀请职工代表监督;住房标准、分配方案、分房打分情况、分房结果张榜公布;售房的各项规定、每个人的具体情况及享受的相关待遇都公布于众,公开进行。八是选拔任用干部公开。按照公开、平等、竞争、择优的原则,选拔任用18名中层干部,各分厂值班长、工段长全部公开竞争上岗;另外,每年坚持职代会民主评议企业领导干部,发展党员、评选劳模坚持公示制度,对质量事故、工伤事故也进行公开处理。

厂务公开的实践使我们充分认识到,党政领导民主管理意识强,是厂务公开得以顺利进行的前提。公司总经理蒯大文始终强调,企业不是哪个人的,是国家的,职工是企业的主人,企业的大事不能一个人说了算,也不能几个人说了算,不能暗箱操作。他主动将有关重大决策方案提交职代会审议,主动将群众反映强烈、习惯于少数人决定的问题予以科学公开。正是由于一把手和一班人始终坚持全心全意依靠职工,充分尊重职工当家做主的权利,才使厂务公开真正落到实处。

职工群众积极主动参与,是推行厂务公开的基础。随着市场经济的不断深入,特别是前几年纺织形势一滑再滑,职工命运与企业发展的关联度更加紧密,大家对企业的关切度更加提高。很多职工代表意味深长地说,领导向我们亮"家底",让我们监督,请我们献计,增强了我们的紧迫感、责任感和使命感,企业再困难,大家也要风雨同舟,奋力拼搏。所以,广大职工比以往任何时候都关心企业发展,关注管理上的薄弱环节,主动向企业提合理化建议。

内容实在、重点突出、层次分明是推行厂务公开的关键。只有把广大职工最关心、与企业发展和职工切身利益最直接的问题,作为公开的主要内容,才能真正使职工的民主参与、民主管理和民主监督工作落到实处,而不是以一些鸡毛蒜皮的事来搞形式、装门面、走过场。同时,注重公开的层次性,对不同的内容,在不同的层次和范围内公开,如企业重大决策向职代会公开,建房、分房、售房向全厂职工公开,产品销售价格只向销售人员公开等,既做到了公正性,又避免了随意性。

中恒推行厂务公开,有内容、有效果,但在制度化、规范化上,还有待于进一步加强。当前,我们将从以下三个方面加深对推行厂务公开重要意义的认识。

一是推行厂务公开有利于推进企业民主政治建设。当前,纺织形势虽有好转,但企业的包袱依然沉重,下岗职工再就业矛盾依然突出,涉及职工切身利益的问题较多,改革调整的难度很大。通过厂务公开,让职工知厂情、议厂政,有利于解决难点、热点问题,有利于企业重大问题的决策;通过厂务公开,既促进职工密切关注企业的大事小情,又可以凝聚人心,鼓舞士气,有利于统一思想,提高认识,进而形成合力,众志成城,促进改革、发展和稳定。这样的实践,是发展社会主义民主的重要内容,是推进企业民主政治建设的有效途径,将有力地促进基层民主政治建设登上一个新的台阶。

二是推行厂务公开是贯彻"依靠"方针的具体体现。实行厂务公开,向职工亮"家底","给职工一个明白",是职工依法行使民主管理、民主参与和民主监督权的前提条件。我们常讲,职工是企业的主人,职工的积极性、智慧和创造力是企业活力的源泉,如果我们切实有效地实行厂务公开,从政治上保证职工在企业的主人翁地位,从制度上落实职工当家做主的权利,他们就会实实在在地体会到自己是企业的主人,就会主动"想主人事,干主人活,尽主人责",以自己的聪明才智推动企业的改革和发展。

三是推行厂务公开有利于加强企业领导班子党风廉政建设。实行厂务公开,让领导干部置身于职工群众的监督之下,可以增强干部的廉洁自律、民主意识,提高拒腐防变的意识和能力;密切党群关系、干群关系;能够集思广益,科学决策。在当前破产重组的特殊情况下,领导班子一心为公,形象优良,作风过硬,对形成干群相互理解、相互信任、相互支持的良好环境尤为重要。

厂务公开、民主管理是一项根本性的长期工作。我们将认真学习贯彻中纪委、国家经贸委和全国总工会下发的《关于推行厂务公开制度的通知》,认真贯彻省厂务公开电视大会精神,统一思想,提高认识,乘风乘势,把厂务公开、民主管理工作引向深入,更好地促进企业两个文明协调发展。

（刊于 2002 年 4 月 19 日《江苏工人报》）

"三个代表"
对企业工会干部素质的要求

"三个代表"重要思想是在新的历史条件下全面加强和改善党的领导的伟大纲领,也是推进新世纪工会工作的指南。作为企业工会,能否充分发挥工会各项职能,促进先进生产力的发展,加速先进文化建设的进程,维护职工的根本利益,从根本上讲,主要取决于工会干部的综合素质。所以,必须打造一支长于促进经济发展、善于推进企业文化、勇于维护职工利益的工会干部队伍。

一、充分发挥"建设职能",促进社会先进生产力发展,要求工会干部提升现代经营能力和技术创新素质

企业是先进生产力的重要载体。一切科学发明创造,都要通过企业转化为现实生产力。因此,企业在现代化的进程中,要改变过去那些不符合现代社会生产力发展要求的价值理念、行为规范和管理模式,使之趋于先进与科学,促进和推动生产力的发展。作为现代企业的工会干部,应当加强学习,敏锐地洞察先进生产力发展的特点和趋势,知晓市场经济规律,熟悉现代企业经营方式,在董事会制定方针、政策及进行体制改革等重大决策时,提出切实有效地应对措施。如果闭目塞听,对先进生产力的发展变化茫然无知,对市场经济理论一窍不通,就难以组织和带领职工群众推进现代企业的发展,建设有中国特色的现代化事业。

推动生产力发展,发展先进生产力,必须积极开展群众性技术创新工程,培养职工创新精神,提高职工创新技能,让每个人的聪明才智得到充分的发挥。在推进创新工程中,工会干部必须立足厂情,吃透上情,与行政规划相向而行,与职能部门密切配合,以推动企业技术进步、提高企业经济效益为中心,把传统的经济活动与企业创新要求紧密结合,与车间班组的"双革四新"、"双增双节"、质量攻关、安全生产、现场管理、全面质量管理等方面的工作紧密结合,突出技术创新,突出创新成果的推广应用,促进科技成果向先进生产力的转化。必须带头加快知识化进程,增强创新意识,提高创新能力;带头参加企业技术升级、扩能改造、新产品研发、科技项目申报等相关工作,做到在创新中有位置、有作为。

二、充分发挥"教育职能",推动先进文化发展,要求工会干部提升理性思维能力和思想道德素质

"三个代表"把代表先进文化的前进方向同代表先进社会生产力的发展要求和最广大人民的根本利益统一起来,表明发展先进文化与先进生产力是相辅相成、相互促进的,是符合广大人民群众根本要求的。对企业来说,改进思想政治工作,深化精神文明建设,弘扬优秀企业文化,就是推进先进文化。企业工会干部必须按照现代化企业和现代人生活的丰富内涵和相应要求,增强理性思维能力,升华思想境界,提升精神品位,策划全新的企业形象,丰富企业文化底蕴。只有这样,才能在企业有效地落实代表先进文化的前进方向。

发展先进文化,要加强社会公德、职业道德、家庭美德和个人品德教育,提高广大职工的思想道德素质,增强大家的民族自尊心、自信心、自豪感。而对每一个工会干部来说,他的道德品质如何,不仅标志个人品德修养高低,而且是决定能否为职工群众放好样子、能否有效地发挥其领导能力的重要因素。同时,由于工会干部的特殊身份,其道德品质高低,对端正党风、纯正厂风、带好民风也将直接产生重大影响。因此,每个工会干部,都应从党的事业出发,从"代表先进文化前进方向"的高度,自觉地加强自身道德修养。只有带头修身养性,放样子、做表率,才能教育引导广大职工确立正确的世界观、人生观、价值观。要积极寻求追求效益、效率与讲求职业道德、乐于奉献的最佳结合点,努力形成全体员工既树立远大理想、崇高信念,以高尚的思想道德要求鞭策自己,又踏踏实实地做好本职工作,在平凡的岗位上为实现党在现阶段的基本纲领而不懈奋斗。

三、充分发挥"维护职能",代表最广大职工根本利益,要求工会干部提升源头参与能力和人民公仆素质

把职工群众的利益实现好、维护好、发展好,是工会的性质所决定的,是工会干部的天职,这是其他任何组织都不能替代的。而从源头上维护职工合法权益和根本利益,可以收到事半功倍的效果。企业工会干部要善于通过职代会、厂务公开、平等协商和集体合同等规范性程序,从源头上把职工的权益维护好。在当前企业改革不断向纵深推进的关键时刻,工会干部尤其要掌握政策,熟悉法规,研究改革,明晰思路,对正确的改革措施,一定要旗帜鲜明、坚定不移地支持,并积极主动地做好群众工作;对于改革出现偏差,危害职工权益的,必须通过正当渠道,有理有节地提出

建议,寻求一致的解决方案,并及时做好解释疏导工作。

履行维护职工合法权益的基本职责,是实践"三个代表"的重要体现。"保障工人阶级和广大劳动群众的经济、政治和文化权益,是党和国家一切工作的根本基点,也是发挥工人阶级和广大劳动群众积极性、创造性的根本途径。"作为企业工会干部,一定要发挥好党联系职工群众的桥梁和纽带作用,通过履行维护职工合法权益的基本职责,保护、调动、发挥广大职工的积极性和创造性。一定要建立健全以职代会为基本形式的职工民主管理制度和平等协商、集体合同制度,保证广大职工了解和参与企业的民主决策、民主管理和民主监督的权利。一定要怀着深厚的感情,深入到职工群众特别是困难职工中去,关心他们的疾苦,倾听他们的呼声,真心实意为他们说话办事。要为职工创造一个宽松有序的环境,使他们话有地方说、理有地方讲,反映的问题能得到及时公正的解决,工作舒心,生活惬意,精神充实,真正感受到自己是企业的主人。

（刊于 2002 年第 1 期《中国纺织》）

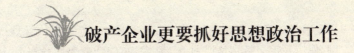

破产企业更要抓好思想政治工作

当前,破产重组作为企业改革、发展的一项特殊举措正在大力推进。然而,破产过程中暴露出来的矛盾和问题数量之多、难度之大,企业思想政治工作从未遇过的新情况、新挑战,必须引起我们高度重视。因此,我们必须认真贯彻落实《中共中央关于加强和改进思想政治工作的若干意见》以及中央思想政治工作会议上的重要讲话精神,扎实有效地开展思想政治工作,为企业改革发展提供强有力的思想保证。

针对破产企业的实际情况,开展思想政治工作,重点要突出"五抓"。

一抓党建。党组织的核心作用,在企业破产时必须更加突出。必须做到队伍不散、阵地不丢、作用不减,始终保持对破产工作的领导地位,始终站在破产工作的最前沿。

抓好党员教育是各级党组织的一项长期工作,在企业破产过程中显得尤为重要。要通过"三会一课"等多种形式,让所有党员及时全面地了解企业破产重组的方针政策和重大意义,使所有党员都能正确对待、自觉拥护和带头支持破产工作。要将党员教育与企业生产紧密结合,号召全

在团委班子会议上讲话

体党员带头解放思想,坚定信心;带头坚持生产,服从管理;带头遵纪守则,保持稳定。特别是遇到急、难、险、重的任务要冲锋在前,树立形象,凝聚人心,以自己的实际行动影响和带动职工群众共同关心改革、支持改革、参与改革,影响和带动职工群众扎实抓好当前各项工作,确保破产工作按照预定计划正常开展。

二抓教育。通过各种行之有效的途径,向全员宣传破产的意义,要讲政策、讲方向、讲出路,最大限度地把职工的思想和行为统一到破产的工作中来。

必须把《破产法》等政策法规和相关规定原原本本交给职工,把企业生产经营实际状况和破产重组方案如实告诉职工,进而教育引导职工增强改革意识、发展意识、裂变意识。让大家从内心深处认识到,由于历史的、体制的、形势的多方面的原因,企业生产经营难以为继,为了从根本上摆脱困境,轻装上阵,就必须对企业依法实行破产。要教育职工识大体、顾大局,克服“等靠要”思想,不好高骛远,不盲目追求,自觉的处理好国家、集体和个人三者利益关系。要教育职工确立市场观念、竞争观念,一切要靠自己,引导他们用市场经济的眼光看问题,提高职工走向市场的主动性、自觉性和创造性。

突出法纪教育,保证政令畅通。针对破产可能引发少数职工思想的波动,不排除个别职工会出现极端情绪的可能,各级组织要提前开展法纪教育,制定预案,组织职工认真学习《治安管理处罚条例》《职工奖惩条例》等法律法规和厂纪厂规,通过对违纪违法案件的剖析,引导大家知法、懂法、守法、用法,共同创造一个稳定有序的破产环境。

三抓典型。榜样是一面无形的旗帜。企业在实施破产过程中,要善于发现典型、培养典型,充分发挥典型的模范带头作用。要大张旗鼓地宣传支持改革、参与改革、推动改革和以大局为重、维护集体利益、积极参加生产自救的人和事,强化他们的示范效应,影响和带动绝大多数职工投身改革。

细纱挡车工、江苏省劳动模范陶利,是一名技术出众、形象服众的操作能手。她积极支持改革,参加生产自救,发挥自己的技术特长,主动挡难车、多挡车,并发扬无私奉献精神,扎实做好新工人技术传帮带工作,促使整个车间技术水平大幅提升,受到领导和同事的尊重和赞扬。公司及时号召全体员工向她学习。一花引来百花艳,先进的人和事不断涌现。从这些先进人物的身上,广大职工增强了信心,看到了希望,都以实际行动支持改革,为企业破产重组工作顺利开展奠定了坚实的基础。

同时,对极个别阻挠改革、制造混乱的反面典型,也要敢抓敢管,要旗帜鲜明严肃厂纪厂规,执行党纪政纪,直至追究法律责任,确保企业改革平稳有序地进行。

四抓竞赛。发展是硬道理。在企业实施破产过程中,要最大限度地组织职工生产自救,通过多种形式的劳动竞赛,充分调动全体职工的工作积极性和主动性,确保破产工作和生产经营两不误,双促进。

开展劳动竞赛,必须结合破产实际,与企业生产经营的具体情况有机结合。如设立党员示范岗、团员先锋岗、巾帼标兵岗竞赛;破产不减产产量之竞赛、改革不改诚信质量之竞赛、市场疲软精神不疲软营销之竞赛等等。通过一系列行之有效的劳动竞赛,坚定大家改革的信念,增强大家脱困的信心,激励大家工作的热情,增添企业经营的活力,进而稳定职工的生产、生活情绪,为企业破产奠定一定的经济基础。

五抓服务。企业破产进行时,各级领导,包括所有职能管理人员在每一项工作中,都必须体现全心全意为职工服务的思想。

大力实施同心工程,坚持“依靠”方针,增强“宗旨”意识,多做“得人心、暖人心、稳人心”的工作,切实帮助职工解决工作和生活中的实际问题,用实际行动,密切同职工群众的关系,坚定职工的“信仰、信念、信任、信心”。要改进工作作风,反对简单粗暴,切忌敷衍塞责。与职工多一些沟通,少一些回避,多一些指导,少一些指责,多一些热情,少一些冷漠。最大限度地为职工解疑释惑,排忧解难,不让一个职工掉队,不让一个困难职工过不去,确保一方稳定。

(刊于 2001 年第 11 期《工厂管理》 作者:盛建春 李元浪)

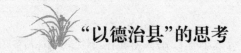

"以德治县"的思考

坚持德治与法治相结合,是依法治国的一个重要思想。党的十一届三中全会以来,特别是经过三个五年普法,我国的民主法制建设明显加强,随着社会主义市场经济的发展,提出德治与法治相结合,凸现德治的作用,对推进新世纪的改革、发展和稳定,具有重大而深远的意义。

阜宁是革命老区,抗战时期,曾是华中抗日根据地的政治、军事、经济、文化中心之一,刘少奇、陈毅、黄克诚、张爱萍等老一辈无产阶级革命家在这里领导过抗日斗争,当年新四军"听党指挥,忠于人民,坚贞不渝的铁的纪律;不怕牺牲,百折不挠的铁的意志;军民一致,官兵一致,牢不可破的铁的团结;令行禁止,执纪严明,秋毫无犯的铁的纪律;勇猛顽强,英勇善战,所向无敌的铁的作风"的铁军精神,一直鼓舞着阜宁人民自强不息、勇往直前。在全面建设小康社会和构建社会主义和谐社会的今天,铁军精神,仍然具有超越时空的强大生命力,仍然是激励我们前进的丰富资源和不竭动力。铁军精神,是伟大的中华民族精神和共产党人革命精神的重要体现,是我们以德治县的生动教材。

以德治县,就是要教育全县人民以为人民服务为核心,以集体主义为原则,以爱祖国、爱人民、爱劳动、爱科学、爱社会主义为基本要求,以职业道德、社会公德、家庭美德建设为落脚点,不断提高全民思想道德水平。当前,在职业道德建设方面应着重抓好以下五点:

一是把爱岗敬业教育作为职业道德建设的核心。爱岗敬业是社会主义市场经济条件下最现实的问题,也是职业道德最起码、最基本的要求。爱岗敬业,就是热爱本职,忠于事业,有强烈的职业自豪感、责任感。振兴阜宁是全县百万人民的共同事业。如果每个人都能立足本职,刻苦学习,尽心尽力地做好本职工作,把职业当事业,把个人的才华、能力以至生命投入到工作中去,"富民强县赶苏中、加快建成阜宁市"就有了广泛而坚实的基础。盐城市五星级企业、江苏中恒公司董事长、总经理蒯大文同志以振兴阜宁为己任,带领全体员工大胆解放思想,主动抢抓机遇,奋力开拓创新,勇于攻坚克难,2000 年,实现销售 2.48 亿元,利润 1150 万元,上缴税金 1450 万元,成为"阜宁纳税第一人",为企业的发展和新阜宁建设做出了积极的贡献,为我们树立了爱岗敬业的榜样。

二是把遵纪守法教育作为职业道德建设的基础。各行各业各种岗位,都应以国家法律法规、企业厂纪厂规作为职业道德的基础和标准。每个人都要加强法纪修养,使遵纪守法成为一种内在要求,成为一种道德上的义务。当前,尤其要加强全民自觉纳税的宣传教育,为确保农村"费改税"工作的顺利进行和各行各业税源不流失,营造浓烈的舆论和法制氛围。要敢于同一切违法乱纪行为做斗争,维护社会和经济秩序的稳定,在阜宁形成人人文明生产、守法经营、按章纳税、依法办事的政通人和的政治局面。

三是把诚实守信教育作为职业道德建设的主要内容。诚实守信是社会主义市场经济条件下各类职业人员所需的共同品质,也是发展阜宁经济人际交往中应该加强的基本准则。要杜绝短斤少两、坑蒙拐骗、偷工减料、假冒伪劣等违背职业道德的行为和现象,诚心诚意地服务客户,实实在在地取信客户,让天下客户感到阜宁人可信赖、够朋友,全面塑造阜宁的良好形象。

四是把为人民服务教育作为职业道德建设的关键。各种职业活动说到底都是为他人、为社会服务的活动。在阜宁广大人民群众中,要形成我为人人、人人为我的良性循环,以为他人提供优质的产品和优良的服务作为自己职业活动的追求。作为共产党员,要始终牢记全心全意为人民服务的宗旨,时刻把人民群众的安危冷暖放在心上,努力为群众办实事、办好事。各级领导机关、职能部门,要彻底改变那种"门难进、脸难看、话难听、事难办"以及"吃拿卡要"的衙门作风,树立密切联系群众、勤政为民的良好形象,真正为基层、为群众排忧解难。

五是把无私奉献教育作为职业道德建设的要求。职业劳动本身就是一种奉献社会的活动,无论什么岗位、什么行业的人员,只要兢兢业业,努力工作,不断创造,就是在为社会、为人民做贡献。只要我们每个人都把自己的智慧、力量、真情、爱心奉献给社会,阜宁就一定会拥有一个更加美好的明天。

"政治路线确定之后,干部就是决定的因素。"我们的各级领导干部是"富民强县赶苏中,加快建成阜宁市"的组织者和领头雁,是县委、县政府各项方针政策得以顺利贯彻实施的依靠和保证。领导干部身居领导地位,具有导向和表率作用,直接影响所在地区或部门的凝聚力。领导者个人的素质和修养是无声的命令和无形的力量。这就是"官德"效应。

一要廉为先。遇事先考虑党和国家的利益,考虑全县百万人民的利益,而不是从私利出发,占公家便宜,乃至假公济私、以权谋私。最近,中央领导同志指出:"由于我们党处在执政地位并长期执政,党内有一些人逐渐产生了一种错误的思想倾向,他们把党和人民赋予的职权,把自己的地位、影响和工作条件,看成是自己的所谓既得利益,不是用这些职权和条件来为党和人民更好地工作,而是用来为自己捞取不合理的、非法的私利。他们甚至是把这些东西看成是谁也碰不得、动不得的私有财产,想方设法地要去维护和扩大这种所谓既得利益,这是十分危险的。"如果说老百姓具备了一般做人道德就可以了的话,那么,作为领导干部理应以"先天下之忧而忧,后天下之乐而乐""吃苦在前,享乐在后"的人格力量,成为群众的模范、时代的先锋。在这个问题上,各级领导干部不仅要自己身体力行,还要教育好家人和部属。

二要说真话。说真话,是一个人立身处世理应遵守的基本准则。作为领导干部尤应如此。说真话,就是要尊重县情、乡情、厂情,尊重事物发展的客观规律,尊重人民群众的意愿,坚持实事求是的原则,不说谎,不隐瞒,不唯上,不唯书,只唯实。汇报工作,总结经验,表里如一,心口如一,问题不缩小,成绩不夸大,矛盾不掩盖,有喜报喜,有忧报忧,有一说一,有二说二。对上要说真话,对下也要说真话;工作上要说真话,生活中也要说真话。不能对上一套,对下一套;当面一套,背后一套。更不能口蜜人前,腹剑人后,颠倒是非,混淆黑白,把巧言令色、投机取巧作为为官之道,把捉摸不定、欺上瞒下作为经验之谈,把插圈弄套、暗度陈仓作为一技之长。如此吏滑之气、不正之风与实事求是、真抓实干是格格不入的。

三要"拘小节"。作为领导干部,要树立正确的世界观、人生观,自觉抵制各种腐朽思想的侵蚀。不但在大是大非问题上,要旗帜鲜明,坚持原则,严守法纪,秉公办事,而且在"生活圈""社交圈""八小时以外"都要时时自重、自省、自警、自励,做到"慎独、慎微、慎权、慎欲",严于律己,以廉为荣,以俭立身,堂堂正正做人,清清白白为官,实实在在干事,筑牢防腐拒变的防线。要合理职务消费,严防职务犯罪,做到在任何时候、任何情况下,都能保持党员干部的高风亮节。

以德治县所标示的,是一种强大的政治向心力、政府凝聚力和思想影响力。只要我们坚持以"三个代表"重要思想为指导,紧密结合阜宁的实际,调动各方面的力量,采取求真务实的工作态度,认真负责地抓实抓好,就一定能够全面而卓有成效地提高阜宁人民的道德水准,推进"富民强县"的进程。

（刊于 2001 年第 3 期《黄海学坛》,后获盐城市纪念中国共产党成立 80 周年理论研讨会论文评比二等奖）

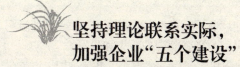

坚持理论联系实际，
加强企业"五个建设"

——江苏中恒公司精神文明建设纪实

坚持理论联系实际，是我们党的优良传统，也是我们做好新时期思想政治工作的指南。近年来，江苏中恒纺织有限责任公司组织人员广泛深入地开展学习邓小平理论活动，坚持理论指导实践的方向，并着力加强企业五个方面的建设。

1. 加强班子思想建设。《中共中央关于加强和改进思想政治工作的若干意见》里指出："必须坚持教育与管理相结合。"中恒公司一班人在学习小平理论的同时，认真学习领会中央《意见》的精神实质，公司董事长兼总经理蒯大文同志始终强调：必须把思想工作与管理工作融为一体，互为促进，加快企业发展步伐。党政领导思想统一，目标明确，把健全领导决策机制作为企业管理与思想政治工作结合的着眼点，把提高产品质量作为企业管理与思想政治工作的突破点，把增加经济效益作为企业管理与思想政治工作的出发点，把关心职工生活作为企业管理与思想政治工作的落脚点。真正做到了两个文明计划一起拿，两个任务一起下，两个成果一起要，两手硬，双丰收。1999年，该公司实现销售收入18654万元，比上年增长16.59%；实现税金1239.74万元，比上年增长31.45%；实现利润351万元，一举扭转了连续4年亏损的局面；企业被盐城市政府评为"四星级企业"，被国家纺织工业局表彰为"思想政治工作优秀企业"。2000年，实现销售收入24800万元，上缴税金1400万元。实现利润1150万元，提前2个月完成全年经济指标，党委中心学习组被阜宁县委命名为"学习示范点"，双文明建设和综合治理工作受到市县领导的充分肯定。

2. 加强党员队伍建设。多年来，中恒公司十分注重发挥中心组学习的辐射作用，着力上好党课，加强党员队伍建设。党委每年除上好"七一"大党课外，各党总支、党支部分别集中党员上党课不少于4次。1998年至今，累计上党课104次，听课人数在7000人次以上。党校办班10次，千余名党员、入党积极分子参加学习培训，有力地促进了全体党员、干部学风的提高，形成了浓厚的学习氛围。

他们还充分利用电教工作的优势，组织党员干部上好这种崭新形式的党课,连续收看多部反腐倡廉等教育片,同时组织大家进行观后交流和撰写心得体会,增强党课的活力和号召力。

3. 加强民主集中制建设。几年来,中恒公司在贯彻民主集中制方面重点突出以下几点:

一是企业重大改革。从1995年下半年起,中恒公司的前身阜宁县纺织厂由于受国内外宏观经济形势和企业多年来的积弊,经济效益持续滑坡,直至严重到了资不抵债、生产经营难以为继的濒临破产境地。厂部、党委一班人认为,国家为了搞活国有大中型企业,在全国重点城市和重点企业试行政策性破产,为企业核销银行呆坏账,让企业甩掉包袱、焕发生机,这是一个难得的机遇。于是,阜宁县纺织厂申报破产的方案交给了全体职工,由大家讨论通过。经过近2年的大量细致的工作,阜宁县纺织厂终于被国家列入2000年第二批国企破产重组项目,并批文实施。实施过程中,人心稳定,生产经营正常,职工对新公司前途充满信心。

二是企业重大经营决策、重大技改项目、重要人事任免、大额资金开支,都要经过领导班子集体讨论,在充分发扬民主的基础上实行集中决策。

三是推动厂务公开工作的开展。企业年度计划、经营方针、投资方案、财务预决算等重要事项全部提交职代会讨论通过;坚持每半年向职代会报告业务招待费使用情况;物资采购公开,产品销售公开,废旧物资处理公开,工资奖金分配公开,建房、分房、售房公开,选拔任用干部公开等,所有这些,让职工知厂情、监厂事、参厂政,增强了企业凝聚力,调动了职工积极性。

4. 加强企业制度建设。去年以来,公司组织职工积极参与和推进"产权清晰、权责明确、政企分开、管理科学"的现代企业制度建设,实行规范的公司制改革,促进企业形成新老"三会"协调运转的法人治理结构。在成立江苏中恒纺织有限责任公司的过程中,以及公司的前期运作阶段,公司工会组织职工、代表职工参与企业重大决策,形成资本监督与职工监督的有机结合。

5. 加强企业文化建设。公司领导一班人注重用改革和发展的成果,用正确的理论、正面事例、反面教材,对职工进行思想政治教育,使职工了解形势、明确任务、坚定方向、统一认识,给职工"灌注"一种精神、一种品质、一种能力,形成说干就干、干就干成、干就一流的信念。每年元旦、"五一"、"十一"等重大节日,工会都开展职工喜闻乐见的文化娱乐活动,寓教于乐,陶冶职工情操,为精神文明建设创造了良好的文化环境。

去年5月,公司工会在全司开展"面向二十一世纪职工主人翁形象"征文活动,收到干部职工征文近百篇,通过评选,他们将优秀征文汇编成册,发至所有干部职工学习,开展群众性再教育。二纺厂细纱挡车工马爱民《我在变,大家都在变》的体会文章,在《中国纺织报》头版刊登后,在新疆库尔勒棉纺织有限责任公司一线职工中引起了热烈反响和强烈的共鸣,《中国纺织报》同样在头版以"小文章大作用"为题,报道库棉职工学习讨论《我在变,大家都在变》的情况。中恒公司开展的素质教育活动在社会上引起了较好的反响。

（刊于 2001 年 2 月 17 日《盐阜大众报》）

发挥科学理论在企业思想政治工作中的
基础性作用

"以科学的理论武装人,以正确的舆论引导人,以高尚的精神塑造人,以优秀的作品鼓舞人"的重要思想,是我们做好企业思想政治工作的指南。改革开放以来,特别是近几年来,我们在抓好中心组学习的基础上,充分发挥科学理论在企业思想政治工作中的基础性作用,为企业的改革、发展和稳定提供了强有力的精神动力和思想保证。

一、用改革的理论武装职工

小平同志早就指出:"改革也是解放和发展生产力。"这些年来,我们不断地向职工灌输改革的理论,宣传改革的成果,帮助职工解放思想、更新观念,努力使广大职工在思想上和行动上与改革同步。去年以来,我们组织职工反复学习《中共中央关于国有企业改革和发展若干重大问题的决定》,带领大家在思想认识上确立了"五个观念":

一是"改革才能发展"的观念。大家一致认为,改革是解放和发展生产力的必由之路,只有改革,才能解决国有企业深层次的矛盾和问题;才能搞活经营机制,增强技术创新能力;才能减轻债务和社会负担;才能摆脱困境,提高效益,增强实力,加快发展。

二是"市场就是财富"的观念。公司领导带头走向市场,认识市场,调查研究,顺应潮流,适应竞争;科技人员积极围绕市场,开发新品,调整结构,狠抓管理,提高质量;营销人员主动角逐市场,建立网络,开辟客户,扩大销售,优化市场;全体员工自觉服从市场,增产

在京西宾馆出席全国纺织
思想政治工作研究会议

节约,增收节支,提高效益,加快发展。

三是"质量就是生命"的观念。一抓提高产品质量,围绕用户要求,强化质量管理,健全保证体系,严格考核指标,稳定质量水平;二抓提高工作质量,严格工作标准,规范操作程序,加强落实,杜绝失误,高效优质;三抓提高售后服务质量,重视用户意见,及时快速整改,提高服务水平,满足用户需求。

四是"成本就是资源"的观念。人人重视成本资源,增强成本意识,全方位、多渠道挖掘成本潜力,优化成本结构,实现集约经营,增加经济效益。

五是"技术就是生产力"的观念。各层各级尊重知识,重视人才,褒奖创新;坚持科技兴厂,加大科技投入,加快技术创新;实施技术改造,提高装备水平,增强企业竞争能力,加快与国际市场接轨。

二、用发展的理论凝聚职工

无论是在企业困难的时候,还是在企业经济效益全面好转时期,我们始终坚定"发展是硬道理"。从全国看,改革开放以来,我国的社会主义现代化建设取得了举世瞩目的巨大成就;从阜宁看,5年再建新阜宁取得长足发展;从中恒看,经过4年苦战,企业终于扭亏为盈,步入良性发展轨道。从这些变化中,职工加深了对"发展是硬道理"的理解。

在经济效益持续滑坡、生产经营难以为继的那段极其艰难的日子里,我们的口号是:只要不停车、不关门,我们就有希望。全体员工紧紧团结在厂部、党委周围,发扬破釜沉舟、勇往直前的精神,满负荷组织生产,全方位开拓市场,终于闯过了重重难关,打胜了扭亏增盈的攻坚战。1999年,在纱锭、织机总量分别减少5.94%、12.9%的情况下,与上年相比,纱、布产量分别增长14.5%、35.2%;在产品售价平均下跌10%的情况下,销售收入分别增长16.59%、31.45%;在增本减利因素超千万、归还各类欠款977万元的情况下,实现利润351万元,一举摘掉连续4年亏损帽子。阜纺在困境中崛起,使每个员工都清醒地认识到,大发展小困难,小发展大困难,不发展最困难,只有不断发展,才能更好地解决各种困难。

小富勿满,小胜勿喜。企业扭亏后,我们及时发动职工排查与全省纺织排头兵无锡一棉在资产负债、效益、销售、质量、管理、装备、技术、员工素质上的差距,提出我们发展,别人也在发展,甚至是在更高的起点上以更快的步伐发展。通过正确地看待"富"而催生危机感、紧迫感,3000员工咬住发展不放松,加快发展不停步,今年1—10月,实现销售收入20449

万元,上缴税金 1277 万元,实现利润 850 万元,提前 2 个月超额完成全年经济指标,创建厂 30 年新高。国庆期间,公司全体员工加班加点,在生产岗位上与全县人民一道欢庆建国 51 周年。董事长、总经理蒯大文同志明确指出:中恒每天 60 多万元的产值不能轻易丢失,中恒要为新阜宁建设做更大贡献。很多员工激动地说,过去企业亏损,日常班都上不足,人员下岗,收入下降,现在形势好了,我们要不失时机地多生产、多增效、多贡献,自己也多收入,一举几得。国庆七天假日,公司实现产值 466 万元,创利 21 万元。经济的发展,使中恒公司从来没有出现过像现在这样人心齐、人气旺、信心足。

三、用精品的理论提高职工

市场经济对企业的质量管理提出了更高更严的要求。小平同志指出:"质量第一是个重大政策,这也包括品种规格在内。"为了牢固确立全员"质量第一"的意识,我们把"管理精益,质量精品"作为企业的经营理念,提出中恒的产品,不仅要适销对路,而且都要是"精品",只有"精品",才能永远立于不败之地。为此,公司上下大力实施了"精品工程"。在内控标准上,对照先进制定出追赶目标、递进指标、配套措施和时序进度;在基础管理标准上,严格检查试套,对管理制度、操作法和工作标准,陈旧的更新,落后的修订,不足的加强;在技术措施上,加强研究,组织攻关,并投入 1250 万元对工艺落后的纱锭进行全程改造;成立技术中心,加强技术创新和开发,研制生产提花织物等高技术含量的新品。

实施精品工程,要求大力提高全员素质。通过培训,班组长从五个方面强化了班组的质量管理:一是开展思想教育活动,班组每个成员都能牢固确立质量第一观念;二是学习和运用科学管理方法提高质量管理的水平;三是建立和开展质量管理小组活动,进行质量攻关;四是严格按照标准办事,掌握质量信息反馈;五是把班组质量管理与劳动竞赛、技术练兵、安全生产、经济核算、学习先进紧密结合。全体员工根据"精品"要求,立足本职,勤学苦练,精益求精,努力使自己成为适应社会主义市场经济发展需要的知识型、技能型劳动者。

在"精品"理论的引导下,我们要求中恒每个员工都要成为名牌员工。我们把企业目标当成动员企业全体成员为之奋斗的旗帜,成为大家的共同理想、共同愿望和共同追求,成为一种巨大的精神动力、内聚力量和激励因素,化为每个职工的具体行动。我们用"精品"理论,给职工"灌注"一种精神、一种品质、一种能力,形成说干就干、干就干成、干就一流的信念;引导职工想主人事情,尽主人责任,努力培育主人翁意识,树立主人翁责任感;引导职工在企业做个好职工,在社会做个好公民,在家庭做个好成员;引导职工正确看待社会的阴暗面和弊端,坚信社会主义前景是光明的、美好的,要求职工自觉抵制不良现象的腐蚀和侵袭,并与之作坚决的斗争;号召全体员工向劳动模范和先进人物学习,努力使自己成为一个有理想、有道德、有文化、有纪律的人,一个有益于人民的人。

四、用创新的理论激励职工

"创新是民族进步的灵魂,是国家兴旺发达的不竭动力","一个没有创新能力的民族,难以屹立于世界民族之林"。这些重要论述深刻揭示了这样一个真理:何以兴国,唯有创新;何以兴厂,唯有创新。创新,使中恒公司奇迹般地从困境中冲了出来,实现恢复性增长;创新,让中恒公司再一次踏上快车道,实现跳跃式发展。

连月来,我们组织全体员工认真学习党的十五届五中全会《建议》,高起点、高标准规划中恒"十五"发展蓝图,大家开动脑筋,献计献策,豪情满怀,信心百倍,决心大力推进机制、技术、产品、管理四个方面的创新。

在机制创新上,一是按照"产权清晰、政企分开,权责分明、管理科学"的要求,建立现代企业制度,规范中恒纺织有限责任公司的运作。二是按照"三改一加强"的要求,做到责任、能力、贡献和收益高度统一,企业资金保值增值。三是建设一支廉洁实干、开拓进取的企业领导班子和勤政高效的管理队伍。四是强化外引内培力度,努力提高企业科技队伍素质和全员素质,调优人才结构。

在技术创新上,按照"三无一精"产品要求,加快技改步伐。一是进行适应性改造,投入 6330～6630 万元,对现有设备进行改造、更新,切实提高产品质量、产品档次和生产效率,降低棉耗、能耗,新增效益 1500 万元;二是扩能改造,围绕面料开发和升级,投入 1.06 亿元,扩大无梭织机生产规模,提高产品开发能力和附加值水平,提升产品档次,实现利税 3000 万元。三要积极采用具有世界先进水平的尖端技术,在设备自动化程度、光电技术、数控技术、程控一体化等方面,改善机械状态,提高质量水平和生产效率。

在产品创新上,建立一支适应市场需要,具有快速应变和把握市场主流能力的开发队伍。加大企业研究所的投入,增加研究力量,加快新工艺、新原料、新设备的研究和新产品的开发力度。围绕经济效益中心,发展高技术、高质量、高附加值、高效益的"四高"产品,使企业产品引领市场潮流,傲立竞争潮头。年开发四至五只具有国际先进水平、技术含量高、市场覆盖面广、经济效益优的新品,实现新品产值2亿元,利税6000万元,利润3000万元。

在管理创新上,一是推广实施精益生产管理方式、A管理模式,导入CIS,注重企业文化建设,创名牌产品,做名牌员工,塑名牌企业,在2年内使企业的综合管理水平位居全市之首,到2005年,综合管理水平达到或接近无锡一棉和安徽华茂集团水平。二是完善企业质量体系,加速通过ISO9002国际质量体系认证,实现与国际市场接轨。三是加强信息高速公路建设,充分发挥自身网站的优势,把握网络商机,年网上营销产值达5千万元,并以每年20%的幅度递增。通过国际互联网,吸取和借鉴国内外的先进技术、管理经验,把企业全面推向国际市场,为企业插上腾飞的翅膀。

"问渠那得清如许,为有源头活水来",只要我们以科学的理论为指针,认真学习,不断实践,就一定能做好新时期企业思想政治工作,不断开创企业各项工作新局面。

(2000年11月阜宁县党员干部学风建设研讨会交流材料,获评一等奖)

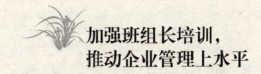

加强班组长培训，
推动企业管理上水平

　　班组是企业最基层的生产单位和管理单位，是企业各项工作的基础。搞好班组的物质文明和精神文明建设，对促进企业上水平具有十分重要的意义。针对近几年来纺织形势连续滑坡，人员变动较大，班组建设有待加强的实际，为了紧紧抓住加入世贸组织的有利时机，夯实管理基础，提升综合实力，江苏中恒纺织有限责任公司把 2000 年定为"班组长培训年"，以全面提高班组长的综合素质，切实加强班组建设，推动企业管理上水平。

一、基本情况　现状分析

　　目前，中恒公司生产一线共有 34 个大班、19 个工段，有值班长 36 名、工长 21 名。客观公正地分析这支队伍，优点有四个方面：第一，思想素质较高。90% 以上的班工长有 10 年以上的工龄，有 15 名同志是党员，具有较高的政治热情和大局意识，热爱工作岗位，思想作风正，组织纪律性强。第二，有吃苦耐劳精神。不怕苦、不怕累，工作抢在先，干在前，处处以身作则，率先垂范，以自己的行动影响和带动身边的同志做好工作。第三，事业心较强。关心企业的发展，重视班组、工段建设，办事严要求、讲原则，遇到问题不推诿、敢负责，做到以厂为家，以事业为重，把自己的前途与企业的发展紧密结合在一起。第四，组织协调水平较高。团结员工，言行一致，凝聚人心，注重关系协调，处理问题果断。这些都是我们的优势和财富，也是我们继续前进、加快发展的根本保证。然而，这支队伍也有四个方面的不足：一是思想观念滞后。具体表现为：计划经济的思想观念还没有完全消除，跟不上形势的发展和公司的要求，理解执行出现偏差；重产量、轻质量思想仍然严重。二是业务知识不全面。由于值班长、工长都是在原岗位上产生，没有经历过轮岗锻炼，因此仅熟悉某一个工序，上任后忙于管理，疏于学习，而忽略了对相关工序的深入了解和准确把握，仍是"单打选手"，没有成为"多面手"和"全能冠军"。三是管理方法陈旧。体现在两方面，一方面管理方法简单化，仍受传统经验的束缚，用"奖罚"代替思想政治工作。另一方面管理素质不高，典型的是"三不"：一是

"不愿管",被动应付,或者是只顾顶岗,放弃管理;二是"不敢管",怕"恼人"思想严重,发现违规绕道走,当被上级领导查到时,还帮着说人情,更有个别同志,进行反管理,以"维护职工利益"自居,把精力用在对待值班干部检查上;三是"不善管",工作方法不是自由化式的简单,就是管卡压式的粗暴,赏罚不明。四是缺乏创新意识。教条主义严重,上边怎么说,下边怎么做,亦步亦趋;对一些新生事物和先进经验浅尝即止,不研究、不推广。这些不足,在不同程度上制约了班组、工段工作的有效开展,削弱了班组、工段管理强度,影响了产品质量和经济效益的提高,延缓了企业加快发展的步伐。所以,对班组长进行系统的培训,摆上了公司党委的重要议事日程。

二、抓好培训 强化责任

由公司工会牵头,人事部、生产部共同组织,中恒公司 2000 年值班长(工长)岗位培训全面展开,培训内容主要有班组管理基础工作、班组质量管理、班组安全管理、班组劳动竞赛、班组民主管理、班组思想政治工作、班组长基本素质及工作方法等十个方面。

班组管理基础工作是企业管理基础工作的重要组成部分,是企业生产经营管理活动的根基,要求班组长重点抓好班组标准化工作、班组定额工作、班组原始记录、班组规章制度和班组基础教育。

班组质量管理是企业开展全面质量管理的重要内容,更是提高企业产品质量的重要基础。当前,我国纺织企业都在抓住"入世"前的有利时机,苦练内功,力争以一流的产品质量与国际市场接轨。因此,加强班组质量管理是当务之急,有着深远的意义。要求班组长突出抓好工艺纪律管理;设备维修保养;产品质量的自检、互检;生产现场的工序管理;产品质量的分析;质量改进;文明生产等。强调增强全员质量意识,首先要求班组长牢固树立质量第一的观念,当产量、设备、消耗等与质量发生矛盾时,应旗帜鲜明地服从质量。一旦值班长质量意识淡薄了,天平倾斜了,职工就会上行下效,得过且过,产品质量也只能是一塌糊涂。不重视质量的班长不能当班长,不重视质量的职工也不是好职工。对不重视产品质量或在工艺操作中弄虚作假造成质量事故的职工,无论是谁,都要一查到底,严肃处理。要进一步加大经济责任制中质量考核的比重,哪怕产量再高、消耗再低,质量不合格,必须坚决予以否决。

班组质量管理要做到六个结合:一是把质量管理与执行安全操作规程结合起来,二是把质量管理与劳动竞赛结合起来,三是把质量管理与岗位练兵、技能提升结合起来,四是把质量管理与质量攻关、小改小革结合起来,五是把质量管理与经济核算结合起来,六是把质量管理与学习先进经验结合起来。

班组思想政治工作要根据"四有"职工的要求,结合班组实际,用说服、教育、启发、疏导等方法,对班组成员进行思想政治教育,克服消极因素,调动积极因素,以保证班组各项生产任务的完成。新时期思想政治工作没有知识的优势,就很难有工作的优势。枯燥无味的说教,职工已不感兴趣;以权压人、以势欺人,职工也不会买账;和稀泥、打和牌,不解决问题;方法简单粗暴,容易激化矛盾。所有这些,给班组长提出了更新更高的要求。为此,我们要求班组长加强学习,不断充实提高自己,在进行社会主义特色论、爱国主义、集体主义、社会主义民主与法制、职业道德、主人翁责任感教育及职工日常管理工作中,注意方法、讲究艺术。要善于用正确的理论、正面事例、反面教材,对班组成员进行宣传教育,注重给职工"灌注"一种能力、一种精神、一种品质,形成一种说干就干、干就干好、干就干成、干就一流的信念。要善于把指标、措施、任务和困难,原原本本地交给职工,引导职工想主人事情,尽主人责任,使大家主动为搞好班组工作献计出力。这几年,班组充实了不少大中专毕业生,作为班组长,要坚持以人为本,重视人才的作用,做到尊重人才,厚待人才,为人才的成长创造条件、提供保证。要坚持表扬为主,晓之以理、动之以情、导之以行。人的思想是多种多样和不断变化的,班组思想教育的方法也应是多种多样的,班组长应因时、因地、因人而异,针对具体情况,采取不同的方法,努力探索,积极进取,不断总结班组思想政治工作的新途径和新方法,以适应企业改革和发展的要求。

通过培训,班组长必须强化三个责任:一是经济责任,就是承担经济指标责任。对公司、生产厂下达的质量、产量、消耗、毛利等各项经济指标,负责细化到车台、分解到人头,不打任何折扣,不讲客观条件,采取一切措施,克服各种困难,逐项加以落实,保证所有指标全面完成和超额完成。二是行政责任,就是承担行政管理责任。要保证人、物、信息在生产过程中的有序、高效流动,就必须加强一系列管理制度的执行,把企业各项规章制度变成员工的自觉行动,特别是要围绕加强质量管理这个重点,抓工艺纪律执行,严格工艺上车;抓操作技能提高,杜绝违章操作;抓设备动态检修,提高完好率和利用率;抓生产现场秩序,确保整齐规范、行为有序、洁净文明;抓轮班生产控制,提高综合效率;抓劳动纪律管理,提高工作质量和工作效率;抓安全生产管理,实现"三无"。同时,要认真学习新的管理思想,积极推广、运用新的管理方法和手段,提高班组、工段管理水平。三是政治责任,就是承担职工思想政治工作责任。针对班组成员存在的思想问题,摸准脉搏,理顺情绪,关心员工生活,帮助解决实际困难,不激化矛盾,无违法犯罪现象,保一方稳定。

加强班组长培训,提升班组长素质,对于加强企业管理、促进企业发展有着十分重要的现实意义。我们坚信,中恒公司的"班组长培训年",必将为中恒的发展壮大起到巨大的推动作用。

(2000年4月27日江苏省纺织丝绸工会工作研究会第15届年会交流材料)

抓教育　动真情　求实效
切实做好下岗职工思想政治工作

认真做好下岗职工思想政治工作,对于稳定情绪,化解矛盾,不断深化企业改革,保持社会大局稳定,促进经济有效增长,具有极其重要的意义。近两年来,我们充分发挥工会抓宣传教育的优势,在加强下岗职工思想政治工作方面进行了积极的探索,收到了较好的效果。

一、在宣传教育上下功夫

随着全国性经济结构调整步伐的加快,过剩的生产能力被压缩,部分落后的纺织设备被淘汰,下岗、待业人员不断增多。从1997年3月到目前为止,我厂共有747名职工下岗待业。这些同志多年来"铁饭碗"端惯了,突然下岗,心里一时难以适应。他们中有的消极悲观、忧心忡忡,埋怨企业"计划经济时期只顾向国家多缴利润,只顾不断扩展",使企业背上沉重的债务包袱,现在效益差,嫌人多,搞下岗,是决策上失误,产生一种"无辜受害"的错觉。有的发牢骚,说怪话,甚至对企业改革产生明显的抵触,认为下岗是改革造成的,是领导无能,看不到企业现有弊端和改革前景,

起草共青团工作报告

对企业能否走出低谷产生怀疑,对工厂的前途产生怀疑,导致主人翁观念淡薄,精神支柱倾斜。有些下岗职工等靠要思想严重,择业观念陈旧落后,一切依赖企业,仍然留恋着"大锅饭"。

针对这些现象,工会一班人一致认为,如果不把下岗职工的思想政治工作做好,把他们的情绪理顺,不解决好他们的生计问题,不仅会极大地影响到职工群众的积极性、创造性,而且直接影响企业正常的生产经营工作,乃至社会的稳定。为此,我们及时地、有针对性地强化四个方面的教育。

一是强化形势教育。让每个职工都清楚,当前纺织困境的原因,有历史因素,有经济结构因素,也有经济周期影响的因素,是长期问题积累的反应。在计划经济体制下,政府对职工就业实行的是指令性安置,企业搞的是"大锅饭""铁饭碗""三个人的活五个人干,三个人的饭五个人吃",劳动生产率必然低下,企业冗员太多,使职工失业隐性化。多年来,纺织行业低水平重复建设严重,设备陈旧落后,生产能力过剩,市场供大于求,企业亏损日益加剧,矛盾日益显现。从企业本身来讲,企业要成为"独立核算,自负盈亏,自主经营,自我约束"的法人实体和市场竞争主体,就必须改革用工制度,实现减员增效,下岗分流。优胜劣汰是竞争的必然结果。

二是强化政策教育。让每个职工都清楚,把纺织工业作为国有企业改革和解困的突破口,是党中央和国务院的一项重大战略决策,是纺织企业从根本上摆脱困境的一条有效途径。中央出台的扶持政策,实际上是国家出钱买企业的旧设备,促进纺织行业从总体上加速改组改造,是一次难得的机遇。下岗分流给一部分职工带来了暂时困难,但从根本上看,有利于经济发展,符合工人阶级长远利益。

三是强化新的择业就业观教育。教育引导职工破除社会主义不会有失业的旧观念,树立按市场经济需求决定就业的新观念;破除依靠国家统分的依赖思想,树立自主择业的新观念;破除"进了工厂门,就是公家人"的陈旧意识,树立"优胜劣汰,能进能出"的新观念;破除一业定终身的传统意识,树立上岗靠竞争的新观念;破除只有八小时上班才算就业的过时思想,树立多种形式就业的新观念。

四是强化法制教育。我们旗帜鲜明地指出,企业愈是在困难的时候,愈是要有一个好的秩序,各种行之有效的规章制度必须坚决执行,必须达到厂部政令畅通、党委一呼百应、全员步调一致。工会深入职工反复宣讲,下岗遇到困难,有什么要求和建议,可以通过正常的渠道和程序向组织反映,但必须遵纪守法,有理有节。一定要划清是与非、合法与违法的界限,增强法治和纪律观念,不能感情用事,更不能为少数别有用心的人所利用,做出过激甚至违法的事情来。

在做好下岗职工的思想政治工作中,我们还注重通过多种行之有效的活动,提高宣传教育的效果。如厂工会积极组织下岗职工开展"再就业的路就在自己脚下"的大讨论,宣传报道下岗职工二次创业、自谋职业的先进典型;厂团委和女工委在下岗职工中分别开展"有理想、有道德、有文化、有纪律"和"自尊、自信、自立、自强"主题教育活动,全厂形成了强大的思想政治教育的合力。

二、在尊重理解上动真情

客观公正地分析下岗职工的状况,思考产生的原因,提出解决问题的建议,是工会工作者义不容辞的责任。不容否认,我们下岗职工中有"等靠要"的思想,有埋怨的情绪,需要转变观念,正视现实,但同时我们也希望各级领导,包括社会各界,正确的评价下岗职工,给他们以尊重、理解和帮助。在一些人的言谈中存在着一味指责下岗职工的倾向,不少人把职工下岗的原因仅仅说成是职工素质低,企业不能"白养",许多人把再就业难归咎于职工就业观念不转变,是职工要"体面、钱多、活轻、家近"造成的,增加了下岗职工的不满情绪。因此,我们在做下岗职工思想政治工作中,坚持三多三少:

一是多一分理解,少一点指责。我们认为,这些下岗的同志,多年来在岗位上干一行、爱一行、钻一行,兢兢业业,辛辛苦苦,默默奉献,在企业效益好的时候,他们并没有得到太多的实惠,现在调整结构,减员增效,需要他们做出牺牲,他们也这样做了。下岗了,面对诸多困难,承受各种压力,发发牢骚就说素质低,这不公正。再说,事情摊到自己头上,又会怎么样?人总是通情达理的。你尊重他,理解他,工作的主体和客体双方感情融洽,心心相通,同频共振,话才能谈到一起,思想认识更有利于统一。

二是多一些谈心,少一些灌输。必要的理论灌输是要的。实行鼓励兼并、规范破产、下岗分流、减员增效和再就业工程,形成企业优胜劣汰的竞争机制,是党的十五大确定的深化企业改革的一项重要措施,有利于经济发展,符合工人阶级长远利益。这些理论,每个下岗职工必须有所了解和深刻体会。但是,要统一下岗职工的思想,单凭理论灌输是不够的,下岗职工的思想状况虽有相同的一面,但由于各人的年龄、经历、家庭以及困难程度、思想认识各异,又形成各人不同的特点,通过个别谈心,从下岗人员具体思想问题出发,从解决具体问题入手,提高他们的思想认识。

三是多一些调查,少一点失误。35 岁至 49 岁的下岗职工,他们人到中年,就业竞争能力差,都是上有老下有小,解决了他们的再就业就等于解决了他们家庭的生活保障问题。另外,女职工的下岗率比男职工高,而再就业率比男职工低。诸如这些情况,我们都要认真地调查研究,及时了解和掌握他们的现实状况,知道他们在想什么、有什么要求、需要得到什么帮助。通过调查了解,掌握第一手材料,为领导决策提供依据,并适时提出政策建议,实施源头维护,尽量减少不应有的失误。

下岗分流,对部分职工来说,确实是一种严峻的考验,应该看到,职工群众在过去许多年中,为企业和国家做出了贡献,今天的下岗分流也应该说是为改革和体制转轨做出的一种贡献。我们工会应以深厚的感情和爱心,满腔热忱地做好他们的思想工作,帮助他们实现再就业。

三、在分流安置上求实效

下岗职工思想政治工作做得好不好,要看职工的思想情绪和企业生产经营秩序是否稳定,最终还是看有没有最大限度地妥善安置下岗职工再就业。为了提高下岗职工再就业的技能,我们先后举办了缝纫、机械、烹饪、细纱挡车四个培训班,吸收下岗职工 200 多人,为他们重新择岗就业创造了条件。过去,厂里用的包装物、纸管、塑料袋、尼龙绳等生产辅助材料都要外出购买。这些东西投资少、难度小,如果自己搞,那要安置多少下岗职工啊。于是,由科室工会主任孟庆塾同志牵头,跑生产车间了解辅助材料的用量,到供应公司打听这些材料的进货渠道和价格,花了 3 个晚上,写出了建立纸管厂、烫塑厂、制绳厂的建议和可行性论证报告,在厂领导的关心支持下,由三产发展公司具体操作,这些辅助材料厂在 1 个月内全部建立起来,一下子安置了 80 多名下岗职工。由此,孟庆塾同志被省总工业工委授予"再就业贴心人"荣誉称号。下岗职工周志安有一手厨艺,他联合 3 名下岗职工,准备开个"阜纺饭店",但考虑到场地、资金、执照办理等方面难度,一时下不了决心,我们得知情况后,立即派人到县有关部门免费为其办理营业执照,并在阜纺一条街黄金地段为其腾出 3 间门面房,租金减半,使"阜纺饭店"很快开业。目前,饭店生意红火,效益很好。去年以来,我们共为 24 名下岗职工领取了个体营业执照,为他们自主创业创造了条件。下岗职工、共产党员姚公芹自发组织 5 名下岗职工成立回收组,从总厂的工业垃圾中分拣螺丝钉、旧铅丝、废筒管、包皮布等,每天工作近 10 个小时,每月在分捡垃圾中实现产值 4000 多元。下岗职工陶永安带领 7 名下岗职工承包棒冰房,开办冷饮屋。夏季之外,她们卖苹果、橘子,从工厂家属区到居民生活区、从大街到小巷,处处留下她们的叫卖声,从斤斤两两的计算中,挣回各人的工资。

由于思想政治工作抓得早、做得实,不但理顺了下岗职工的思想情绪,还转变了下岗职工的就业观念,在厂领导的高度重视和统筹规划下,到目前为止,747 名下岗职工,分流安置 678 人,无一人违法乱纪,无一人上访闹事,保证了企业在极其困难的情况下,不受任何干扰,有条不紊地组织生产经营活动,保证了一方平安。

（1998 年 10 月江苏省大中型棉纺企业工会工作研究会第 10 届年会交流材料
作者：盛建春　厉佑广）

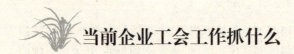

当前企业工会工作抓什么

当前,纺织形势相当严峻。面对亏损的窘境,改制的热潮,压锭、重组、减员、增效的机遇,企业要做的工作实在是太多。作为党委的助手、行政的参谋、工人的代表——企业工会,在当前的形势下,抓什么? 怎么干? 本文就此谈一些粗浅的看法。

一、为改制营造氛围

国有经济战略性重组,股份制成为国有企业改革的主要取向。企业改制是牵涉到千家万户和每个职工切身利益的大事,职工在权衡其得失时自然产生各种心态:一是认同心态。持这种心态的大多数为中层以上干部、部室工作人员和一些基层管理骨干,他们理解企业改革的意义、清楚企业改革的走向,基本能做到心理平和地迎接改制、参与改制。二是趋众心态。持这种心态的大多数是生产一线的职工,面对改制,他们没有过多想法,怎么改怎么好,跟大趋、随大流。三是忧虑心态。持这种心态的大多数是年龄较大、家庭负担较重的职工。四是无关心态。持这种心态的是少数青工、轮换工,他们视企业效益的好坏决定自己的去留,因而对改制不太关心。

针对职工中出现的种种心态,工会组织必须发挥教育职能,加大宣传力度,配合行政、党委唱好改制前奏曲,使每个职工都清楚改制的重要意义。在宣传方法上做到四管齐下:一是利用各种会议和广播、电视、厂报、画廊等宣传阵地广泛宣传改制的意义、内容和操作程序;二是组织职工开展大讨论,收集意见,正面引导;三是开展政策咨询活动,为职工解难释疑,鼓气壮胆;四是召开工会骨干会议,全面动员大造声势。通过上述活动,达到职工与企业双向沟通、相互理解、真诚合作,进而在企业内部形成人人关心改制、支持改制、投身改制的浓烈氛围。

二、积极参与清产核资

这次以改革产权制度为核心的企业改制工作,清产核资是一项非常重要的基础工作。企业工会和职工代表要参加清产核资组织,直接参与工作,摸清家底,以便在确定产权重组方案和国有资产出让价格时代表职工提出意见,进而严格而合理地确定净资产中权属职工的那部分权益,实事求是地按有关规定进行核销和剥离,保证职工认购的是货真价实的有效资产。对清查出的企业历年积累的潜亏问题、呆账、坏账和有问题资产要及时通报全体职工,积极协助处理核销,不把历史遗留问题带到改制后的企业中去。对工会资产、债权也要进行全面清查,积极收回债务,评估资产,界定产权,并进行登记。

积极参与清产核资是企业工会在改制中推动全心全意依靠工人阶级根本方针的贯彻落实,依法维护职工合法权益和参与企业管理的一项很实在的工作,一定要抓实抓好。

三、稳定下岗职工情绪

纺织工业作为国企改革和解困的突破口成功与否,关键在于下岗分流人员能否得到妥善安置,这是工作的重点和难点。由于受计划经济的长期影响,很多职工的择业观念还不能适应市场经济的要求,对下岗、再就业缺乏足够的思想准备。所以,我们要根据职工下岗分流的热点难点问题,切准职工的思想脉搏,有针对性地做好工作。

一是积极宣传这次纺织结构调整的重大意义。把纺织工业作为国有企业改革和解困的突破口是党中央和国务院的一项重大战略决策,是纺织企业从根本上摆脱困境的一条有效途径。中央出台的扶持政策,实际上是国家出钱买企业的旧设备,促进纺织行业从总体上加速改组改造,是一次难得的机遇。下岗分流虽然给一部分职工带来暂时困难,但从根本上看,有利于经济发展,符合工人阶级长远利益。这些道理要让每一个职工都明白,以统一思想,坚定信心,不误时机,协同动作。

二是针对三种心态,破除三个观念,增强三个意识,即:针对一些职工的依赖心态,宣传"断臂求生"的严酷性,破除国有企业"铁饭碗"观念,增强上岗靠竞争、择业靠素质的意识;针对一些职工的失落心态,宣传"路在脚下"的创造性,破除消极悲观、无所作为的观念,增强实现人生价值的意识;针对一些职工的委屈心态,宣传"不断进取"的战斗观,破除吃老本、卖老资格、居功自傲的观念,增强市场冲击的危机意识。通过这些宣传教育,打牢职工下岗再就业的思想基础,理顺下岗职工的思想情绪,鼓励他们从大局出发,下岗不失志,转岗再创业。

四、为扭亏解困贡献力量

增销、增效、剎亏、扭亏是当前亏损企业头等大事。我们要在职工中

263

广泛深入地进行爱厂敬业、利益共同体和艰苦奋斗、生产自救的教育,引导职工正确对待企业在改革和发展过程中遇到的暂时困难,增强自强自立的勇气。要继续发动职工提合理化建议,为扭亏献计献策;进一步开展劳动竞赛,把职工的积极性引导统一到扭亏增盈上来;要深入开展降本增效活动,发动职工提高设备运转率、产品制成率、销售回笼率,号召职工节约一两棉、一寸布、一度电、一个螺丝钉,减少不必要的开支,降低各种费用,一切为了生产,一切服从扭亏。

在扭亏解困工作中,企业工会要加强劳动关系协调,做深入细致的思想政治工作,及时掌握职工的思想动态,积极化解矛盾,防止各类突发事件的发生,保一方平安。

五、为职工排忧解难

充分发挥工会的维护职能,积极参与企业改制各项方针政策的制定,与行政一起确定好一个思路、起草好一个方案,组建好一个班子,从源头维护职工的合法权益。在压锭减员中,做到三个坚持:一是坚持人员分流和安置方案与压锭重组方案同步编制,督促、配合行政采取多种措施,妥善解决下岗职工的分流安置问题;二是坚持在公正、公平、公开的前提下,让每个职工竞争上岗,真正体现优胜劣汰;三是坚持平稳推进,有计划地进行,无情调整,有情操作。在再就业工程中,一方面抓好再就业培训,提高下岗职工再上岗的业务技能,另一方面发动在岗职工为下岗职工提供就业线索,寻找就业门路,相互关心帮助。要扎实细致地实施好"送温暖工程",高度重视和关心下岗职工和困难职工的生活,最大限度地为他们排忧解难,为改制、为扭亏增盈、为纺织结构调整创造一个宽松的环境。

(刊于 1998 年第 4 期《工厂管理》)

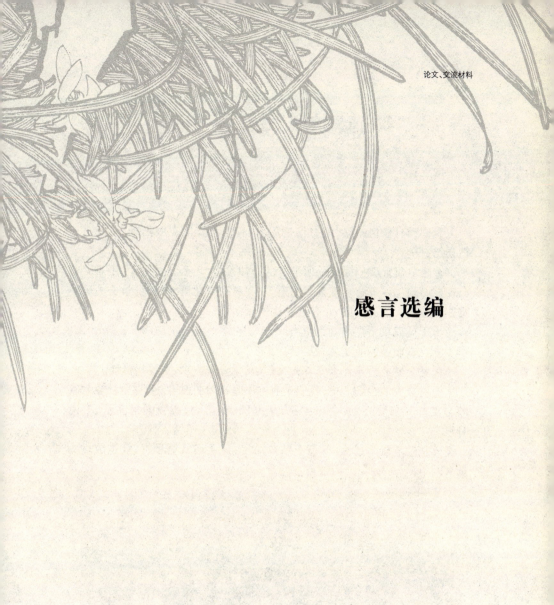

感言选编

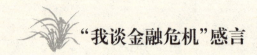

"我谈金融危机"感言

我们没有任何退路,压力就是动力,有信心就能克服困难,不能自己把自己打倒。

金融危机让我们面临前所未有的严峻挑战,矛盾自然难免,困难必将凸现。必须加深理解众擎易举的道理,集思广益化解矛盾,群策群力破解难题。全体职工齐心协力,办法总比困难多。

勇于挑战攻坚克难就是担当,

立足本职兢兢业业就是尽责。

战胜金融危机靠什么?首先靠信心,主要靠内功,更要靠责任。

面对强大的金融危机,我们企业绝不是在单打独斗,全党全社会都在鼎力支持。有信心,就会出主意、想办法;有信心,就会同舟共济、共克时艰。

★金融危机不足怕,不等不靠自加压,提质增量更尽责,众志成城力量大。

阜宁县劳动模范、中恒公司财务副总周志豪

★金融危机培育了我们挑战重大困难的勇气,丰富了我们应对复杂局面的经验,练就了我们处置棘手问题的能力。

调动一切积极因素应对挑战;激活全员干事热情促进发展;营造职企互爱氛围构建和谐。

为企业不停产出主意想办法提建议;为自身不减薪创优质夺高产增效益;为国家不少收当先锋多尽职争贡献。

职工是企业根本,企业是职工饭碗,职企互爱,荣辱与共,共渡难关,共同发展。

发扬优良传统攻坚克难不惧危,争当时代先锋爱拼敢赢搏先机。

金融危机见证了企业上下空前的信心和凝聚力,愿这种信心和凝聚力进一步激发全员同心同德,共风共雨,共同开创企业与职工更加富强和谐的明天。

企业职工两相依。只有抱团抗"寒",真情互动,才能增添活力,战胜危机。

抱团取暖暖人心心暖经济暖,逆境图强强实业业强国家强。

多纺一管纱,多织一寸布,就是为战胜危机多尽一份责任。

把金融危机当个人生活危机看,把企业事情当自己家里事情干。

千斤担子大家挑,齐心协力克时艰;众人划桨开大船,同舟共济闯难关。

★"皮之不存,毛将焉附",保企业运行就是保职工饭碗,促进企业平稳发展是对职工利益的最好维护。

★金融危机让我们进一步增强了患难意识、大局意识、责任意识、奉献意识,这是我们战胜危机和开创未来的宝贵财富和强大动力。

"★"为全国获奖感言,在《工人日报》发表。

(印发全公司职工学习)

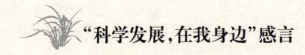

"科学发展,在我身边"感言

发展永远是第一要务。只有经济发展了,才能更好地维护职工的合法权益,才能更多地为职工做好事,办实事,解难事。

调整经济结构,不但要抓产业升级,也要抓队伍升级,提升知识型、技能型、创新型人才在职工队伍中的比例,是调整经济结构的重要内容。

提高设备运转率,提高产品制成率,提高物资利用率,提高劳动生产率……向管理要效益。

以职工为根本,以质量求生存,以管理图效益,以创新谋跨越,做精做优做特色,不仅是应对金融危机的有效措施,更是企业持续发展的长远之计。

质量是一个企业综合素质的体现。质量意识不强、技术水平不高的工人不是合格的工人;不重视质量、抓不好质量的领导不是称职的领导。

★自主自信自立自强,当科学发展主力军我们自豪;创业创新创优创牌,为祖国明天更美好我们创造。

在公司文化长廊前留影

以事业凝聚人心，用机制激活人心，讲维权稳定人心，办实事温暖人心。凝心聚力谋发展，齐心协力奔小康。

★科学发展引领我们解放思想，更新观念；推进我们加强学习，提升素质；激励我们埋头苦干，开拓创新；引导我们统筹兼顾，构建和谐。

技术创新，管理升级，固本养气，强筋壮骨，企业抗风险能力越强，发展就越平稳越快速。

节能减排不仅是经济持续发展的客观要求，也是精神文明建设的必然要求，要把节能减排作为衡量共产党员先进性和职工思想素质的重要内容，切实提高每个职工对节能减排的关切度和责任感。

播种科学发展的思想，生长科学发展的行为，收获科学发展的成果。

企业文化，就是以文化企业，以文化职工，其本质是全面提升人的素质、能力和品格。当前企业文化建设的核心，是让科学发展观成为全体员工的一种思想、一种行为、一种境界、一种自觉。

科学发展是我们最大的政治，最大的责任，最大的追求，最大的利益。

企业的科学发展取决于各级管理人员的高质量和全体职工的高素质。

发展基于创业创新创优创牌，幸福源于爱党爱国爱厂爱家。

像经营市场一样经营员工队伍，像打造名牌一样打造员工队伍。稳定的高素质的员工队伍是企业稳步持续发展的根本保证。

围绕企业技术创新、管理创新、产品创新、机制创新和提高质量、降低成本、增加效益、保护环境开展群众性经济技术活动，努力推动创新创优与科学发展目标同向、落脚点一致。

节能降耗，既要抓水、电、煤、气主要耗能项目的技术改造、指标压降，也要教育职工节约一两棉、一根纱、一寸布、一滴油、一个螺丝、一张白纸。"西瓜"要抱，"芝麻"也要拣。

不因为设备好，就可以心存侥幸；不因为没出事故，就可以放低要求；不因为人员紧张，就可以违章指挥。保障职工生命安全是最大的以人为本。

★新的机制、新的技术呼唤职工新的理念、新的技能，关注不适应结构调整、不适应科技进步的部分职工，帮其提高综合素质，让其跟上时代步伐，也是维护职工权益。

解放思想是科学发展的先导。有了思想观念上的突破，才有行动上的大胆探索，才有工作上的积极创造；有了思想上的活力，才有创新的活力、发展的动力。

市场疲软精神不能疲软,越是困难,越是要有精气神,越是要有激情。有了激情,我们就会充满信心迎接挑战;有了激情,我们就会想方设法攻坚克难;有了激情,我们就会勇于创新实现跨越。

科学发展必须破除小富即满的小农思想,弘扬勇攀新高的进取精神;破除怕担风险的求稳思维,增强敢于超越的创新意识;破除独善其身的本位主义,确立统筹兼顾的全局观念;破除自愧弗如的唯条件论,坚定事在人为的必胜信念。

人本管理和严格管理是企业良性发展的两个助推器。只强调人本管理而放弃严格管理,经济发展就会落空,职工需求就难以保证;只强调严格管理而忽视人本管理,企业根基就会动摇,职工权益就难免受损。人本管理与严格管理相辅相成,相得益彰,目标一致,不可偏废。

我们每个人既是科学发展观的实践者,更是科学发展观的受益者。心存感激地工作,工作才有目标,才有动力,才会把工作做得更好。

★学习是一种投资,是一种充电,是一种加油,是一种滋养。做学习型员工,做学习型劳模。

只有以精品赢得客户,用诚信拓展市场,企业之树才能长青。

★我们拥护落实科学发展观,是因为感受到科学发展给国家带来富强,给社会带来进步,给企业带来生机,给职工带来实惠;感受到在"以人为本"的旗帜下,我们体面地劳动,愉快地学习,尽情地创造,和谐地生活,对未来充满希望。

坚持财务指导生产经营,从原料采购到生产、销售全过程,步步倒逼成本,道道精打细算。只有加强核算才能提高效益,只有科学管理才能加速发展。

感恩是一种美德,也是一种责任。企业兴旺发达是我们职工共同奋斗的结果,但我们更多的得益于企业、受惠于企业,我们有责任把企业建设得更好。

成本就像一块潮湿的海绵,只要会挤,总能挤出效益之水来。实施科学管理,必将推进企业科学发展。

引导员工加强诚信修养,把做工作与做人紧密联系在一起,把工作认定同道德评价相结合,把做老实人、说老实话、办老实事作为立身之本、发展之道。

以感恩的心,讲义务,尽责任,促发展,奔小康,我们生活中就会少一些怨气和烦恼,多一些和谐和快乐。

不等不靠不要,自信自立自强。科学发展来自全体员工励精图治,艰苦奋斗。大家利益和需求的实现,得靠自身不懈的努力。唯有立足自我,勤奋工作,艰苦创业,奋发图强,收益才会提高,投资才有回报,明天才能更好。

提高职工综合素质,带领职工创业创新,维护职工合法收益,保障职工健康平安,就是以人为本。

尊重劳动、尊重知识、尊重人才、尊重创造的氛围越浓,企业的风气就越正,活力就越强,发展就越快,希望就越大。

纪律严明、奖惩分明、办事透明、方法文明的管理,符合职工意愿,代表职工利益,鼓舞职工士气,加速企业发展。

严是认真负责,严是赏罚分明,严能上水平,严能出效益,关键是按章办事,公平公正,激励先进,促进发展。

管理者与被管理者之间将心比心,以心换心,干群关系就会愈加改善,企业的凝聚力和向心力就会得到增强。

只有做学习的标兵、技术的标兵、创新的标兵,才能成为科学发展的标兵。

当金牌工人,做时代先锋,在"当好主力军,建功'十一五',和谐奔小康"活动中,竞风流,赛奉献。

科学发展离不开主人翁精神,把工厂的事集体的事当成家里的事自己的事,时时处处想主人事,干主人活,尽主人责。

把对科学发展观的拥护化为推进企业发展的热情,把企业发展的具体目标变为在本职岗位上实实在在的行动。

科学发展,与时俱进;科学发展,强国富民;科学发展,重在行动;科学发展,在我手中。

一个企业的发展,离不开经营层正确决策,离不开管理层尽心尽职,离不开全体职工艰苦奋斗,一句话,要有一个优秀的团队。

★节约就是效益,节约就是创造,节约体现素养,节约更是责任。

质量应该是企业生产中头等大事,因为质量是市场,质量是效益,质量是饭碗,质量是生命。

培育"严、细、勇、快"的厂风,推进科学发展。严明纪律、严格管理才能步调一致;注重细节、一丝不苟才能做精做优;勇于创新、敢于突破才能开拓进取;快速反应、大干快上才能与时俱进。

★不学习、不钻研、水平低、能力差谈不上敬业,勤学苦练、精益求精、优质高效、开拓创新才是敬业的最好表现。

上班提前点,交接认真点,操作精细点,质量把严点,能耗降低点,效率提高点,抽空多学点,水平提升点,收入多挣点,生活开心点。

走专精特新之路,即使老企业也会朝气蓬勃。

深入开展小改革小发明小创造小设计小建议"五小"活动,充分发挥科技人员、工人技师和全体职工在质量攻关、降本增效、节能减排、文明生产中的多重才智,不断掀起群众性经济技术创新热潮。

有份得心应手的工作,用诚实的劳动换来平稳的生活,我满足;赶上以人为本的时代,为创建更加美好的明天而奋斗,我快乐。

管理是严肃的爱。管之有理,管而理之,严在明处,爱在深处,必将有效地激发职工工作热情,促进企业科学发展。

当金牌工人光荣,做技术能手吃香,为创新能手嘉奖,大力推进岗位练兵、技能培训活动,不断掀起群众性大学习、大练兵、大比武的热潮。

以一流技术纺一流纱线,以一流管理创一流效益。

只要把自己的命运同企业的命运紧紧联系在一起,工作就会积极主动,没有任何借口,再大的困难也会想办法克服,再重的任务也会下决心完成。

质量是企业生命,也是各级管理人员的工作生命。所谓"保质量就是保饭碗",同样,保质量就是保位子。

企业发展,本在人才。只有留住人才,用好人才,充分发挥人才开拓创新的作用,企业才能充满生机和活力,科学发展才有基础保证。

对职工多一些尊重,多一些鼓励,多一些指导,多一些关爱,平时哪怕是一声热情的招呼、一次亲切的微笑、一道赞许的目光、一个友好的手势,都能让职工感受家的温暖,领悟主人的责任。

深入开展大学习、大培训、大练兵活动,全面提高职工思想道德素质和技术业务素质,为科学发展提供精神动力和智力支持。

立足本职,把自己应做的平凡而单调的事,认真负责、不厌其烦、持之以恒、精益求精地越做越好,就是当好主力军的实际行动。

加快技术改造和加强企业管理是加速企业科学发展的两个强劲动力,相辅相成,相得益彰。

像珍爱家里的彩电、冰箱、空调、电脑一样,珍爱厂里的每一台设备,把它操作好、保养好、维护好,让其延长使用寿命,发挥最佳效能。

少排放一吨废水,多处理一吨废水,就是对环境负责,对社会负责。

注重环境保护、资源节约,坚持文明生产、安全生产,对企业有利,对自己负责。

　★节能减排,不当旁观者,不做局外人,从自身做起,从点滴做起,从岗位做起,从家庭做起,自觉养成节约的好习惯,为科学发展尽心助力。

知识是财富,技术是本钱,品质是身价;岗位靠竞争,竞争靠技能,技能靠学习。

小改小革,修旧利废;一丝一毫,节能减排。

围绕中心建好核心凝聚民心,让党旗在民企高高飘扬;提高质量增加产量扩大总量,以创新促公司步步领先。

将党和政府的扶持政策、企业面临的困难形势,特别是科学发展的要求,实事求是、及时有效地向职工进行宣传,把要说的事情说清楚,把要讲的道理讲透彻,把对与错、好与丑、得与失、成与败都说到位,让职工明辨方向,明晰是非,明确责任。

★精一岗会二岗学三岗,增强竞争能力;学习型技能型创新型,适应科技进步。

企业的根本是职工,竞争的核心是人才,发展的动力是科技,卓越的背后是文化。

厂好我好大家好科学发展明天更好,人旺财旺日子旺一切靠拼企业兴旺。

"★"为全国获奖感言,在《工人日报》发表。

(印发全公司职工学习)

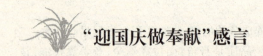

"迎国庆做奉献"感言

亲情拥抱祖国,时尚扮靓祖国,笑容绽放祖国,歌声欢庆祖国。

把最好的实绩献给您,把最优的产品献给您,把最新的创造献给您,把最美的蓝图献给您,祖国母亲生日快乐!

庆建国六十华诞喜看山河添异彩,走科学发展之路敢教日月换新天。

净化亮化绿化美化,焕然一新迎国庆;重才爱才育才用才,科学发展谱新篇。

主动下访察民情,未雨绸缪抓稳定,矛盾化解在基层,欢乐祥和迎国庆。

★把庆祝建国六十年的过程作为接受爱国教育的难得机遇;把实践科学发展观的征程作为回报祖国培养的最佳舞台。

用典型事迹鼓舞自己,用典型精神激励自己,用典型经验启迪自己;与强的比,和快的赛,向高的攀;科学管理创一流,节能减排当楷模,经济回暖争上游。学典型,比贡献,争先进,迎国庆。

所有的喜悦写在脸上,所有的欢庆张开臂膀,迎接国庆六十周年;所有的激情装于胸中,所有的责任担上肩头,开创祖国新的辉煌。

五十六个大家庭,喜庆吉祥;十三亿烛光,祝福无限;九百六十万平方公里,鲜花怒放——喜迎国庆六十华诞,恭祝母亲万寿无疆。五十六个民族,相得益彰;十三亿人民,英姿飒爽;九百六十万平方公里,春风浩荡——全面推进科学发展,共创祖国新的辉煌。

如花的甲子,如花的高雅,如花的灿烂,如花的神韵,祖国母亲永远年轻美丽。

我是一滴水珠,为祖国建设大潮增一份力;我是一棵小草,为建国六十大庆添一份绿。

共颂祖国大繁荣,共迎六十大庆典,共护民族大团结,共建中华大家园。

在本职岗位上创优质,夺高产,保安全,增效益,是我们一线职工迎国庆最朴实的行动。

★高温出满勤,班组争先进,大干三百天,豪迈迎国庆。

五十六个民族,情如兄弟手足;合力山成玉库,同心土变金屋;互学互敬互助,同安同喜同福;和而不同交响,歌唱伟大祖国。

为祖国富强而学习而奋斗是我们最大的责任;为民族振兴而付出而奉献是我们最大的使命。

★爱国从爱家乡、爱企业、爱集体、爱岗位做起;从爱家庭、爱邻里、爱环境、爱社会做起;从优质高产、增收节支、节能减排、促进发展做起;从文明礼貌、遵纪守法、团结互助、奉献爱心做起;从眼前事、身边事、平常事、具体事做起。

我与祖国共命运,我与祖国共欢庆,我与祖国共成长,我与祖国共奋进。

工人以厂为家、爱岗敬业、遵纪守法、积极奉献就是爱国。尽管各人能力有差异、贡献有大小,但只要在本职岗位上为改革发展稳定尽心尽职了,就是在为祖国大厦添砖加瓦。

母亲六十寿辰,儿女要用最好的成绩、最真的情感,谱写最美的赞歌,为您歌唱,为您欢呼,为您祝福,祝您千秋。

国庆是最大喜悦,祖国是最大骄傲,爱国是最大动力,奉献是最大快乐。

一天一个新高,一步一个脚印,抒发报国情怀,喜迎六十大庆。

做超产能手,当质量标兵,迎六十大庆,与祖国同行。

我们迎接六十大庆,我们迎接新的甲子,迎接新的机遇、新的挑战、新的使命、新的责任、新的耕耘、新的拼搏、新的创造、新的跨越、新的精彩、新的辉煌。

我爱和谐中国,文明日益成熟。基石社会稳定,本质人民幸福。顺天顺地顺人,利民利政利国。五十六位兄弟,共兴中华民族。

堂前尽孝,出门言忠,一个孝敬父母又精忠报国的人,才是一个完整的人。

★领略六十年的成就,感受新中国的富强;担负主力军的责任,续写发展观的辉煌。

每个儿女为母亲唱一首歌,祖国就是歌的海洋;每个儿女向母亲献一朵花,祖国就是花的世界。让我们把心中最美的歌和家乡最美的花献给共和国六十大庆。

农家戏台搭起来,五彩刀旗插起来,大红灯笼挂起来,男女老少聚起来,欢庆锣鼓敲起来,幸福歌儿唱起来,亦工亦农富起来,喜迎国庆乐起来。

把青春献给你,把才智献给你,把忠诚献给你,把毕生献给你——我的祖国。

祖国好,共产党好,社会主义好,改革开放好,中国特色社会主义道路好;港澳新,奥运会新,入世市场新,飞天轨迹新,六十巨变伟大祖国万象新。

安不忘危,乐不忘忧。欢天喜地迎国庆,首先唱好安全歌。

国富民强科学发展开新纪,母慈子孝六十大庆乐太平。

把礼品准备充分,把庭院整修一新,把活动考虑周详,把氛围营造温馨,迎接母亲六十大寿,儿女越忙越开心。

一个甲子结束,呈现辉煌中国,倍感幸运自豪,真情为您祝福。新的甲子相继,心中充满锐气,倍加珍惜努力,再创中华盛世。

六十年奋斗,凯歌嘹亮;六十年轮回,承载希望。共和国大厦,金碧辉煌;十三亿人民,喜庆吉祥。共产党领导,英明坚强;特色论引航,长风破浪。发展观兴国,蒸蒸日上;新时代工人,自信自强。

描山绣水迎国庆六十周年,经天纬地织华夏千秋伟业。

纺锦织绣喜迎中华人民共和国六十华诞,建功立业笑展科学发展主力军万般风采。

千忙万忙,安全莫忘,为祖国母亲六十华诞创造一个安全稳定欢乐祥和的环境。

从物资极度贫乏到市场极大繁荣,从缴获的飞机大炮到自主飞船上天,中国人民从站起来到跻身世界前列,新中国六十年巨大成就举世公认。

落后必将挨打,这是旧中国近百余年饱受欺凌留下的教训;发展才能强盛,这是新中国六十年沧桑巨变带来的经验;没有共产党就没有新中国,没有党的领导、没有中国特色社会主义道路就没有今日辉煌的中国,这是中国人民不断探寻、不断抉择、不断成功后得出的结论。

科研人员情满怀,迎接国庆站头排,开发创新促回暖,物尽其用人尽才。

★用辛劳浇灌事业之花,用智慧浇灌科技之花,用道德浇灌文明之花,用爱心浇灌和谐之花,簇簇鲜花迎国庆,万紫千红是我家。

把最重的贺礼准备好,把最灿的焰火准备好,把最美的祝辞准备好,把最靓的服饰准备好,迎接你,六十大庆,祖国盛典。

鸦有反哺之义,羊知跪乳之恩;我抒爱国之情,我履报国之行。

促增长促提升促经济回暖,迎接建国六十华诞;谋当前谋长远谋科学发展,打造祖国新的灿烂。

六十年辉煌,我们把赞歌尽情地演唱;六十年轮回,我们又站在新的起点上。帷幕开启,当闪亮登场;舞台广阔,当精彩亮相。把盛世延续,为祖国更强,我们激情满怀,我们责任无限。

百年奋争,先烈们用头颅和热血换来新中国;当家做主,祖辈们用信仰和激情开辟新天地;解放思想,父辈们用改革和开放创造新奇迹;继往开来,80后用责任和科学续写新辉煌。

感激祖国给我们和平的环境、幸福的生活、良好的教育、发展的平台、人格的尊严、权益的保障、精神的力量、价值的引导。大家都以感恩之心报效祖国,祖国必将更加强盛。

加快发展迎国庆,平安稳定迎国庆,勤俭节约迎国庆,欢乐祥和迎国庆。

让天更蓝、水更清、草更绿、花更美,绿色环保迎国庆。

60年风雨兼程,中国人民走过了曲折坎坷的道路;60年高歌猛进,伟大祖国取得了举世瞩目的成就。60年告诉我们,党的领导社会主义制度不可动摇;60年昭示国人,科学发展推进中华民族更加强盛。

"中国人民从此站起来了!"这一中国人民终结苦难历史开创崭新世界的惊世呐喊,唤醒了沉睡的东方巨人,催生了六十年巨大成就;召唤着我们强国富民永远的责任,激励着我们振兴中华永久的使命。

★放歌六十年,吹响当代工人先锋号;建功十一五,当好科学发展主力军。

当金牌工人,为六十华诞增辉添彩;做时代先锋,与伟大祖国同频共振。

喜迎国庆六十周年万里山河添异彩,精纺献礼五彩纱线三尺车弄写新篇。

★欢庆的锣鼓敲不尽六十年无数的精彩,优美的舞蹈演不全共和国太多的辉煌,深情的朗诵表不够我们爱国的赤子情怀,激昂的歌声唱不完我们报国的雄心壮志。

"★"为全国获奖感言,在《工人日报》发表。

(印发全公司职工学习)

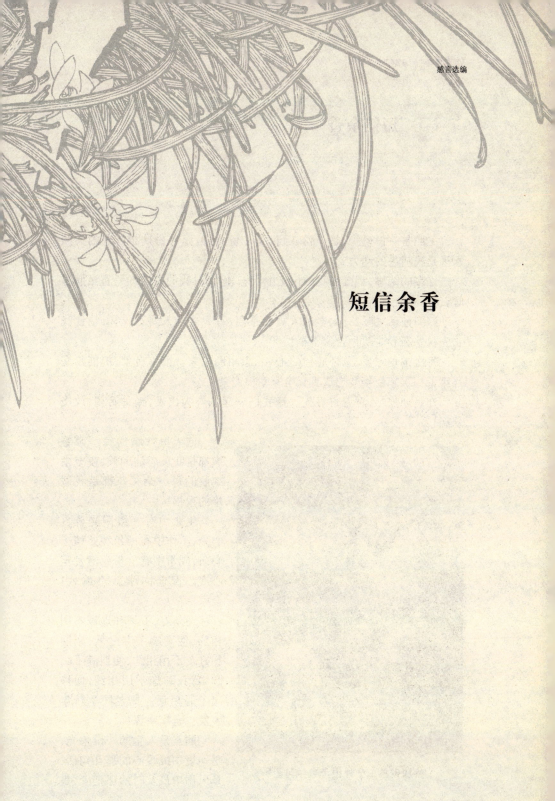

短信余香

短信余香一

关照是一份爱护,是一份认可,是一份支持,是一份期望。您的关照永远是我前进的动力。

许多的荣辱,都已在我的记忆中淡忘,但您对我的关怀却一直滋润温暖着我。

辞旧迎新之际,有太多的人需要感谢,有太多的人要送祝福,请让我首先祝您新春愉快!合家幸福!

每次围炉守岁,总怀感恩之心,总念相助之人。情不自禁,提前给您拜年了!祝您新年梦想成真!全家幸福安康!

知足迎岁早,感恩得春先。让我们一起从春天出发,播种希望,放飞梦想!

蓝天里炸响的每一声鞭炮都是我衷心的问候,夜空中绽放的每一朵礼花都是我诚挚的祝福!

生命中有一缕阳光普自心爱,工作中有一份关照植于心田,同学中有一份感激发至心底。祝老同学新春愉快!合家幸福!

迎新春,卫星和地球不用相约,便奏响了春之歌;亲朋和好友不用相约,便斟满了团圆酒;我和您不用相约,便捧出了心里话。祝老同学新年大发!合家幸福!

朋友是人生的一份荣光,是逆境中最暖心的那几句话,是风雨中最及时的那把伞,是

参加省总工会外出考察学习留影

再忙碌也不忘的那份牵挂。祝老同学新春快乐！一生平安！

庆国庆军民欢腾，心连心同学情深。祝老同学国庆节快乐！

温一壶月光下酒，喝三分醉意上床。祝老朋友中秋节快乐！

九九重阳，今又重阳，敬老爱老，启下承上。衷心祝您健康久久！幸福久久！

凌寒怒放，暗香浮动，独步早春，气高望重。

同美眉交往养眼，同淑女交往养心，同贵人交往养气，同经理交往养脑，同你交往兼得，真好！

有时会被一句话感动，因为真诚；有时会为情节流泪，因为投入；有时会把往事存封，因为珍贵；有时会发个短信问候，因为想你。

您好！这里是春天卫视点歌台，在元宵节来临之际，您的好友为您点播歌曲《真的好想你》。由于系统繁忙，今晚无法播出，麻烦您就自己哼哼吧。谢谢！

她服饰绿色环保，身体晶莹柔软，皮肤洁白光滑，内心丰富多彩，身材匀称，棱角分明，气息清香。你不在意吧，我真的喜欢她，她还让我转告你：端午节快乐！

俺不太会说话，嘴巴也不咋甜，俺就是想，你今年想啥啥有，做嘛嘛旺，心情贼好，身材倍靓。你有开心事，让俺也一起高兴，行不？

一不小心，竟把"我想你"发过去了。你若开心，就留下吧；你嫌太白，就退给我。

我铭记带给我的每一份真诚和感动，我珍惜给予我的每一点关怀和厚爱，我祈祷有恩于我的每一位师长和朋友。

当我还是一只丑小鸭的时候，我做梦也没有想到会有这么多幸福。

做一名充满爱心、辛勤耕耘、有所建树的园丁。

教室里流淌着心血，讲台上浸透了汗水。照亮别人，燃烧自己；酿造甜蜜，养育弟子。向女儿致敬！

美好的未来，幸福的远景，只能用自己的辛劳和智慧去创造。

选择了学习就选择了进步，选择了勤奋就选择了成功。

机会就像坐公交车，有人上车早，有人上车晚，有人直达车，有人要转车。只要你有决心去目的地，就一定能找到自己的线路。

攻人之恶，莫太严，要思其堪受；教人之善，莫太高，当使其可从。

事到盛时须警省，境当逆处要从容。

被人误解的时候微微一笑，是一种素养；受委屈的时候坦然一笑，是一种大度；吃亏的时候开心一笑，是一种豁达；无奈的时候达观一笑，是一种境界。

一双挑剔的眼睛,看到的都是有缺点的人;一双高傲的眼睛,看到的都是低俗的人;一双谦和的眼睛,看到的都是值得自己尊重和学习的人。

有一种爱,一生一世不求回报,那就是母爱;有一个人,一生一世值得你爱,她就是母亲。

孩子的穿着打扮看出娘的审美,说话办事显出爹的教养。

上联:习惯决定性格;下联:知识成就辉煌。横批:从小抓起。

青春,因梦想而绚丽,因奋斗而精彩!

宰相必起于州郡,猛将必发于卒伍。从基层干起,从小事做起,在历练中成长成才。

要做不一般的人,就要有不一般的奋斗;想拥有大的成功,就别怕大的艰难。

生命的海,总是因为有波澜才有气势;人生的路,总是因为有曲折才有精彩。

天上的风筝,体验到了如意的春风,也必将感受刺骨的寒冷。

人生恰是一股激流,没有岩石和暗礁便激不起美丽的浪花。

人生不在乎是否抓了一手好牌,而是怎样力求打好一把差牌。

能受天磨真铁汉,不遭人嫉是腐才。

没有伤口,种子就不会发芽,就不会开出生命之花。

路上没有不受伤的车。

现在让你很痛苦的事,等过一阵子回头再看看,会发现其实那不算什么事。

春意盎然精神爽,艳阳明媚欢乐多。

从来好事多风险,自古瓜儿苦后甜。

不是所有的岸边都可以停靠,不是所有的朋友都可以信赖。

种子放在水泥地板上会被晒死,放在水里会被淹死,放在沃土里会生根发芽结果。选择决定命运,环境造就人生。

栗子皮虽有刺,肉却是甜的;批评话虽难听,心却是真的。

海有边,天很蓝;挂满帆,早日还。

天赐,忘年交,出国五载恍隔世,一切安好?牵挂,何时了,刻骨铭心多少事,春索秋绕。

生活的色彩有红有绿,也有灰有黑,生活本来就是多彩的。追赶太阳,让生活充满阳光。

人生重要的不是你从哪里来,而是你要到哪里去。不论过去怎么不幸都不重要,重要的是对未来必须充满希望。有希望就有力量,就会坚强。

小溪若停止了前进的脚步,也就失去了动人的歌声。

莫道今年春将尽,明年春色倍还人。

光荣的五一,精彩的五一,欢乐的五一,幸福的五一,骄傲的五一,甜蜜的五一,温馨的五一,浪漫的五一,难忘的五一,永远的五一!

高雅的人,看背影就知道;奋进的人,看脚步就知道;和善的人,看笑容就知道;优秀的人,看看你就知道。

我见青山多妩媚,料青山见我应如是。

茶亦醉人何必酒,书能香我不需花。

轻轻一声问候,凝结全部真诚;淡淡一句祝福,融入所有心愿。

每次发出的不只是祝福,还有牵挂和思念;与日俱增的不仅是年华,还有友谊和情感。

读的是书,看的却是世界;喝的是茶,品的却是生活;评的是戏,悟的却是人生;发送的是短信,传递的却是情感。

牵挂是一缕思念,一份情感,一段心路,一炷祈祷。

朋友没有欺骗,没有索取,没有条件,没有承诺。

长在心中的绿叶是永远不败的。

心是近的,再远的路也会很短。

月亮升得再高,也高不过天;你走得再远,也走不出我的思念。

记住你的回眸是最好的回忆,理顺你的心绪是最好的心境。

常忆天云之旅,山灵水秀鸟语,美景不胜举。转眼五易寒暑。记否,记否,最是东亭风雨。

萍水相逢,擦肩留香。缘起缘落,至少曾经拥有;潮退潮涨,彼此带着珍藏。

小草已经吐绿,小溪已经唱歌,春正踮着脚尖,悄悄踏进你的门槛。在哪呀? 干啥呢?

窗前秋风习习,月光的怀抱里,我的心灵踮起脚尖,向着远方眺望。忙啥呢? 都好吧?

爱人者,人恒爱之;敬人者,人恒敬之。

平实是本,平淡是真,平和是乐,平安是福。

迎中秋人在岗,心有明月自亮,勤劳成就梦想,你我共奔小康。

所谓幸福,是有一颗感恩的心,有一个健康的身体,有一份称心的工作,有一个温暖的家庭,有一帮信赖的朋友。

阳光多,阴暗就少;朋友多,寂寞就少;快乐多,烦恼就少;平和多,委屈就少。

受得了心智好,稳得住心境好,放得下心态好,想得开心情好。

把纠结打包,删除。

城府是职场竞争的一种驾驭,是岁月沉淀的一种气质,是宽容大度的一种涵养。

上了年纪最大的好处是:年轻时得不到的东西,现在不想要了。

有一种幸福叫知足,有一种气质叫淡定。

有一种智慧叫宽容。多一份宽容,就多一份和谐、多一份忠诚、多一份成功!

皱纹不过是原来绽放笑容的地方。

千万别用脚踢石头。再锋利的斧子,也砍不断山脉。

有多大的心理承受能力,就有多大的生存发展空间。

雨水说,天空也会落泪;牡丹说,天姿终要枯萎;咖啡说,香醇伴有苦味;杜康说,海量多了也醉;朋友说,无愧不要太累。

没有秋风秋霜,枫叶怎会周身红彻。

手把青秧插满田,低头便见水中天,心地清静方为道,退步原来是向前。

有些记忆缥缈得像烟云,似有似无;有些记忆深藏得像石碑,一生都在。

诚者自成也,道者有道也。

不去议论别人是一种修养,不计较别人的议论是一种胸怀。

狭路相逢宜转身,往来都是暂时人。

径路窄处,留一步与人行;滋味浓时,减三分让人尝。

完名美节,不宜独任,分些于人,可以远害全身;辱行污名,不宜全推,引些归己,可以韬光养德。

成事不败事,无事不惹事,遇事不膨事,坏事变好事。

过去的事情可以不忘记,但一定要放下。

学会忘却,懂得包容,是一种勇气,是一种智慧,也是一种境界。

人生像一列车,形形色色的人穿梭往来,你会遇到很多有缘人。车不断停靠,他们上上下下,你不舍又无奈。当你下车挥挥手,一转身,记住的只是回家的路。

风雨过后是阳光。一切都会如愿以偿。以后我们不喝酒不打麻将,不熬夜天黑上床,不苦了吃吃玩玩,不生气心情舒畅。期待你们平安归来,带着欢乐,带着吉祥。

自古人间重晚情。在你们春风再起、梅开二度的大喜日子,祝你们相亲相爱,相敬如宾,相濡以沫,相伴终身!

2013 就是爱你一生,2014 就是爱你一世,让我们一起传承一生一世的爱,守望相助,真诚永远。

在原国家纺织工业局楼前留影

短信余香二

蒯园春风浩荡
大业再创辉煌
文武同心协力
喜庆少帅茁壮

————新春致中恒董事长蒯大文

谢谢一直关照
祝愿春到福到
生活越来越好
全家眉开眼笑

————新春致中恒总经理谢祝生

高风亮节誉阜纺
如椽大笔谱华章
松涛雄浑人敏捷
德隆望重寿无疆

————2011 年春节前看望离休老厂长高如松

李桃无数香满天
国企半生苦犹甜
俊才帷幄百事周
春光永驻乐天年

————新春致老厂长李国俊

戴花披红添荣光
俊杰丰功俱辉煌
徐疾弛张非凡响
静谧品茗沐书香

————新春致悦达纺织副总戴俊、徐静夫妇

周而复始新年到
志向远高涌春潮

豪爽直率善指导
财茂利丰赛舜尧

    ——新春致财务副总周志豪

陈酿新雨迎新春
峻拔峰回任驰骋
岭透径幽生瑞气
前程锦绣福满门

    ——新春致外贸副总陈峻岭

陈醋醇香老字号
德才兼备统营销
连珠妙语惊四座
精深淡定志弥高

    ——新春致经营副总陈德连

陈年积淀赛金矿
建就鑫源美名扬
华丽转身志高远
智勇双全创辉煌

  ——致中恒董事、鑫源轧花总经理陈建华

马驹骁勇藏宝刀
广厦铭刻其辛劳
勤勉筑成老板路
甘来苦尽乐逍遥

  ——致中恒监事、中源建筑总经理马广勤

厉行节约好风尚
右文习武人自强
广土众望显身手
新年更有新气象
  ——新春致办公室主任、开发公司经理厉右广

王者风范驭市场
志得意满凯歌扬
坚韧不拔闯新路

春华秋实幸福长

　　　　——新春致经营部主任王志坚

杨柳嫩绿新春到
永葆本色主供销
贵在及时重实用
勤廉架起幸福桥

　　　　——新春致供应公司经理杨永贵

徐图速断有章法
荣辱不惊重实干
江心补漏勇担当
本利两安尽开颜

　　　　——致担保公司总经理徐荣江

张灯结彩迎马年
志同道合谱新篇
春风夏雨润玉叶
欢乐祥和皆尧天

　　　　——新春致张志春主任

英雄不问出处
定力源于大度
刚性提升素质
坚守勤劳致富

　　　　——致同事加兄弟英定刚

孙子兵法融借贷
留有余地助往来
专红俱全好光景
信步庙湾卧秦淮

　　　　——新春致原财务副总孙留专

吴门女杰腾浦江
益发飒爽任遨翔
萍勇何惧千重浪
高歌猛进铸辉煌

　　——致省劳模、全国"五一"劳动奖章获得者吴益萍

朱红对联迎春到

余音绕梁贺新高

庆祝劳模精神好

福至心灵不老刀

———新春致省劳模朱余庆

陶然围炉守岁

庆祝家和人美

兰雅竹翠相映

心田春光明媚

———新春致市劳模陶庆兰

季节更替人不老

建功立业晚来俏

梅花凌寒志弥坚

经纶在腹气自豪

———新春致退休创业成功女士季建梅

春艳山青水秀

佑广国泰民安

———新春致厉佑广、周春艳夫妇

青松傲雪布山含紫气

海霞烂漫关路发春辉

———新春致织布厂厂长陈青松、报关员单海霞夫妇

学礼修道清风迎盛世

文莲雅荷旭日耀新村

———新春致动力公司经理朱学礼、纺纱女工盛文莲夫妇

群英争雄红星溢彩

百鸟斗艳紫燕迎春

———新春致经营部销售公司经理徐红星、退休女工李迎春夫妇

佳文共赏有志事竟成

东亚同庆无处不争春

———新春致好友史家文、陶东亚夫妇

围炉守岁千家堂灯亮

开门迎春万物变成芳

——新春致好友唐灯亮、卞成芳夫妇

荣光映瑞小康在望春色美

秀凤呈祥梦想成真景象新

——新春致同学陆荣光、梁秀凤夫妇

寿祥福和太平真富贵

云芳气正春色大文章

——新春致同学顾寿祥、顾云芳夫妇

同事胜券在握，一气呵成，有人会说："真性！"；有人马到成功，王者归来，同事评价："太性！"而您一直攻坚克难，不断创新创造，我说那叫"奇性"！在新的一年里，祝主任再创辉煌，祝夫人天天开心，祝儿子学习进步，两个字："齐兴"！

——新春致生产部主任祁兴

叶叶流火，片片吐芳，愈霜愈红，层林尽染，此乃"枫林"也。祝主任新年营销红红火火，日子红红火火。

——新春致陈枫林主任

后 记

再有两年就退休了。随着时间日益临近,对企业、对同事的不舍情愈发浓烈,工作之余,总会情不自禁地翻翻以前写的那些文章,沉浸其中,忽然间,产生一个念头,何不把这些文章整理出来,不管什么时候看到她,岂不又和大家在一起交流思想、探讨人生了吗?人离开了企业,但文选留下了,岂不继续为企业文化建设发挥余热?岂不继续向人们讲述中恒故事?几全其美,何乐而不为。这便是我出这本书的由头和动力。

我不是科班出身,名副其实的草根,尽管没有多少学问,但喜欢写写画画,想到什么就写什么,有感而发;根据需要加强企业文化建设,应事而作。尽管说的写的都是大白话,但都发自肺腑,都用心、用情去写。为此,把这个集子定性为"草根情",以为比较适宜。

这本册子里收集的,主要是我近20年中陆陆续续发表的部分文章。是随笔?是特写?是通讯?是论文?我也分不大清楚,排上去便是,有些杂乱无章。

出书的过程,亦是我感动的过程。当我把初步想法向蒯大文董事长、谢祝生总经理汇报后,他们十分赞成,说这是我的文化成果,更是中恒企业文化建设的成果,对中恒以后的企业文化建设必将发挥积极的作用。当我怀着试试看的心理,把书稿发给中国纺织职工思想政治工作研究会、中国纺织企业文化建设协会秘书长姜国华,请她审阅作序,没想到一周后,姜秘书长便饱含盛情地为《纺园草根情》写了序言,并多次同我联系,为我点睛鼓劲。作为国家纺织工业联合会的领导,如此热情关心基层政工人员,全力支持企业文化建设,着实让我非常感动和敬佩。江苏省纺织职工思想政治工作研究会、江苏省纺织企业文化建设协会副会长、盐城市纺织工业协会名誉会长王抚成也欣然为《纺园草根情》作序,希望《纺园草根情》走出中恒,为全市乃至全省纺织企业文化建设做出贡献。著名书法家、我的老师李汝淮老先生,听说学生要出书,以深厚的关爱之情,当即题写书名。

其间,周志豪、陈峻岭、厉佑广、薛立坤、祁兴、吴海云、张志春、罗太胜、蒯毅、魏清等同仁,许达成、李国俊、戴俊、史家文、唐灯亮、邓正彬、张大勇、殷日新、王建军、盛建秋等朋友，茹洪源、蒋卫星、彭光普、陆荣光、韩玉谋、赵兵等同学，热情鼓励，大力支持，越发让我感到友情之可贵。

还有我的爱人杨玲，当我告诉她，出书要有费用时，她一点没打怵，说这是几万元买不来的，让我激动不已，一宿没睡。

还要感谢江苏大学出版社的编辑成华女士，为本书的出版付出的辛勤劳动。

就这样，在大家的关爱呵护下，经过 10 个月的孕育，《纺园草根情》呱呱坠地。

反刍这本小书，欣慰之余，也有些不安，过去说的话，做的事，走的路，今天看来，不免稚拙。如《纺园草根情》耽误了您宝贵的阅读时间，敬请海涵，权当您高雅艺术欣赏久了，听一曲乡间小调，缓解一下审美疲劳；权当您细粮吃惯了，偶尔来点粗粮杂粮，调节一下胃口。如此，我想，您会记住《纺园草根情》的。

盛建春

2014 年 6 月